新时代新理念职业教育教材·铁道运输类
铁道交通运营管理专业教、学、做一体化教材

铁路行车安全管理

主　编　茹彦虹　张艳兵
副主编　刘　哲　李　雪　常小倩
　　　　叶丙秀　寒旭霞
主　审　刘天元

清华大学出版社
北京交通大学出版社
·北京·

内 容 简 介

本书为职业教育铁道运输类专业教材。全书共分为五个项目、二十个典型工作任务，主要内容包括铁路行车安全管理概述、铁路交通事故处理、铁路行车安全保障体系认知、铁路行车事故预防、铁路行车安全系统分析等内容。通过学习，读者可全面认知铁路行车安全管理的重要意义和管理保障体系；掌握铁路行车事故的主要预防措施和事故调查处理体系，了解铁路行车安全系统分析方法，了解客货运输作业安全知识。

本书可以作为职业院校铁道运输类专业的教材，也可作为铁路运输企业人员岗位培训和业务学习参考用书。

本书封面贴有清华大学出版社防伪标签，无标签者不得销售。
版权所有，侵权必究。侵权举报电话：010-62782989　13501256678　13801310933

图书在版编目（CIP）数据

铁路行车安全管理 / 茹彦虹，张艳兵主编. —北京：北京交通大学出版社 ：清华大学出版社，2023.8（2025.6 重印）

ISBN 978-7-5121-5059-1

Ⅰ. ① 铁… Ⅱ. ① 茹… ② 张… Ⅲ. ① 铁路运输–行车安全–交通运输管理–高等职业教育–教材 Ⅳ. ① U298.1

中国国家版本馆 CIP 数据核字（2023）第 145504 号

铁路行车安全管理
TIELU XINGCHE ANQUAN GUANLI

策划编辑：刘　辉　　责任编辑：郭东青

出版发行：	清华大学出版社	邮编：100084	电话：010-62776969
	北京交通大学出版社	邮编：100044	电话：010-51686414
印 刷 者：	北京时代华都印刷有限公司		
经　　销：	全国新华书店		
开　　本：	185 mm×260 mm　　印张：12.25　　字数：313 千字		
版 印 次：	2023 年 8 月第 1 版　　2025 年 6 月第 3 次印刷		
印　　数：	4 001～5 000 册　　定价：49.80 元		

本书如有质量问题，请向北京交通大学出版社质监组反映。对您的意见和批评，我们表示欢迎和感谢。
投诉电话：010-51686043，51686008；传真：010-62225406；E-mail：press@bjtu.edu.cn。

前　言

铁路是国民经济大动脉，是国家战略性、先导性、关键性的重大基础设施，在我国社会发展中起着举足轻重的作用。近年来，随着我国铁路事业的快速发展，铁路技术装备升级，铁路生产组织、作业方式、作业规章发生了很大的变化，对铁路专业技术和技能人才的技能水平、知识结构提出了更高的要求。铁路行车安全管理课程是铁路运输专业的必修核心课程之一。

为完成全面建成更高水平的现代化铁路强国，全面服务和保障社会主义现代化强国建设的目标，本书以培养与铁路发展相适应的，德智美体劳全面发展，掌握专业必备的知识，具有较强的职业技能和岗位适应能力的高技能型人才为编写目标，促进牢固树立安全发展观念，围绕加快推进交通强国建设，突出客货运安全，落实企业安全生产主体责任，健全完善铁路安全监管体系建设，维护铁路安全发展的良好局面。

铁路运输的根本任务就是把旅客和货物安全、及时地运送到目的地，这就决定了铁路运输必须把安全生产摆在各项工作的首要位置。本书主要内容包括：铁路行车安全管理概述、铁路交通事故处理、铁路行车安全保障体系认知、铁路行车事故预防、铁路行车安全系统分析等内容。

本书具有以下特点。

（1）以任务驱动的形式，理论联系实际，遵循铁路现行规章规程编写；教材内容编排时结合岗位需求及学生的认知规律，始终把安全放在首要位置，打破了教师讲授、学生学习的传统教学模式，建立以任务为中心组织课程教学，让学生在学习的过程中完成相应的任务，培养职业能力。

（2）本书紧贴铁路行业发展，内容组织与铁路现场工作保持一致，思路清晰，结构科学严谨，满足就业需求。本书坚持以就业为指导，体现职业教育以培养学生能力为主导、以技能训练为主线的特点，实用性较强。

（3）本书坚持专业领航、产教融合、校企合作，组建了企业专家和院校骨干教师的专业编写团队。本书既有较为系统的理论知识阐述，又有密切结合实际的实践内容，全方位、多视角地呈现了专业课程知识。

（4）本书采用融媒体手段，结合现场实际作业图片，图文并茂、生动易懂。积极运用"互联网+职业教育"的新思维方法，推动传统教学理论改革，打造立体化新型教材，整合电子图书、课程视频和知识库建设，便于读者开展课堂学习和拓展学习。

本书可以作为职业院校铁道运输类专业的教材，也可作为铁路运输企业人员岗位培训和业务学习参考用书。

本书由包头铁道职业技术学院茹彦虹和张艳兵担任主编，包头铁道职业技术学院刘哲、李雪、常小倩、叶丙秀、蹇旭霞担任副主编，中国铁路上海局集团有限公司刘天元担任主审。

参加编写的工作人员有：茹彦虹（项目 1）；张艳兵（项目 2）；刘哲（项目 3-任务 3.1 和 3.2）；李雪（项目 3-任务 3.3 和任务 3.4）；常小倩（项目 3-任务 3.5）；塞旭霞（项目 4-任务 4.1 和 4.2）；刘丽莎（项目 4-任务 4.3）；武凡（项目 4-任务 4.4）；樊昊煜（项目 5-任务 5.1 和 5.2）。

本书在编写的过程中，中铁第一勘察设计院集团有限公司新疆铁道勘察设计院有限公司杨剑和中国铁路上海局集团有限公司刘天元给予了热情的帮助，在此深表感谢。

在本书的编写过程中，参考了大量的书籍、期刊和资料，在此向有关作者致以诚挚的谢意。由于编者水平及经验有限，内容难免有疏漏之处，欢迎使用本书的广大读者对本书提出改正建议，以便作者对本书内容不断改进和完善。

编　者
2023 年 6 月

目 录

项目 1 铁路行车安全管理概述 ··· 1

- 任务 1.1 铁路行车安全基本认知 ··· 1
- 任务 1.2 铁路行车安全基础工作认知 ··· 10
- 任务 1.3 铁路行车安全重点管理认知 ··· 23
- 任务 1.4 我国铁路行车安全风险管理 ··· 29
- 项目考核 ··· 37

项目 2 铁路交通事故处理 ··· 40

- 任务 2.1 铁路交通事故认知 ··· 40
- 任务 2.2 铁路交通事故调查处理 ··· 49
- 任务 2.3 铁路交通事故救援 ··· 60
- 任务 2.4 几种典型情况的现场处置 ··· 70
- 任务 2.5 铁路交通事故应急预案 ··· 75
- 项目考核 ··· 88

项目 3 铁路行车安全保障体系认知 ··· 91

- 任务 3.1 铁路行车安全法律法规体系认知 ··· 92
- 任务 3.2 铁路行车安全技术保障体系认知 ··· 99
- 任务 3.3 铁路行车安全教育与技能培训体系认知 ··· 110
- 任务 3.4 铁路行车安全监察体系认知 ··· 113
- 任务 3.5 我国铁路行车安全保障体系发展情况 ··· 117
- 项目考核 ··· 120

项目 4 铁路行车事故预防 ··· 123

- 任务 4.1 铁路行车安全基本认知 ··· 124
- 任务 4.2 接发列车作业惯性事故的预防 ··· 131

I

任务 4.3　调车作业惯性事故的预防 ……………………………………………… 141

任务 4.4　设备施工条件下的行车安全 …………………………………………… 149

项目考核 ……………………………………………………………………………… 159

项目 5　铁路行车安全系统分析 …………………………………………………… 163

任务 5.1　铁路行车安全系统分析 ………………………………………………… 163

任务 5.2　铁路行车安全分析方法与评价 ………………………………………… 165

项目考核 ……………………………………………………………………………… 182

参考文献 ……………………………………………………………………………… 189

项目 1

铁路行车安全管理概述

项目介绍

铁路行车安全作为国家安全的重要组成部分，关乎国计民生。铁路安全稳定，事关党和国家工作大局，也事关每一名铁路从业人员的切身利益，是铁路最大的政治和最重要的声誉。

本项目主要介绍铁路行车安全的重要性，形成行车安全管理的基本概念，总结铁路运输及行车安全的特征，阐述行车安全工作的意义，通过对铁路行车安全管理机构设置、基本制度、班组管理等内容的学习，培养铁路运输从业人员在安全生产方面的基本素养，认识安全生产的重要性，提高安全生产意识。

知识目标

1. 理解铁路行车安全的意义、行车安全与效率之间的关系；
2. 熟悉铁路运输安全管理机构的设置，了解安全管理逐级负责制的基本要求；
3. 了解班组管理方法，体会不同管理手段在安全运输中起到的作用；
4. 对行车安全管理有一个系统的认知，会分析和解决安全管理中出现的常见问题。

能力目标

1. 理解铁路行车安全的重要性和普遍性；
2. 理解铁路行车安全工作的基本手段；
3. 掌握铁路行车安全工作的基本方法。

素质目标

1. 牢固树立"安全第一，预防为主，综合治理"的安全管理理念；
2. 培养良好的职业道德意识、情感和素养，时刻保持如履薄冰的谨慎，加强组织纪律观念；
3. 具有创新精神和实践能力。

任务 1.1 铁路行车安全基本认知

1.1.1 拟完成的任务

案例分析： 2011 年 7 月 23 日 20:30:05，甬温线浙江省温州市境内，由北京南站开往福州站的 D301 次列车与杭州站开往福州南站的 D3115 次列车发生动车组列车追尾事故。此次事故已确认共有 6 节车厢脱轨，即 D301 次列车第 1~4 节，D3115 次列车第 15、16 节。造成 40 人死亡、172 人受伤，中断行车 32 小时 35 分，直接经济损失 19 371.65 万元。

查阅资料，探讨本次事故发生的原因。

想一想：

1. 为什么要始终把铁路行车安全放在首要位置？铁路运输有什么特点？
2. 铁路行车安全与其他安全相比有什么特殊的地方？
3. 为什么当安全和生产发生矛盾时，生产要服从安全，更要坚持"安全第一"的位置不动摇？

1.1.2 任务目的

1. 理解铁路行车安全的意义、行车安全与效率之间的关系；
2. 认识铁路行车安全工作的特殊性，掌握安全生产指导方针；
3. 会处理安全与效率之间的关系。

1.1.3 相关配套知识

1. 铁路行车安全的意义

铁路行车安全是运输生产系统运行秩序正常、旅客生命财产无险、货物和运输设备完好无损的综合表现，也是在运输生产全过程中为达到上述目的而进行的全部生产活动协调运作的结果。铁路运输生产的根本任务就是把旅客和货物安全、及时地运送到目的地，其作用、性质和特点，决定了铁路运输必须把安全生产摆在各项工作的首要位置。

安全第一，这是任何交通运输装备技术发展都要首先考虑的重要问题。党的十八大以来，习近平总书记站在党和国家发展战略全局的高度，对安全生产工作做了一系列重要描述，多次强调"人命关天，发展不能以牺牲人的生命为代价"，"树立安全发展理念，弘扬生命至上，安全第一的思想"，要求企业严格落实安全生产责任制，完善安全监管体制，强化依法治理，不断提高安全管理水平，为做好新时代铁路运输安全工作提供了根本性的战略指引。保证铁路行车安全，是铁路运输工作的重中之重。铁路行车安全是指在铁路运输过程中，维护铁路正常的运行秩序，保证旅客及铁路员工生命财产安全，保证运输设备和货物完整性的全部生产活动。铁路作为我国国民经济大命脉，是具有战略性、先导性、基础性的重大基础设施，是我们党执政兴国的中坚力量。铁路行车事故一旦发生，造成的不良社会影响和经济损失是巨大的，不算间接经济损失，我国铁路每年行车事故的直接经济损失就以亿元计。同时铁路行车安全水平又决定了铁路运输与其他运输方式的竞争能力、声誉和经济效益，所以安全始终与铁路运输产业自身的发展和生存息息相关。

铁路运输的产品是旅客和货物的位移，实现位移的必要手段为列车运行，我们把列车的组成和运行工作统称为行车工作。行车工作是铁路运输的主要工作，也是最容易产生不安全因素的工作环节，铁路运输中所出现的大部分不安全现象都在行车工作中。因此，保证行车工作安全的同时也就是保证了铁路运输的安全。

1) 行车安全的政治意义和经济意义

现代化的大生产离不开现代化的交通运输工具，我国是一个发展中的内陆国家，铁路运输是主要的运输形式之一，铁路货物和旅客运输周转量占全国运输总周转量的很大一部分。

作为国家的基础运输设施，铁路运输安全既保证了国家重点物资、重要工程建设、重大科研基地及军事运输的需要，也为地方区域经济开发、招商引资和科技发展带来了生机和活力。铁路运输安全保障了人民生命财产不受伤害和损失，提高了广大人民群众的生活质量。如果铁路发生事故，特别是重大事故，将会给人民群众带来不幸，给国家造成巨大损失。事实证明，铁路运输安全的可靠程度不仅直接关系到我国社会主义市场经济的健康发展和改革开放的进程，而且直接影响社会生产、社会生活和社会安定。随着我国对外贸易总额的不断增长，涉外运输业务也有了较大的发展，保证运输生产的安全，特别是保障旅客运输安全，就显得更加重要。确保铁路安全，是铁路企业的发展基础。安全是铁路运输的生命线。"安全责任重于泰山"，形象地说明了安全对于铁路发展的极端重要性。铁路改革发展包含安全、服务、经营、建设、管理、科技等诸方面的发展，没有安全的发展就不能称之为科学发展，更谈不上全面发展。安全之于发展，就如同一个木桶的桶底，桶底有漏洞，再高的桶边也存不住水。安全不稳，路无宁日。没有持续稳定、有序可控的安全基础，势必打乱工作节奏，延误发展进程，各项重点工作也难以稳步推进。只有确保安全，才能赢得社会各界和广大人民群众对铁路工作的理解和支持，从而营造有利于铁路改革发展的良好环境。

  从经济上说，实现安全生产是使生产能顺利进行、完成和超额完成生产任务的重要保证；实现安全生产也是搞好增产节约、增收节支、提高经济效益的有效措施。2022 年 1 月，全国铁路发送货物 41 266 万 t，同比增加 480 万 t、增长 1.2%，有力保障了节日重点物资运输需求和国民经济平稳运行。安全与生产是密切相关的，有生产就有不安全因素，不抓安全就会影响生产。我们只有对生产中的不安全因素采取及时的、必要的组织措施和技术措施，加以防止或消除，才有可能保证生产的顺利进行。否则，就会发生各种事故，不仅使人民群众的生命财产遭受损失，铁路职工和运输设备受到危害，而且铁路运输生产本身也要遭到损失。例如，2020 年 3 月 30 日 11 时 40 分，T179 次列车（济南至广州）运行至湖南省郴州市永兴县高亭司镇境内时，撞上塌方体，导致机后第 1 节车厢空调发电车起火，第 2~6 节车厢脱线倾覆。截至 2020 年 3 月 30 日 16 时 30 分，该事故造成 1 人死亡、4 人重伤、123 人轻伤。4 月 1 日，京广铁路郴州塌方路段恢复通车。4 月 30 日，调查组公布了调查结论：受天气影响和地理条件限制，司机瞭望距离不足导致停车不及，与滑塌体相撞，该起事故是恶劣气象和特殊地质条件下路堑边坡突发滑塌所致，为自然灾害造成的铁路交通较大事故，造成经济损失为 2 235.317 2 万元。

  2）行车安全是铁路运输产品的质量特征

  运输生产的全部意义就在于有计划、有目的、有成效地实现旅客和货物空间位置的移动，运输产品的数量为客货发送量和固转量，产品的质量包括安全、准确、迅速、便利等，其中安全最为重要。就货物运输而言，任何企业的产品只有从生产地安全运送到消费地后，才能实现其使用价值，运输产品"位移"的质量和社会价值也同时得到实现。如果在发站、到站或运送途中因安全得不到保证，导致货物毁损后，受到损失的不仅是物质生产部门，而且由于因铁路无法向社会提供运输产品而造成的巨大损失，必然使铁路自身的经济效益下降。如果发生人员伤亡，其后果将更加严重，特别在各种运输方式竞争激烈的今天，安全迅速地运送货物和旅客是增强铁路运输竞争力的关键。

  3）行车安全是铁路运输各部门工作质量的综合反映

  铁路运输的特点是车站多、线路长、分布广。运输生产系统是由车、机、工、电、辆、水电等多部门组成的,自然条件复杂、作业项目繁多、情况千变万化。行车安全贯穿于铁路运输生产的全过程,涉及每个作业环节和人员。无论是行车设备还是工作人员,任何一个部件出现问题、任何一个人员工作疏忽、违章作业、操作失误,都有可能造成行车事故或人身伤亡事故。因此,在运输生产活动中,各级铁路管理部门,坚持"安全第一"的原则,把行车安全作为一项衡量其工作质量的首要指标。

4)行车安全是铁路改革与发展的重要保证

加快铁路改革与发展,必须有一个稳定的运输安全局面。如果安全形势不稳,不断发生事故,势必打乱运输秩序,干扰总体部署,分散工作精力,社会舆论也会反映强烈,铁路运输工作就会处于被动状态,铁路改革与发展就会失去了重要前提与基础。因此,稳定运输安全局面是一切工作的前提,没有良好的运输安全环境,一切改革和发展都无从谈起,为保证铁路改革与发展顺利进行,必须把安全工作作为首要任务来抓。

5)行车安全是法律赋予铁路运输的义务和责任

《中华人民共和国铁路法》(2015年4月24日)(以下简称《铁路法》)是保障铁路运输的重要法规。为了保证铁路运输的安全畅通,避免事故的发生,《铁路法》制定了一系列规定。其中,第十条明确规定:"铁路运输企业应当保证旅客和货物运输的安全,做到列车正点到达。"第四十二条规定:"铁路运输企业必须加强对铁路的管理和保护,定期检查、维修铁路运输设施,保证铁路运输设施完好,保障旅客和货物运输安全。"这就从法律意义上规定了保障客货运输安全是铁路应尽的职责和义务。

从法律角度看,旅客和货物托运人(当事人)与铁路企业之间的关系是合同关系(合同形式是客票和货票)。当事人支付费用后,运输企业向其提供运输产品,彼此的权利和义务对等。如果铁路运输企业因人为过失不能保证旅客和货物运输安全,不仅违背了当事人的意愿,损害了他们的权益,而且违反了《铁路法》和《中华人民共和国民法典》的规定。对有关运输安全方面的法律,全路广大职工应知法守法,树立"遵章守纪光荣、违章违纪不容"的思想,并结合事故案例教育,真正做到忠于职守、安全生产。

2. 铁路行车安全发展情况

自中国铁路诞生以来,铁路安全问题一直在紧抓不懈。其间,有许多综合治理确保安全运输的先进经验,也有一些触目惊心、损失严重的事故教训。近年来,铁路行业按照党中央、国务院的综合决策部署,始终坚守"发展绝不能以牺牲安全为代价"的理念,严格落实安全生产责任,不断完善管理规章制度和技术设备,深入开展安全大检查,促进了铁路运输的安全稳定,铁路运输安全发展取得了显著成效。

1)发展基础

党的十八大以来,铁路行业坚持以习近平新时代中国特色社会主义思想为指导,认真学习贯彻习近平总书记关于科技创新的重要论述和对铁路工作的重要指示批示精神,深入落实国家创新驱动发展战略,着力推进关键技术自主攻关和产业化应用,铁路科技创新取得历史性成就,总体技术水平进入世界先进行列,部分领域达到世界领先水平,为中国铁路发展提供了全方位的科技支撑。我国成功研制拥有完全自主知识产权具有世界先进水平的复兴号中国标准动车组,形成涵盖时速160~350 km不同速度等级的动车组产品谱系,京张高铁在世界上首次实现时速350 km的自动驾驶商业运营,时速600 km的高速磁浮交通系统成功下线;智能铁路关键技术攻关取得突破,发布中国智能高铁技术体系架构1.0版;系统掌握高原、高寒、大江大河、艰险山区等复杂地质及气候条件下高速铁路和不同轴重等级重载铁路的建造技术；掌握复杂路网条件下高速铁路运营管理和重载铁路运输组织集约化精细化技术，构建人防、物防、技防"三位一体"的安全保障体系；铁路标准化工作全面发展；打造产学研用相互融合的铁路技术创新体系，培育一批高水平科技创新基地、科技人才和创新团队；推进铁路科技国际交流合作，中国铁路的国际影响力逐步提升，但也存在一些短板，主要表现为：部分关键基础材料、基础零部件及基础元器件等核心技术亟待突破，更高速度、更加智能、更高效率及安全绿色技术有待补强，创新基地、创新人才等科技创新力量尚需提升，创新机制仍需完善。

党的十八大以来，铁路运输企业深入贯彻习近平总书记关于安全工作的重要论述和对铁路工作的重要指示精神，牢固树立安全发展理念，坚持"人民至上、生命至上"的思想，始终把人民群众生命安全放在第一位，贯彻"安全为主、预防为主、综合治理"的方针，明确提出"安全是铁路最大的政治、最重要的声誉"等符合铁路安全发展的理念，明确了铁路安全工作"强基达标、从严务实、综合治理"的基本要求，大力实施安全风险等级管控和隐患排查双重治理工作，落实企业安全生产主体责任，加快推进交通强国建设，铁路从业人员把安全生产理念扎在思想深处，落实到各项作业中去。

2）发展目标

机车信号、列车自动停车装置、列车无线调度电话合称为"机车三大件"。伴随我国高速铁路的发展，列车运行控制系统已由以地面信号为主的机车信号、列车运行监控记录装置发展为以车载信号为主的具有超速防护功能的 CTCS–2 级和 CTCS–3 级列控系统。此外，各业务部门也逐步建立完善本专业作业标准、安全规定等规章制度，形成了以《铁路技术管理规程》为核心的中国铁路技术保障体系。

近年来全国铁路一般 A 类事故及以上事故率下降明显，是铁路历史上较为稳定的时期。能够取得这样的优秀成绩，根本得益于习近平总书记关于安全生产重要论述和对铁路工作重要指示批示精神的科学指引；得益于广大铁路企业和职工严格遵守各项作业标准、踏实奋进、真抓实干、从严务实，形成了共保安全的统一力量。

未来，铁路创新能力、科技实力将进一步提升，技术装备更加先进适用，工程建造技术将持续领先，运输服务技术水平将显著增强，智能铁路技术将全面突破，安全保障技术将明显提升，绿色低碳技术将会更加广泛地应用，创新体系更加完善，总体技术水平世界领先。

3. 铁路行车安全工作的特殊性

由于铁路本身的特点，铁路运输安全除了具有常规的安全特征外，还有其明显的特殊性，主要表现在以下几个方面。

1）行车安全影响面广，具有系统性

铁路运输是由机务、车务、工务、电务、车辆、水电等多部门组成的一架庞大的联动机，昼夜不间断地运转，每个工作环节必须紧密联系、协同动作，才能确保安全运输，否则，一个部门、一个环节出了问题都会影响旅客、货物的运输安全。这一点在行车安全方面更为突出，如果一个地方发生行车事故，就会影响一线、一片，甚至波及整个运输生产。例如，某一铁路职工违反相关规定，擅自上道维修线路设备导致列车停车，这会引发列车晚点，进而影响后续列车；列车为防止事故而紧急制动，有可能导致车轮或钢轨面擦伤造成设备隐患，如果是旅客列车，也可能致使车厢内的旅客摔伤等，由此产生一系列的安全风险，造成一连

串的非正常处置，稍有不慎就有可能造成更高等级的事故。

2）行车安全具有复杂性

铁路运送旅客和货物，要经过复杂的生产过程。就货物运输而言要经过承运、交付、货物装卸，车辆取送、列车编组、解体、列车运行等一系列工序，车、机、工、电、辆各部门有关工种的广大职工参与，共同劳动才能实现货物的位移，把其运送至目的地。因此，安全生产贯穿运输生产的始终，牵扯着生产环节中的每一道工序、每一个人。在生产过程中，各个工作环节都必须严格遵章守纪，才能确保旅客和货物的运输安全。否则，只要某一个工种、某一个职工违章作业，就将造成行车事故、货运事故或人身伤亡事故。例如，在接发列车时助理值班员没有认真监督列车运行状态，疏忽了车辆燃轴、制动梁脱落等严重安全隐患，将会造成列车脱轨甚至颠覆的重大行车事故。

3）行车安全受自然和社会环境影响大

铁路运输生产一年四季昼夜不停地进行，而且多数是露天作业，这样，安全生产必然受到外界自然环境变化的影响。如天阴、下雨、刮风、下雪、下雾等，都会影响机车乘务人员瞭望信号和观察线路情况，稍有不慎就可导致事故发生；在汛期，还可能发生塌方落石和泥石流，造成山体滑坡，使线路、桥梁毁坏，影响行车安全；北方的严寒冬季，南方沿海的强台风可能造成运输设备损坏，影响安全生产；强烈雷电，可能毁坏或干扰通信、信号设备的正常运转，影响到行车安全。

另外，铁路点多、线长，安全工作受社会大环境的影响大。旅客、货物是通过遍布全国的铁路网运输的，因此，各地社会治安秩序的好坏、沿线人民群众对铁路安全知识的了解程度、爱路护路等情况，直接影响着铁路的安全运输；特别是一些旅客违章携带危险品进站、上车，对铁路行车安全构成了严重的威胁。例如，2021年3月26日16时30分许，张某携带一把水果刀通过铁路某站二楼安检口进站时，被安检员发现，其拒绝将携带的水果刀拿出配合安全检查。安检员遂报警，某铁路公安局民警金某接报后赶至现场，对被告人张某携带的行李物品进行开包检查。检查期间，被告人张某突然上前抢夺自己被检物品试图离开，并对上前阻拦的民警进行攻击，多次扑咬民警大腿未果后，又多次使用携带的行李箱包砸向民警腿部，造成民警右小腿外侧缘损伤。张某随即被民警当场控制后带至公安机关接受调查，张某对上述犯罪事实供认不讳。公安机关侦查终结后移送审查起诉，后检察机关以张某犯袭警罪向上海铁路运输法院提起公诉。由此可见，违章携带危险品和乘坐列车，不仅破坏社会安全和秩序，还会带来极大的安全隐患。

4）行车安全对管理的依赖性强

在我国，铁路是主要的现代化运输工具，其设备先进，结构复杂，因而技术性很强。各种机车、车辆、线路、站场、通信、信号设备、调车驼峰，养路机械、修车设备，各类装卸、起重机械，高速、重载技术等，不仅结构复杂，而且新旧设备混用，重量、速度不同的客货列车共用一条线路，行车密度大，行车安全的风险随之增大。因此，有关行车人员必须经过严格地培训和考试，合格后才能任职。只有这样，才能确保安全生产。

5）行车安全时效性强

铁路运输旅客和货物是通过列车发生位移而实现的，而客货列车又必须严格按照列车运行图规定的时刻安全、正点运行。由于列车的速度高，因此要求有关人员特别注意时间因素，要做到分秒不差、准确无误，才能确保运输安全。否则，一分一秒之差都可能导致事故的发生。

6）铁路交通事故造成的社会影响难以估量

作为大众化的出行交通工具，一列普速列车通常要运送将近千名旅客，一列动车也要运送几百名旅客，处于高速运行状态的列车，可供纠偏和避免事故的时间很短，一旦发生列车脱轨、冲突、火灾、爆炸等事故，极易造成重大人员伤亡、财产损失，形成灾难性的后果。而且，一旦造成事故发生，运输中断将波及整个路网，打扰正常的运行秩序，进而影响社会生产和运输全局，极大地损害铁路的声誉和形象乃至政府的威信，社会影响的严重性难以估量。

4. 铁路行车安全生产指导方针

"安全第一，预防为主，综合治理"是安全生产的指导方针。"安全第一"体现了以人为本的重要思想，把人身安全放在第一位，以人为本、构建和谐社会是目前国家迅猛发展的主旋律，也是铁路运输生产的主旋律。"预防为主"就是要在事前做好安全工作，防患于未然。依靠科技进步，加强安全科学管理，搞好科学预测与分析工作；把工伤事故和行车事故消灭在萌芽状态中。安全第一，预防为主两者是相辅相成、相互促进的。"预防为主"是实现安全第一的基础。要做到安全第一，首先要搞好预防措施。预防工作做好了，就可以保证安全生产，实现安全第一，这是经实践证明的重要经验。"综合治理"是一种新的安全管理模式，它是保证"安全第一，预防为主"的安全管理目标实现的重要手段。

"安全第一、预防为主、综合治理"的安全生产指导方针是一个有机的不可分割的整体。安全第一是预防为主、综合治理的统率和灵魂，没有安全第一的思想，预防为主就失去了思想支撑，综合治理就失去了整治依据。预防为主是实现安全第一的根本途径。只有把安全生产的重点放在建立事故隐患预防体系上，超前防范，才能有效减少事故，实现安全第一。综合治理是落实安全第一、预防为主的手段和方法。只有不断健全和完善综合治理工作机制才能有效贯彻安全生产方针，真正把安全第一、预防为主、综合治理落到实处，不断开创安全生产工作的新局面。

加强安全生产工作，关键是要全面落实安全第一、预防为主、综合治理的方针，做到思想认识上警钟长鸣、制度保证上严密有效、技术支撑上坚强有力、监督检查上严格细致、事故处理上严肃认真。安全生产的综合治理，一是要坚决落实安全生产责任制，完善安全生产管理的体制机制，严格执行安全生产的各项规章制度，确保政府承担起安全生产监管主体的职责，确保企业承担起安全生产责任主体的职责，确保安全生产监管部门承担起安全生产监管的职责，把安全生产的各项要求落到实处；二是要加强安全生产法制建设，加紧完善安全生产法律法规体系，加快建立安全生产法治秩序，加大安全监管监察执法力度，增强政府、企业和全社会的安全生产法治观念，认真查处安全事故，严肃追究有关责任人员的责任；三是要抓好重点行业安全生产专项整治，坚决纠正违反安全生产的行为，切实消除安全隐患；四是要加大安全生产的治本力度，加大政府和企业对安全生产的投入，建立重特大安全事故监测预警系统，加快安全生产科技进步，加强安全生产培训教育，大力建设安全文化，形成有利于安全发展的经济增长方式，为安全发展打下坚实基础。

1）牢固树立"安全第一"的思想，强化"安全第一"的责任意识

（1）牢记行车安全是铁路运输工作的永恒主题。

各级调度指挥部门在编制列车运行计划、组织和指挥运输生产时，要把行车安全放在首位；班前布置生产任务，班中传达计划，运输职工在进行接发列车和调车作业，班后总结分

析运输工作时，都不能离开行车安全这个永恒主题。做到任何时候、任何情况下，坚持"安全第一"的思想不动摇。也就是说，"安全第一"的思想人人讲、事事讲、天天讲；要班前讲、班中讲、班后讲。特别是在节假日、暴风雨天气的关键时刻，在施工、停电等特殊情况下，对机车乘务员、调车作业等关键岗位，对情绪有波动、家庭有困难、身体不适、精神不振的关键人员，不但要反复强调安全，而且要针对不同情况，采取不同措施，确保行车与人身安全。

（2）牢记行车安全是铁路运输工作的生命线。

铁路是国家重要的基础设施、国民经济的大动脉、交通运输体系的骨干，在市场经济深入发展的情况下，五种运输方式之间竞争越来越激烈。铁路在运输速度上不如航空，在运载重量上不如海运，在"门对门"运输和机动灵活方面不如公路，在运输成本方面不如管道。铁路在运输市场竞争中主要凭借行车安全好、环境污染少、运输能力大而占有较大份额。据统计，每百万吨公里（人公里）的行车事故率、人员死亡率，铁路均比其他运输方式低。由此可见，行车安全是铁路运输赖以生存的重要条件，是铁路运输的生命线。实践证明，安全不好，路无宁日。行车安全工作的好坏，关系到铁路的兴衰。

（3）坚持"安全第一"是铁路运输发展的内在需求。

据统计，截至2022年年底，全国铁路营业里程达到15.5万km，其中高铁4.2万km，铁路网覆盖全国99%的20万人口以上城市，铁路事业谱写了高质量发展新篇章，为满足人民群众对美好旅行生活的向往、更好地服务国家重大战略、保障国民经济平稳运行提供强有力支撑。在行车高密度、大重量、高速度条件下的铁路，一旦发生行车事故，轻则中断行车，打乱正常的行车秩序，造成大量列车运行晚点；重则车毁人亡，给人民的生命财产造成严重损失，甚至造成不良的社会影响。例如，2022年3月8日21时28分，甘肃省白银市靖远县境内，车号为甘A80314的重型自卸货车沿吴靖线（Y203乡道）自东向西运行中，因该车行驶时未将车厢按规定降下，升起的车厢碰撞红会线吴家川站至靖远西站间K60+807 m处铁路桥梁，造成该桥梁体翻转倾斜，线路变形，致正常运行通过的31024次货物列车牵引机车及机后第一位车辆脱轨，机车脱轨后坠落至桥下，造成铁路机车乘务员3人死亡、1人重伤，中断行车47小时38分，导致直接经济损失797.93万元。

2）坚决贯彻以预防为主的方针

"隐患险于明火，防范胜于救灾，责任重于泰山。"以预防为主的方针体现了安全生产的前置性和有效性，要依照客观规律贯彻安全第一的重要保证，就必须深刻理解预防的重要内涵。

"隐患险于明火"，指明了安全生产必须从事故的根源抓起，必须消除隐患。安全生产的经验教训证明，任何一件行车事故都是由于人员素质、设备质量、环境条件或管理制度等方面存在的隐患和漏洞没有得到及时消除而酿成的。由于这些隐患具有很强的隐蔽性、扩散性和破坏性，所以它比"明火"更危险。"预防为主"要求我们采取一切有效措施消除这些隐患，把各种行车事故消灭在发生之前。

"防范胜于救灾"，指明了抓好安全生产必须坚持"预防为主"的科学方法。在铁路行车安全管理方法上，超前预防和事后"消防"，是两种截然不同的作法，其结果也完全不一样。抓防范是治本，可以防患于未然，工作是主动的，事后"消防"是救灾，工作是被动的。

随着铁路运输生产和科学技术的发展，光靠作业人员之间的自控、互控，只靠人的觉悟、精力来保障行车安全是不够的。人的精力有限，容易受到各种因素的影响，总有疏忽、失误的时候。比较理想的预防措施是采用新技术、新设备，从设备本身的功能上来保障行车安全，即使操作者一时疏忽，也不致造成事故。例如车站联锁设备，当信号开放，行车进路锁闭后，道岔就无法扳动，保证了行车的安全。因此，预防行车事故，保障行车安全必须依靠先进的技术装备和管理创新。

"责任重于泰山"，指明了抓好安全生产的关键是强化责任。因为保证行车安全是人命关天的大事，所以与行车有关的作业人员，指挥人员尤其是各级管理干部的责任重于泰山，都应该把确保行车安全视为天职。

落实安全责任，是规范行车安全管理的关键所在。各单位的"一把手"是安全生产的第一责任人，对安全生产负全面领导责任，分管安全的领导负具体领导责任。有关业务部门要加强专业指导、技术管理和技术监督，对行车安全实行部门负责。铁路运输生产过程复杂，车、机、工、电、辆等许多部门上百个工种参与，具有各工作环节紧密联系等特点，把每一个生产环节工作方法、作业程序和安全责任落实到每一个岗位上，实行岗位责任制，这是行车安全管理的落脚点。只有这样，才能形成人人关心安全、人人管理安全的齐抓共管局面，才能把行车安全管理工作落到实处。

总之，"隐患险于明火，防范胜于救灾，责任重于泰山"是一个有机的整体。消除隐患是"预防为主"的要害所在，加强防范是根本方法，落实责任是关键环节。

3）认真做好综合治理工作

综合治理就是要正确处理好安全与政绩，与发展的关系，当两者发生矛盾时，应服从安全。安全第一，还应体现在安全生产与政绩考核"一票否决"上，从而真正树立起"安全第一"的权威。

综合治理要以人为本，抓好教育培训工作。综合治理就是要领导干部、企业职工、广大人民群众树立起安全意识，高度重视安全生产工作，学会如何做，怎么做才安全。

综合治理就是要狠抓责任制的落实。要严格落实各级领导，各类从业人员的安全生产责任，全面落实"一岗双责"责任制。让人人懂得自己的安全责任，形成安全工作有人做，安全工作有人管。对安全生产工作全员、全方位、全过程的综合管理，真正做到各司其职，各负其责，彻底消除各类安全隐患，确保安全生产。

综合治理就要制定好防止事故措施、事故应急救援预案，建立应急救援平台体系，切实做好安全组织措施和技术措施，确保没有安全措施的事不做，没有安全保障的事不为。

综合治理就是要有严格的工作制度。安全生产制度体系和安全生产操作规程的完善和落实将大大预防和降低事故的发生。

综合治理就要推广安全性评价。安全性评价也是预防为主的一种形式，是安全管理现代化的一项重要内容，是企业在安全生产上改善微观管理的一个重要手段，通过安全性评价可以预防事故的发生。

4）正确处理行车安全与效率、效益的关系

（1）安全是生产的必要条件。

实践证明，安全是随着生产的发展而发展的，生产过程中的不安全因素是客观存在的。例如，在蒸汽机发明以前，交通运输只能依靠人力、畜力、水力和风力，后来发明蒸汽机并用于铁路运输时，运输速度提高了、载重量增加了，冲突、脱轨、颠覆等不安全因素也增多了。20 世纪初期，为了保证生产正常、顺利开始重视安全生产。在我国，早在新中国成立初期就确定了安全生产的方针，广大职工也懂得"生产必须保证安全，安全为了促进生产"的道理。2002 年，全国人大常委会又制定并颁布施行《中华人民共和国安全生产法》，明确提出"安全第一、预防为主、综合治理"的方针。

如果发生行车特别重大、重大事故，导致车毁、人亡、货损的话，运输产品的"位移"还有什么价值，还有什么质量可言。

（2）安全就是效率，安全就是效益。

行车安全与经济效益是辩证统一的关系。没有行车安全，不可能有经济效益；离开经济效益片面抓安全，安全就失去了实际意义。安全与效率的关系也是如此。只要坚持安全第一，安全与效率一起抓，两者就能统一起来。如不顾行车安全而片面追求效率、效益，导致行车事故不断，不仅车毁、人亡、货损，直接经济损失严重，而且影响正常运输秩序，造成行车中断，间接经济损失更为严重。

任务 1.2 铁路行车安全基础工作认知

1.2.1 拟完成的任务

《铁路安全管理条例》节选：

第一条 为了加强铁路安全管理，保障铁路运输安全和畅通，保护人身安全和财产安全，制定本条例。

第二条 铁路安全管理坚持安全第一、预防为主、综合治理的方针。

第三条 国务院铁路行业监督管理部门负责全国铁路安全监督管理工作，国务院铁路行业监督管理部门设立的铁路监督管理机构负责辖区内的铁路安全监督管理工作。国务院铁路行业监督管理部门和铁路监督管理机构统称铁路监管部门。

国务院有关部门依照法律和国务院规定的职责，负责铁路安全管理的有关工作。

思考：1. 对铁路运输行业的监督部门都有哪些？分别在什么地方？

2. 行车安全管理原则有哪些？

3. 铁路运输生产时会划分班组吗？班组在保证安全作业时，起到了什么作用？

1.2.2 任务目的

1. 掌握铁路行车安全管理体制和管理的重点内容；
2. 学会铁路运输企业基层组织中行车安全工作管理机构的设置；
3. 了解安全管理的手段。

1.2.3 相关配套知识

1. 铁路行车安全管理体制

铁路运输安全管理体制是与铁路运输管理体制一脉相承的，铁路行车安全管理体制一般是指行车安全的管理体系和工作制度，它是随着铁路的不断发展，广大铁路职工和领导干部不断实践出来的。铁路行车安全管理体制也不是一成不变的，随着社会、经济和技术的不断发展，也会不断地进行优化和改善。《铁路法》规定："国务院铁路主管部门主管全国铁路工作，对国家铁路实行高度集中、统一指挥的运输管理体制，对地方铁路、专用铁路和铁路专用线进行指导、协调、监督和帮助。国家铁路运输企业行使法律、行政法规授予的行政管理职能。""铁路沿线各级地方人民政府应当协助铁路运输企业保证铁路运输安全畅通，车站、列车秩序良好，铁路设施完好和铁路建设顺利进行。"这就从铁路运输的内部关系和同地方人民政府的外部关系两个方面，确定了铁路运输管理体制。所有这些规定对铁路运输安全管理体制的形成和发展具有重要的导向作用。

1）国家铁路实行高度集中、统一指挥的运输安全管理体制

国家铁路实行高度集中、统一指挥的运输安全管理体制是由铁路运输生产特点和规律决定的。国家铁路运输生产素有"高、大、半"的特点。"高"即高度集中，如各运输企业的行车工作都要服从中国国家铁路集团有限公司（简称国铁集团）的统一管理、统一指挥和统一调度。"大"即运输生产具有大联动机的性质，技术性和时间性强，管理程序复杂，作业环节众多。通常一个运输企业不能独立完成旅客和货物安全运输任务，需要其他铁路运输企业的通力协作与配合。无论是远程货物列车还是长途旅客列车，时空跨度大，沿途有为数众多的铁路职工，按照统一的运输法规和作业规定为列车安全运行服务。任何一个作业环节违章操作，都会影响联动机的正常运转。"半"即运输系统的生产活动具有半军事化的特点。中国国家铁路集团有限公司、铁路局集团公司对基层生产单位的运输调度指挥工作以命令形式下达，各基层站段必须服从。

中国国家铁路集团有限公司对铁路局集团公司在安全管理上有下列关系。

统一下定运输安全目标、任务、规则和要求。保证铁路运输企业完成运输安全目标任务所需的经费、设施和物资。

统一制订运输安全法规，建立运输安全管理体系或网络。

审查批准重大安全技术和管理科研项目，及重大安全技术设备改造计划。

审查批复铁路运输企业对重大事故的处理结果等。

2）中国国家铁路集团有限公司对地方铁路、专用铁路和铁路专用线进行指导、协调、监督和帮助

铁路运输安全必须遵守的技术管理规程和有关作业标准，由中国国家铁路集团有限公司制定，实行行业统一归口管理，这是社会化大生产的客观要求和选择。地方铁路、专用铁路和铁路专用线因主管部门和工作性质不同，需要国家铁路相关部门在运输安全生产上给予技术政策和咨询及信息等方面的指导，在安全技术问题上协调处理好各种铁路之间的关系，监督各种铁路执行《铁路法》、《铁路技术管理规程》（2014年11月1日）及作业标准情况，在人力、财力、物力上力所能及地支持地方铁路、专用铁路和铁路专用线，包括帮助培训运输业务干部、进行技术改造等。通过指导、协调、监督和帮助，使其他铁路不断提高安全管理水平和安全运输的可靠程度。

3）铁路沿线地方政府协助铁路做好运输安全工作

铁路线路四通八达，穿越南北，横贯东西，这就使得铁路运输企业比其他一般企业更多地需要取得地方政府的支持和帮助。实践证明，凡是运输畅通无阻、治安秩序好的区段，都是和地方政府积极支持、整顿秩序、教育群众分不开的。因此，地方政府协助铁路运输安全工作是铁路运输安全管理体制的重要内容。

2. 铁路运输安全监察与管理机构

1）全国铁路运输监察与管理机构

铁路运输安全管理有监督和安全管理两层内涵。中国国家铁路集团有限公司对铁路运输既负责安全监督职能又负责安全管理职能。2013 年 3 月 14 日，实行铁路行业的政企分开，撤销了铁道部，组建隶属于交通运输部的国家铁路局，履行铁路行业安全生产的政府监督管理职能，组建中国铁路总公司，强化铁路运输企业的安全生产主体责任（安全管理责任），如图 1–1 所示。

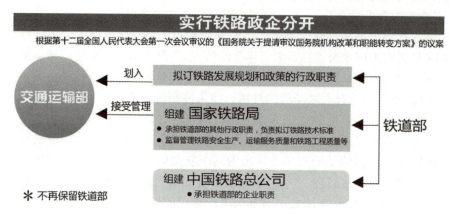

图 1–1 铁路行业政企分开示意图

国家铁路局下设安全监察司，从宏观层面负责修订安全技术标准，监督全国的铁路运输安全，设行车安全处，全面监督铁路行业的安全事宜。此外，国家铁路局分别在沈阳、上海、广州、成都、武汉、西安、兰州设立 7 个地方监督管理局，设安全监督、工程监督等处室，负责辖区内铁路运输企业的行业安全监督事宜。

中国铁路总公司（现中国国家铁路集团有限公司）下设安全监督管理局，从宏观层面负责监督企业内部安全生产的监督管理。设行车安全、安全分析等处室，并在北京、上海、沈阳、武汉、成都、兰州设立 6 个安全监督特派员办事处。在安全监督管理局的领导下，开展安全检查和管理工作。

全国铁路运输安全的监察和监督管理机构如图 1–2 所示。

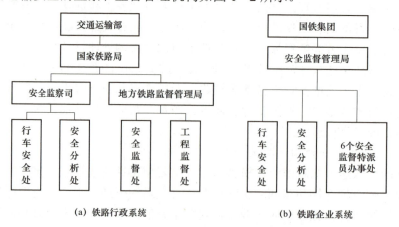

图 1–2 全国铁路运输安全的监察和监督管理机构

2）铁路运输企业安全管理机构

中国国家铁路集团有限公司下辖 18 个铁路局集团有限公司（以下简称铁路局），均设安全监察室（简称安监室），对所属铁路运输企业的安全生产负有监督管理责任。铁路局设安全生产委员会，协调运输处、机务处、工务处等各业务处室负责铁路行车安全、客运安全、货运安全、路外安全、人身安全工作。中国国家铁路集团有限公司对其管辖的各铁路运输企业的管理机构和职责做出明确的规定。

（1）安全管理层。

安全管理层指铁路运输企业安全监察室。其主要职责是：监督检查铁路局管辖内所属部门、单位执行上级机关颁发的安全生产方针政策、目标任务、规章制度、命令指示情况；监督检查铁路局发布的有关行车安全的规章制度、命令和措施贯彻执行情况；监督有关部门加强质量管理和安全管理情况；调查处理铁路局管内的较大以下事故等。

（2）决策层。

决策层是指铁路运输企业及其职能部门。其主要职责是：制定年度运输安全工作的指导思想，目标任务和计划安排；发布有关行车安全的规章制度、命令和规定；确定安全技术设备的安装、使用、管理和维修办法；监督检查站段安全基础建设工作成效等。

（3）执行层。

执行层指站段及其职能科室。其主要职责是：为完成铁路局安全目标任务而制订站段安全管理目标任务和实施方案、计划和措施；按照运输安全法规和铁路局有关要求，制定、修改完善本站段安全规章制度并按规定报上级主管部门审批；加强安全基础建设，开展安全攻关和安全联控活动；调查、分析、处理行车设备故障和人身轻伤事故等。

（4）实施层。

实施层主要指车间、班组和职工。各车间根据站段安全目标管理的要求，制定车间具体安全目标和保证措施，下达到班组和个人执行；督促检查安全目标和保证措施执行情况，并进行分析、评价，找出薄弱环节，以便改进工作。

3. 行车安全管理制度

铁路安全对铁路的健康发展至关重要，要作为铁路发展的头等大事抓好，要维护铁路的安全生产必须建立完善的安全生产制度，对生产的过程进行监察。长期以来，我国铁路一直在执行的、行之有效的制度也随着形势的发展和变化，开创了许多切合实际、富有时代特色的逐级管理制度等。

根据中国国家铁路集团有限公司"规范管理，强基达标"的总体要求，依据"职责明确，权责统一，重点突出，明确具体"的原则，各铁路局集团有限公司均制定了《铁路局安全管理逐级负责制暂行办法》。通过实践，安全生产均取得明显效果，对实现"规范管理，强基达标"和"有序可控，基本稳定"起了积极作用。

多年来的实践证明，安全生产问题主要是管理问题，是一个管理是否规范的问题。为什么各铁路局之间的安全生产情况很不平衡，关键差在管理上，差在责任是否落实、工作是否到位、管理是否有效。抓管理关键在抓责任，没有责任制就没有管理。因此，必须认真抓好安全管理逐级负责制的落实，这是实现安全管理规范有序最基本的要求。

贯彻逐级负责制，加大规范管理、落实强基达标，推动铁路发展，主要抓好以下几项工作。

1）安全管理责任界定的要求

（1）要重点突出。

要贯彻"管生产必须管安全"的思想，突出主要领导对安全管理负全面责任；副职按照分工和权限对分管系统内的安全管理负责。界定正职、副职各自的管理责任，并不是可以忽视整体配合。发挥班子的整体合力是十分重要的。班子成员既要按照分工各负其责，又要互相协作配合，这样才能围绕一个共同的安全目标，形成抓安全的整体合力。

（2）要明确具体。

要以做到"项项工作都有人负责，不出现管理上的空档"为原则，把每一项工作由谁负主要责任，由谁负特定责任明确地界定清楚，而且要尽可能做到能一个人或一个部门负责的事，就不要由两个人或两个部门来负责，避免出现多头负责和结合部管理出现问题。确实需要几个部门共同抓的要明确一个牵头部门，其他部门密切配合。

（3）要从实际出发。

安全生产要做到全覆盖，要让对安全确实负有责任的人负责安全管理。

（4）安全生产责任制要做到全覆盖，要让真正能负责的人负责安全管理。要有实践基础。

安全责任制要有实践基础，要实事求是，办不到的事情就不要定，定了就要坚决执行，不打折扣。

2）安全管理责任

（1）铁路运输企业安全管理的责任。

铁路运输企业是安全管理的主体，对本企业的安全工作负全责，对站段安全生产有领导、检查、监督的责任。铁路局制定和落实责任制的关键是科学界定各部门的安全管理责任、权力和标准，对干部实行"五定、三率"的严格考核。

铁路运输企业应当依照法律、行政法规和国务院铁路行业监督管理部门的规定，制定铁路运输安全管理制度，完善相关作业程序，保障铁路旅客和货物运输安全。

铁路运输企业应当加强铁路专业技术岗位和主要行车工种岗位从业人员的业务培训和安全培训，提高从业人员的业务技能和安全意识。

铁路运输企业应当加强运输过程中的安全防护，使用的运输工具、装载加固设备，以及其他专用设施设备应当符合国家标准、行业标准和安全要求。

铁路运输企业应当建立健全铁路设施设备的检查防护制度，加强对铁路设施设备的日常维护检修，确保铁路设施设备性能完好和安全运行。

铁路运输企业应当依据事故调查规定，按照相关权限和程序，负责从业人员伤亡事故报告、调查、处理和统计等工作，制定防止或减少伤亡事故发生的措施。

（2）铁路运输企业下属单位安全管理的责任。

铁路运输企业是安全工作实施的主体，对本单位安全工作负直接责任。站段是行车安全管理的重点，承担着安全工作落实和现场安全控制的主体责任；负责行车设备质量，管、修、用好行车设备；保证行车人员的素质，适应运输安全生产的需要；抓好班组建设，落实各项规章制度和标准，实施现场作业控制，确保行车安全。

站段是行车安全管理的关键，站段长对全站段安全管理负全责。

站段安全管理的主要职责有：落实安全岗位责任制，明确岗位职责和标准，细化管理办法，严格执行行车安全管理的规章制度和作业标准；抓好建标、贯标、达标的具体工作，细化人员素质、设备质量、安全管理的标准，建立安全的激励约束机制；建立健全站段内部行车安全、设备质量检验制度，采取定期与日常、静态与动态检查相结合的方法，强化行车安全的现场监督与检查；对职工进行安全、技术、业务培训，组织岗位练兵，努力提高职工队伍素质。健全班组管理制度，加强班组长的教育与培训，行车主要工种必须持证上岗；严格作业纪律、劳动纪律，按作业标准进行严格考核，对安全生产有突出贡献者给予奖励，违章违纪和一般行车事故责任人给予惩处；建立行车安全台账，定期分析行车安全情况，不断总结行车安全的经验教训。

>>> 安全管理实例

如济南局集团公司青岛西车务段董家口南站副站长孟照林，自2019年3月开站以来，孟照林作为车站运输副站长，充分发挥自己多年运输管理的工作经验，精准对接港方运输需求，主动协调站区各单位和调度指挥部门，确保"公转铁"方案落地落实，为济南铁路局2019年货发"突破2亿吨"作出了突出贡献。疫情防控期间，孟照林以站为家，一手抓疫情防控，一手抓货运增量，带着职工一列一列盯，一天一天干，2020年车站完成货发1 900万t，运输收入14亿元，装车数在全路名列前茅，被评为最美铁路人，增强了站段合力。

铁路运输基层安全管理分为站段、车间、班组三级。车间是站段安全管理的中枢和细胞，是生产一线的直接管理层和领导者，车间安全管理的成败对运输生产能否顺利进行起着举足轻重的作用。

强化车间安全管理，必须以提升安全保障能力为抓手，以强化现场作业控制为重点，不断创新安全管理的新方法、新途径，必须科学管理、明确职能，常抓不懈，一般从以下几个方面落实车间的安全管理责任。

① 科学配置干部和技术人员，在车间重要岗位选配安全员、工人技师等，充分发挥其解决安全技术难题和实际问题的作用。

② 充分发挥车间管理人员职能，赋予车间管理人员相应的职责和权力，把车间的管理职能分解、细化到每个管理岗位，防止出现管理"空档"。

③ 在现场作业控制方面下功夫，认真落实自控、互控、他控。抓好车间、班组、岗位的自控能力，严格落实岗位作业标准和卡控措施，发挥安全员现场盯控作用。

④ 强化车间各项管理制度，促使车间主任实现三个转变。一是由被动型、执行型管理向主动型、创新型管理转变；二是由"等、靠、要"向"自我加压、敢于创新"转变；三是由单一型管理向综合型管理转变，以适应新形势的要求。同时要因地制宜，结合自身实际，突出车间管理的特色，千方百计为车间管理"松绑""减负"，如精简车间和班组台账等，努力做到优化，便于操作。

⑤ 全面提升职工思想素质和业务技能，围绕"争做学习型职工，提高岗位技能"的主题，大力宣传学习新技术、新知识的紧迫性，广泛开展学习竞赛、练功比武和科技攻关，掀起人人争当知识型职工热潮。加强职工思想动态分析，把提升职工思想素质的触角延伸渗透到职工生产、生活各个方面，充分调动职工的积极性、主动性和创造性。

⑥ 强化车间安全管理考核力度。要量化车间干部到生产现场检查工作的次数和标准，明确日常工作重点和考核标准，每月对车间干部量化指标完成、工作绩效等情况进行分析考评。

4. 班组安全管理

1）班组在铁路安全生产中的地位和作用

（1）班组是铁路运输生产的基本单位。

班组是保证铁路运输安全生产的最基本、最基层的活动单位，是铁路运输安全生产的落脚点。我们的运输生产活动正是以班组为单位展开的，安全生产的目标归根到底要在班组实现，安全生产的纪录归根到底要在班组创造。

（2）班组是铁路运输安全管理的基础。

生产班组是以最基本的生产工人组成的。这些生产工人是铁路运输安全活动的实践者。安全管理制度只有以这些生产工人的经验、素质、积极性、创造性为基础，才能更加符合安全生产的客观要求，并且具有得以贯彻落实的可靠保证。

班组的基本功能就在于通过自己的生产实践活动完成站段或车间下达的运输生产任务。生产班组既是落实安全生产管理制度的终端，又是检验安全管理制度合理与否的实践场所。铁路运输中的各项技术指标、作业过程、规章制度，都要在班组实施，而作为制定安全管理制度的大量原始记录、统计台账等，都要由班组提供。同时，班组在第一线从事生产实践，最了解安全生产的关键所在，最清楚安全管理上存在的问题和薄弱环节，这些关键问题也最容易在生产班组反映出来。这样，生产班组为制定安全管理制度提供了实际依据、实践场所和检验手段，成为铁路运输安全管理的基础。

（3）班组安全形势对全局有重大影响。

铁路运输的点多、线长，参与运输生产的部门多、工种多，这些特点决定了它是高度集中统一的、联动性的社会化大生产。虽然各工种、各个班组生产活动是分散的，但绝对不是孤立的分散，各个班组是组成铁路运输安全生产链条上不可缺少的环节，任何一个环节的断裂，都会使一定范围乃至全局的正常运输秩序遭到破坏。比如，某调车组在调车作业过程中发生车辆脱轨事故，使正线行车中断，不仅影响本站的接发列车作业，而且影响整个区段的列车运行。在繁忙的干线上，甚至打乱全局、全路的列车运行秩序。班组的安全成绩直接影响站段和全局的安全形势。

2）充分发挥班组长和安全员的作用

为了保证班组的安全生产，班组长和安全员应当发挥更大的作用。

（1）班组长在安全生产中的作用。

① 班组长是安全管理的组织者。规章制度的实施、基础资料的积累、班组成员的考评等都必须在班组长的组织领导下进行。

② 班组长是班组安全运输生产活动的指挥者。铁路基层站段的安全生产一般实行站（段）长、车间主任、班组长三级管理，班组长是最基层的安全生产指挥者。

③ 班组长以普通工人的身份参加安全生产实践，并在安全生产实践中发挥表率作用。

（2）班组长在安全生产中的职责。

① 在车间主任的领导下，对本班组安全生产全面负责，直接指挥本班组的生产活动。

② 搞好本班组的安全管理，正确填记本班组的各种原始记录和台账簿册。

③ 落实岗位责任制，将班组的安全生产和收益分配挂起钩来。

④ 及时处理生产中的各种问题，组织班组技术业务学习，提高班组成员素质。

⑤ 主持召开安全生产总结会、民主生活会等，加强政治思想工作，保持班组正常的生产

和工作秩序。

（3）班组长在安全生产中的权限。

① 对班组的安全管理和安全生产有组织指挥权，对上级违反规章制度的指令有拒绝执行权。

② 在有利于安全生产的前提下，有权合理分配本班组工人的工作，对生产成绩突出的个人，有权进行表扬和建议上级表彰，对影响安全生产的人员有权批评，必要时可暂时停止其工作，并有权建议上级给予处分。

③ 有权按照经济责任制的有关规定，对本班组的安全生产奖金进行分配。

④ 参与本班组工人的考评工作，对本班组工人的转正、晋级拥有建议权。

（4）安全员在安全生产中的职责。

班组安全员的设立，是组织班组职工参加安全生产方面的民主管理的一种好形式，它可以使安全生产有更为可靠的组织保障和更为广泛的群众基础。

① 安全员是遵章守纪的检查员。安全员在班组长的领导下开展工作，他要检查全体成员遵章守纪、安全生产的情况，检查安全生产的各项制度、措施落实的情况；检查班组成员的人身安全和劳动保护条件是否得到保证，检查班组成员在安全生产方面的正当权益是否得到保护。在检查的同时，制止一切违反安全生产的行为。

② 安全员是提高业务技术水平的教练员。班组安全员应该是班组中办事公道、积极热心、业务熟练、技术过硬的生产骨干。这样，安全员可以配合班组长组织班组成员学习文化、学习技术进行岗位练兵，以熟练掌握本职本岗应知应会的内容，不断提高业务技术素质，增强安全生产本领。

③ 安全员是提供安全生产情况的信息员。建立安全生产信息的记录、统计分析和反馈制度，是加强班组安全管理的一项重要的基础工作，这项工作主要由安全员负责。

3）培养班组群体安全意识

为了保证安全生产，生产班组有很多工作需要去做，但根本在于培养起一种氛围、一种舆论、一种共同信念、一种向心力和凝聚力，这就是群体安全意识。

（1）群体安全意识的含义。

群体也叫团体，2人以上为了达到共同的特定目标，相互依赖和相互作用，就构成了群体。其特征如下。

① 各成员相互依赖，在心理上意识到对方，也就是意识到群体中的其他人。

② 各成员在行为上互相作用、直接接触、彼此影响。

③ 各成员具有团体意识，具有归属感，彼此有共同的目标和追求。

群体安全意识，属于社会舆论和集体感受，是一个班组内所有成员个人共同感知、认同和遵守的信念、意识。

（2）群体安全意识的作用。

班组群体安全意识，一般不是明确规定的，但往往比正式规定的规章制度更有约束力，它往往是不成形的，但它在班组的整个安全生产实践中无时无处不在。它就像威力很强的凝结剂，使班组规章制度、思想教育、组织建设等各种手段结合、凝聚、统一在一起，产生合力，从而提高整个班组成员统一奋斗目标，产生一种个人得失与集体成就休戚相关的心理。因此，培养班组群体安全意识，将有力地促进班组安全生产。

（3）群体安全意识的培养。

班组群体安全意识的形成是一件难度很大的工作，它不仅需要一定的时间，还需要采取正确的方法。

① 开展正面教育。正面教育就是多鼓励、多引导，用正面道理使受教育者提高认识。要经常、反复地向班组成员宣传"安全第一"思想，讲请楚搞好安全生产与自身的主人翁地位、与对国家的贡献、与对班组的集体荣誉、与个人的利害得失的关系，从而调动班组成员的安全生产积极性。使班组成员认识到，有些最基本的意识和信念就是在不断的重复中扎根于人们思想深处的。这种反复的正面教育是我们常用的一种基本教育方法。

② 进行强化激励。激励，就是激发与鼓励。强化就是对人的某种行为给予表扬、肯定和鼓励，使这个行为得以巩固与保持，或对某种行为给予批评、否定和惩罚，使其改正、减弱与消退。

③ 典型示范。"榜样的力量是无穷的"，企业的每个车间乃至最基层的生产班组，都有安全生产方面的先进典型。我们要善于调查研究，总结经验，树立典型，使全班组都有比学榜样、赶超对象，从而达到安全生产的目的。

这种方法运用了心理学中关于模仿的原理。当一个人感知别人的行为时就会产生实现同一行为的愿望，随之而来的便是模仿。这就是说，别人的行为影响和制约着自己相同行为的产生。这些人，在自己的心目中威信越高，其影响和制约作用也就越大。这就是通过典型示范来进行安全生产教育效果显著的原因所在。

④ 利用从众心理。从众心理是一种与模仿有紧密联系的心理学现象。人是在群体中生活的，人也接受群体的影响。不仅行为有感染力，而且认识和观点也有感染力。个体受群体影响而改变其行为的现象就是从众。从众起源于一种团体压力，只要团体存在，就存在着团体压力。团体压力是通过多数人一致的意见形成一种压力，去影响个人的行为。团体压力虽然没有强制人执行的性质，但它在个体心理上所产生的影响有时反而比命令大，更能改变个体的行为。在安全思想教育的过程中，我们要自觉地利用这种心理现象。对于班组中个别安全思想不牢固，尤其是刚刚补充到班组中来的新职人员，我们要充分发挥班组优良传统作用和光荣历史荣誉等有利条件，加大团体压力，改变个别成员的不安全思想和行为，以促进班组安全意识的形成。

5. 培养职工健康的心理素质

铁路运输中的安全生产行为很大程度上取决于是否有健康的心理素质，控制不安全的行为是保证铁路运输生产的重要条件。铁路行车安全心理所研究的就是人们在生产活动中的安全动机、安全习惯、安全心理品质等问题，及其发生、发展规律。

1）心理因素与行车安全的关系

影响行车安全的心理因素主要有：感觉、知觉、记忆、思维、注意力、情绪、疲劳等。

（1）感、知觉与行车安全。

感、知觉在铁路行车安全中的应用。

在运输生产过程中，有些事故是由于人的感知觉发生错误而造成的。以视觉和听觉错误对行车安全的影响较大。

首先，要努力克服错觉对行车安全的危害。错觉会引起错误的判断，导致行动上的失误，给行车安全带来隐患。例如，误认信号、误听或误传命令等，都是由错觉引起。为避免这种误认信号、误听或误传命令，在《铁路接发列车作业》（2020年12月21日）等规章中强调了有关作业人员间的"复诵"制度。

在设置运输设备时，要注意与背景的差别，力求简洁、醒目。例如，信号机、信号标志易辨别，控制台按钮功能易记、好操作等。

铁路行车工种强调熟练操作，只有加强基本功训练，做到"一口清""一手精"，才能确保行车安全。

（2）记忆、思维与行车安全。

如在运输工作中运输指挥人员忘记将计划变更内容及时准确地通知作业人员，或因情况变化，不能立即分析判断、采取对策，就会贻误时机而直接危及行车安全。

记忆和思维是铁路员工重要的心理要素，没有较好的记忆能力，就不能很好地按章办事，执行计划。没有较强的思维能力，就难以面对错综复杂和瞬息万变的多种情况而作出正确及时的处理。

（3）注意力与行车安全。

铁路运输生产系统涉及车、机、工、电、辆等多个部门，所以任何一项工作都是由多个作业环节组成的，如果作业人员的注意不集中，或过分集中而不能及时转移，或注意分配不当等，都有可能导致铁路行车事故发生。如某线路作业现场防护人员注意力不集中，未能及时发现列车靠近，在发现列车即将到达施工区段时，未通知作业人员列车靠近，在发现列车即将到达施工区段时，未通知作业人员下道避让，最终造成作业人员两死一伤。

（4）情绪与行车安全。

情绪和情感状态有积极和消极之分，良好的情绪和情感是保证行车安全的充分必要条件；情绪不稳、心境不佳则是事故发生的重要原因。例如，某站调车长，因家中有急事，上班迟到8 min，说明情况后仍受到领导批评，并要按规定扣奖金，思想不通，带着情绪上岗，接到调车区长下达的调车作业计划后，未确认信号，盲目指挥调车，挤坏道岔，构成一般事故。发生事故的最主要的原因就是调车长情绪低落，心神不定。

（5）疲劳与行车安全。

铁路运输工作中，列车运行速度高、噪声大，露天作业自然环境条件差，职工连续工作时间长，加之安全正点要求高，使生产和管理人员心理压力大，耗费的身心能量多，极易产生疲劳。疲劳轻则会使工作效率降低，重则会因判断失误或操作不当而导致事故发生。例如，车站值班员因打瞌睡造成列车机外停车；机车乘务员睡岗、不看信号造成列车冒进信号等都与疲劳有关。

在运输生产过程中不可避免地会出现疲劳，尽可能消除疲劳对行车安全的影响，为此，应采取以下措施。

① 上班前必须充分休息，休班时间要合理安排。

② 改善劳动条件和工作环境。创造一个良好的劳动环境，将有助于保障劳动者身心健康，提高工作效率。

③ 制订高质量作业计划。高质量的作业计划可降低职工的劳动强度，避免疲劳。

④ 强制克服疲劳。出现疲劳时必须增强自控力，靠意志来克服，并加强他控和互控。

⑤ 设置监控设备。如在机车上装设自动停车、超速防护设备等。防止因乘务员睡岗而引发的事故。

2）个性心理特征与行车安全的关系

个性心理特征是指在个体身上经常地、稳定地表现出来的特点，包括能力、气质、性格等心理特征。

（1）气质、性格与行车安全。

气质是指人的心理过程在强度、速度、灵活性和稳定性等方面的心理动力特征。

人的性格通常可分为内倾型和外倾型两种类型。

气质和性格二者互相渗透、相互影响。气质和性格的外在表现都是围绕着"做什么""怎样做"展开的，因此，从事运输生产人员的气质和性格对行车安全直接相关。良好的气质和性格是作业人员实现自控的心理保证。而气质较差、性格有缺陷的职工，因客观存在的心理障碍而导致自控能力较差的问题，会发生行车事故。例如：调车作业中盲目推进，接发列车时的主观臆测、盲目开放信号等，多因作业人员急躁、武断、易冲动造成的。

为了减少气质和性格对行车安全的影响，在职工聘用和分配工作时尽可能考虑到员工的气质和性格特征，并定期进行检查，对不适宜行车工作的职工应及时调整。同时通过经常性安全教育，培养良好的性格和其他心理特征。采取对事故责任者批评、惩罚，对防止事故的人表扬、奖励的方式，促使职工养成认真负责、重视安全的气质和性格特征。

（2）能力与行车安全。

能力可分为一般能力和特殊能力。如色彩鉴别力、音响辨别力、图像识别力等均系特殊能力，只能在特定范围和条件下发生作用。例如，在列车技术作业过程中，列检所车辆检修人员通过锤敲耳听就能探测出车辆部件的故障或隐患所在，这就是一种特殊能力。

铁路行车职工能力强弱直接关系到行车安全，如细心观察、牢靠记忆、沉着应变、敏捷思维、准确判断及清楚表达等能力是广大职工安全高效地完成运输生产任务的重要保证。反之，观察不细、记忆不好、判断不准、表达不清和反应迟缓等就会增加行车事故发生的可能性。

3）安全动机与激励在安全生产中的作用

（1）安全动机。

安全动机有两个方面的含义：一方面是指保护自身不被伤害的动机；另一方面是指保护他人和产品、设备不被伤害的动机。安全心理就是要注意激励安全动机，使安全动机成为优势动机。

（2）激励。

对安全生产进行激励的目的是通过激励引导职工的安全意识，强化安全动机，使之成为优势动机，促成安全行为。

随着经济和社会的发展，激励的手段和方法呈多元化趋势，主要有奖励与惩罚，竞赛与升级，职工参与民主管理和对管理行为实施监督等。铁路运输安全生产的长期实践证明，竞赛与奖励相结合的方法是激励广大干部和职工安全生产积极性的有效途径。

4）安全习惯的养成与侥幸心理的克服

（1）安全习惯。

安全习惯是指在一定的作业环境中，自觉地按规章制度规定的安全的操作方式或方法去操作的行为。而这种安全的操作行为已成为个性心理品质的组成部分。经验证明，多数事故都是由违反操作规程而引起的。安全的操作一旦形成一种习惯，就可以预防或减少事故。

对职工要进行安全训练，使遵章守纪能够成为嵌入工作习惯及成为操作整体的重要组成部分。

（2）习惯动作形成的特征。

将一系列部分动作联合成为一个整体动作。一个完整的操作是由许多简单动作联合起来的。如信号员"手指、眼看、口呼"安全操作信号和调车员练习上下车，开始时动作不协调，脑、手、眼等配合不好，当把许多动作联成一个整体时，才算学会了。

（3）组织练习的方法。

明确练习的目的，掌握正确的练习方法，有计划、有步骤地进行，练习的方式要多样化，便于从业人员掌握规范作业方法和标准。

（4）侥幸心理。

侥幸心理在铁路运输生产中突出的表现就是不严格遵守规章制度。

在运输安全生产作业中，如果大家都抱有侥幸心理，在一定的条件和外部环境下，事故就会发生。所以，要确保行车安全，必须克服侥幸心理。

6. 安全管理手段

1）经济手段

在社会生产力发展水平不高、人们的思想觉悟和道德水准尚未达到高标准要求时，适当采用经济手段，可以起到其他手段所无法达到的作用。经济手段不是一种强制的直接影响被管理者意志的方法，而是以刺激、诱导等方式间接影响被管理者的意识和行动，是通过经济利益的分配，鼓励先进，惩罚落后，从而调动广大职工的积极性，规范人们的行为，把人们的注意力转移到安全生产上，使运输生产的参与者人人关心安全生产、研究安全生产，进而促进安全生产。比如在铁路运输生产中，每个职工付出的精力和劳动一般情况下是不同的，在生产中如果有表现突出或者违反作业标准及规定时，要严格按照《铁路运输安全奖惩办法》，给予奖励或经济惩罚。

经济手段主要是为调动广大职工的积极性，是一种为保证生产任务的完成和安全目标的实现而采取的物质刺激手段。经济上的惩罚和奖励不是根本目的，主要是让优良作风得到发扬，不良风气得到遏制和批评，促使消极的因素及时转化为积极的因素，安全和生产处于良性循环状态。

2）行政手段

行政手段是通过一定的行政隶属关系，从上而下地对运输生产活动中个人、群体和管理行为表示肯定（应该做什么，怎么做，做好怎么办）和否定（不该做什么，做了怎么办）的认可，以协调人们之间关系，保持相对平稳的一种重要的调节手段。它主要依靠行政领导机关的职能和权力，采取行政命令、指示、规定、决定（表彰或处分等），规范人的行为，指导和干预铁路运输安全生产。铁路运输是在全运程（旅客及货物由发站运到到站的全部里程）和全过程（基本生产和辅助生产中各部门、各单位、各工种的全部作业过程）中进行的，因此，在时间和空间上必须有严格的规定和统一的标准，有关铁路行车组织的命令、指示，运输安全管理条例，规章制度及政策性指令等，因事关运输安全正点和任务的完成，广大运输职工必须无条件服从。行政手段有明显的强制性和权威性。

为使行政手段发挥好应有效能和作用，各级领导和基层干部应大兴调查研究之风，使决策民主化、科学化，并通过落实安全责任制，把管理、监控、服务三者有机地结合起来，为政令畅通、确保安全提供较为宽松的内部环境。

3）思想政治工作

思想工作是运输安全管理最经常运用的工作方法和手段。在我国铁路行车安全工作中，出现过许多先进的安全典型，有的几千天甚至几十年未发生过责任行车事故，坚持思想政治工作是他们的共同的经验。

安全生产管理的思想工作包括四个方面：一是掌握运输生产规律，抓住关键时间、部位、车次和人员，把思想工作做到运输生产任务、生产环节和运输生产的全过程中去；二是根据大自然的风、雨、雷、雾、雪天气和季节的变化对运输生产和职工思想情绪带来的影响，有预见地做好超前的思想工作；三是掌握职工思想变化规律和社会诸多因素的影响，及时了解职工之间和职工家庭内部的矛盾情况，抓住思想问题的症结，及时疏通引导，增强团结，振奋精神；四是掌握人的生理规律，根据职工性别、年龄、体力的差异和在运输生产中反映出来的思想情绪，因人而异地做好思想工作。

4）法律手段

法律手段是在其他调节手段已不起作用或无法取代的情况下，用来解决比较复杂的关系和矛盾的。它是通过贯彻执行有关法律条文，规范人们安全生产和保护运输安全的行为，以达到维护法律尊严、保证生产安全的目的。铁路运输安全管理运用法律手段的范围主要有以下两个方面。

（1）用法律保护铁路运输企业的合法权益。

因在运输生产中，人为破坏铁路设施和正常运输条件、危及行车安全的恶性案件时有发生，如有的违反规定携带危险品上车，有的偷盗铁路通信器材，有的关闭车辆折角塞门，有的拆卸轨道连接装置，等等。这些破坏行为严重危及铁路行车安全，必须依法整治。

（2）对严重危害运输安全的违法行为，由执法部门依法执行相应的惩处。

如少数职工玩忽职守，对本职工作极不负责，违反有关法律规定或规章制度，不履行或不正确履行自己的工作职责，致使重大事故发生，应按《中华人民共和国刑法》规定，按情节轻重追究其刑事责任。对重大事故的肇事者或责任人依法严惩是从严治路的一个重要方面，也是一种教育方式。

5）各种手段的综合运用

综上所述，运输安全管理手段可分为两类：一是柔性调节手段，包括思想政治工作和情感手段、心理手段、奖励、表彰、晋级、提升等激励手段；二是刚性手段，如经济处罚、行政规定和处分、追究刑事责任等。经济、行政、思想工作和法律等手段都有各自的功能和作用，但各有其使用上的局限性。以经济手段为例，它是通过让职工在经济上得到实惠或受到损失，激励他们关心并做到安全生产，但这只对那些有较高物质利益要求的人起作用，对一些期望值过高或对物质利益不太关心的人来说，就起不到应有的鞭策和激励作用。如果操作不当还会使一些人只顾眼前利益而忽视长远利益，这就需要其他调节手段相配合。从调节的作用看，各种管理手段都不是孤立的，更不是互相排斥的，而是紧密联系、相辅相成的。因此在运输安全管理工作中，实事求是、综合运用好各种手段，理顺各种复杂关系，化消极因素为积极因素，让广大铁路职工的安全生产积极性和创造性得到更充分的发挥。

从职工自身来讲，防范本岗位发生行车事故，最主要的是消除自身存在的不安全行为，在思想上敬畏规章制度、敬畏职责；在业务上熟知本岗位应知应会知识，熟练掌握操作技能；在作业中严格执行作业纪律、劳动纪律和各项作业标准，切实做到"在在岗一分钟、负责六十秒"，让执行标准成为一种习惯。

任务1.3　铁路行车安全重点管理认知

1.3.1　拟完成的任务

2020年3月30日11时40分，京广线马田墟至栖凤渡站下行区间发生线路塌方，济南至广州的T179次列车运行至该区段时，撞上塌方体，导致机后第1节发电车起火，第2至第6节车厢脱线倾覆，事故造成1名跟车乘警殉职，122名旅客和5名列车工作人员受伤。

分析：导致这起事故的原因是什么？在以后的作业过程中可以避免吗？

1.3.2　任务目的

1. 掌握铁路行车安全重点管理的内容；
2. 了解"三员一长"工作岗位的素质要求，熟悉站段、车间、班组的三级联控模式；
3. 提高同学们对安全的认识，培养执行作业标准化的自觉性和主动性。

1.3.3　相关配套知识

铁路运输对于国民经济发展和满足人民生活需要发挥着重要作用。铁路大动脉联接城市与乡村，输送着旅客和货物。如果铁路发生运输堵塞、中断，或当某一次旅客列车发生列车冲突、脱轨事故时，必然会造成生命和财产的损失，引起人们的焦虑。显然，铁路运输安全对于社会的影响具有重要意义。铁路运输安全是对铁路运输设备质量、管理水平、人员素质的检验。我们必须重视铁路运输安全，坚决杜绝重大铁路运输事故的发生，要通过改善技术设备、加强管理和健全法制来保证铁路运输安全。多年来，我国在实施全方位安全管理的同时，针对存在的一系列问题，在提高从业人员素质、完善规章制度、强化现场作业控制、提高设备质量方面做出了大量的努力，取得了较为明显的成效。

铁路运输的安全状况反映铁路的管理水平、设备质量、人员素质和社会秩序的状况，是铁路运输质量的重要表现，所以运输安全总体管理可以归结为人员安全管理、设备安全管理、环境和作业的安全管理。

1. 行车人员重点管理

1）一般要求

（1）掌握运输生产规律。

针对关键时间、岗位、车次和人员，把安全教育工作做到运输生产过程中去。

（2）掌握自然规律。

根据风、雨、雾、霜、雪等天气和季节变化对运输生产和职工心理带来的影响，有预见地做好事故预想和预防工作。

（3）掌握职工思想变化规律。

对于社会条件和职工需求之间的矛盾，坚持教育为主，及时疏通引导，协调关系，增强团结、确保安全生产形势稳定。

（4）掌握人的生理规律。

按照职工性别、年龄、体力和智力差异在运输生产中担当工作的性质不同，加强对行车主要工种人员的选拔和管理。

2）加强对"三员一长"的培养与选拔

车站值班员、列车调度员、机车乘务员、调车长是行车工作中的主要工种，俗称"三员一长"。他们从事技术性、复杂性和变化性较强的工作。机车乘务员驾驶机车、车站值班员领导接发列车工作，责任重大、影响因素很多，稍有不慎，往往引起行车事故，甚至造成重大事故。在全路引发的铁路重大事故、大事故、险性事故中，人员失误、设备故障、环境因素、管理因素和其他因素中，人员失误排在第一位，根据 2020 年铁路事故数据统计显示，某铁路局集团有限公司某年发生的所有行车事故中，属于车务和机务部门责任的行车事故占的比例最大，其中车务系统中，主要责任是车站值班员的占 90%，由此可见，"三员一长"对保证行车安全具有举足轻重的作用。

由于人的主观能动性在行车安全中所起的作用越来越大，"三员一长"良好的生理与心理素质更为重要。如何根据"三员一长"这些特殊的生理和心理需要来考察、选拔并择优录用胜任人员，对确保行车安全至关重要。我国铁路科技工作者和专家学者的研究结果表明，合格的"三员一长"应具备的职业生理和心理素质可归纳如下。

① 认知能力。智力中等程度以上，视觉功能强，注意力转移和分配好，反应快，动作协调、准确。

② 身体状况。生理功能正常，体质健壮，有良好的适应环境能力。

③ 人格特点。责任心强，情绪稳定，紧急情况下应变能力强，对单调工作有良好的心理随能力，疲劳状态下有耐久力等。

为了加强对重点行车人员的选拔和管理，除思想品德和业务素质要求外，管理部门应重视从生理、心理素质角度选拔"三员一长"，对他们进行专门的适应性检查，定期进行生理心理测试和咨询，在不断录用新人员的同时，妥善安排生理心理素质不适应的人员到其他部门或岗位去工作。

2. 强化协调管理，提高对人员管理水平

1）强化施工管理，提高设备质量

在设备发生意外故障后，能在最短时间（查标定时）内到达现场，进行抢修，及时恢复设备的正常使用。

2）严格培训上岗制度

强化岗位相关知识的应知应会培训，强化停电、施工、设备临时故障等情况下《铁路接发列车作业》（2020 年 12 月 21 日）的学习，经常进行非正常情况下接发列车和应急处理能力的实作演练，提高非正常情况下的应变处理能力。

3）提高安全监察人员和管理人员的综合素质

明确了管理人员的职责，和管理工作中的任务及权利，真正形成事事有人管、事事有人抓、人人有专责、办事有标准的安全管理体系。结合实际，结合所分管的工作。同时要保证责权匹配，在明确应负责任的同时，还要赐予相应的权利，切实达到责任清晰，责权统一，必须健全、完善严格的考核机制，进行严格的考核，该奖的奖，该罚的罚，真正追究其安全责任。

3. 环境安全重点管理

影响运输安全的环境条件包括内部环境和外部环境。

在众多的因素中，作业环境和内部社会环境是可控的，而外部自然环境和外部社会环境是不可控的，但企业管理可以通过改善可控的内部环境来适应不可控的外部环境，保证铁路运输安全。

1）加强管理，改善内部环境条件

运输系统内部环境涉及面较广，包括政治、经济、文化、法律、人际关系等环境条件，这些环境条件的变化与企业管理密切相关。

保障铁路安全事关人民群众的生命财产安全、运输设备安全以及国家经济建设，容不得丝毫的懈怠。企业管理的力度对改善内部社会环境有很重要的影响，不仅要求在思想上牢固树立安全第一，还要在行动上落实企业管理目标、奖惩激励制度和企业安全目标；定期进行培训，提高职工的业务水平和思想；关心职工生活，解决后顾之忧；加强民主管理，增强内部团结，建立和谐的人际关系；与地方建立合作关系，改善治安环境，更好地调动职工的积极性。

2）营造良好外部环境，筑牢铁路运营安全

安全生产关系人民群众生命财产安全，关系经济发展和社会稳定大局，铁路外部沿线环境整治是铁路运输安全的重要保障，对铁路沿线环境安全隐患，铁路沿线地质灾害，平交道口和治安形势复杂、路外事故多发路段安全隐患，公跨铁桥梁、公铁并行地段护栏安全隐患等进行全面排查，实施分类分级治理，让铁路安全环境整治工作给铁路运营安全提供保障。

4. 设备安全重点管理

改善技术设备是保证运输安全的重要物质基础。线路、车站、通信信号，以及机车车辆的破损、故障和性能不良是发生运输事故，特别是行车事故的重要原因。线路上钢轨的损伤、信号的故障，以及机车车辆的车钩、车轴、转向架、制动装置的破损往往导致严重的事故。随着科学技术进步，必须不断提高各种技术设备的性能、强度和可靠性，并努力采用设备故障防护报警和自动检测、自动控制、远程控制等先进手段，切实保证运输安全，这是一项长期而艰巨的任务。

1）提高设备管理水平

深化铁路基础设施和装备安全技术标准基础研究，建立健全铁路移动装备全生命周期安全标准体系，提升关键设备设施全生命周期安全性、可靠性、耐久性及安全防护、快速修复能力。对设备的养护维修，应坚持预防为主、检修和保养并重、预防与整治相结合的原则，处理好设备维修与运输生产之间的关系，正确合理使用设备，提高操作技术和保养水平，防止超负荷、超范围、超性能地使用设备，逐步形成"修、管、用"的良性循环模式。

2）提高设备安全性能

改善机车车辆状态，有计划、有步骤地淘汰超期使用的客车、货车、旧杂型机车，提高车辆制造和检修质量，严格验收制度，对于不符合标准的机车车辆严禁出厂、出段，编入列车投入使用。

合理规划线路大修换轨，努力提高线路质量，对既有线，尤其是繁忙干线上铺设重轨，新建线路应尽量采用重轨，撤换超期使用的钢轨。线路维修要综合配套，道床清筛、更换道岔、撤换轨枕同步进行，均衡提高线路质量和安全性能，切实抓好对桥隧路基病害的整治。

3）深化主动安全防控系统技术研发应用

构建形成铁路运输本质安全、生产安全和应急救援一体化的铁路突发事件应急处置体系，提升应急响应的效率和科学性。研发面向全网的铁路行车指挥调度、应急预案与应急指挥一体化技术，提高对突发事件和灾害的应急处置能力。随着列车运行速度的提高，必须强化对道口的安全管理，加快道口的立交化建设进程。

5. 作业重点管理

行车安全管理的出发点和落脚点是现场作业控制，对现场作业重点控制的内容主要包括标准化作业控制、非正常情况下作业控制和结合部作业联控等。

1）标准化作业控制

标准化是指在经济、技术、科学及管理等实践活动中，对重复性事物和概念通过制定、发布和实施标准，达到统一，以获得最佳秩序和社会效益。行车标准化作业是对既有作业标准，从学习标准、对照标准到达到标准所进行的全部活动，如接发列车标准化作业是为保证车站接发列车安全，按照《铁路技术管理规程》（2014年11月1日）规定，结合设备特点，制订并实施包括作业对象、作业方法、作业过程、作业程序和时间、用语等标准的一切生产活动。标准化作业是个人行为、群体行为和管理行为的综合表现，只有在组织、制度、措施和监控等方面严格管理，才能使标准化作业得以实现并持之以恒。

（1）实行站段、车间、班组三级联控。

站段、车间对标准化作业控制主要通过检查、监督、考核来实现，班组对标准化作业控制主要通过自控和互控来实现。自控是指作业人员严格遵守劳动纪律、作业纪律和标准化作业；互控是同工种人员之间相互配合、互相监督，共同遵守作业标准。在自控与互控关系上，首先抓好岗位自控，认真落实班组岗位自查制度和班组对标自检制度，把各种不安全的因素，控制在下一道工序之前，消灭在本工序之中；其次要抓住工序互控，实施工种间、岗位间、工序间的互相提醒、互相监督、互相制约，使上道工序为下道工序着想，下道工序为上道工序把关；再次是抓好上下监控，尤其是对容易发生问题的关键生产环节和作业控制点，更要加强监控力度。

（2）提高班组标准化作业自控能力。

班组自控能力是运输安全保障体系中最重要的条件之一，它取决于班组的人、物、事（管理）三者之间的和谐统一。为此，一要做好职工的技术培训工作，通过学知识、钻技术、达标准，争当业务骨干；二要以创建标准岗为中心，全面执行"双达标"一体化管理，即将班组升级、岗位达标、设备（状态）创优，现场环境优化结合起来管理，使班组间相互竞争，班组内联责联心，增强按作业标准自控互控能力；三是注意强化班组长作用的发挥。因此，一方面要减轻班组长不必要的工作负担，保证其主要精力集中在安全生产上；另一方面给班组长更多的关心帮助，合理调整责、权、利，更好地激发班组长尽心尽职、勇于负责的事业心和责任感。

（3）严格遵守作业标准和制度。

作业标准使参加同种作业的不同人员在实践、环节、动作、用语等方面取得最优配合，保证作业系统处于相对平衡的稳定状态。而在实际作业过程中，因简化作业程序引发的行车事故并不少见，这就需要对运输作业过程中的重点部位、环节、人员、时间等作为安全控制点，制定单项作业标准，并建立相应的作业制度，如调车作业"三盯"（盯关键岗、盯关键人、盯关键时间）、"四标准"（上标准岗、干标准活、讲标准话、交标准班）、"把三关"（进路关、信号关、制动关）制度的彻底执行，才能使调车标准化作业得到落实。

（4）增强职工执行"两纪一化"的自觉性。

"两纪一化"（劳动纪律、作业纪律、作业标准化）是运输安全的"柱石"，职工执行"两纪一化"的自觉性越高，运输安全生产的形势就越好。因此，应对职工进行理想前途、敬业爱岗教育，开展新形势下的劳动竞赛，从正面激励广大职工自觉遵章守纪、标准化作业。同时，坚持公开、公正的竞争原则，择优录用、竞争上岗，利益分配拉开档次，并关心职工生活，为职工排忧解难，使安全生产的责任感、紧迫感、危机感和主人翁意识在广大职工头脑中深深扎根。

2）非正常情况下作业控制

正常作业条件下的标准化作业能确保运输安全。非正常情况下，由于部分作业标准无法得到实施，不得不执行特殊规定，稍有不慎极易造成行车事故。行车事故大多数发生在调车作业和列车运行中，非正常情况对列车运行中的接发列车工作影响最大，因违章操作而发生的事故也较多。非正常情况下接发列车造成事故的比例是相当高的，性质和后果也是比较严重的，已成为安全行车工作中的顽症。从这个意义上说，非正常情况下的作业控制，主要是研究解决非正常情况下接发列车的作业控制问题。

（1）非正常状态发生事故的原因。

所谓非正常情况下接发列车，系指因站区停电、维修或施工、设备和自然原因及行车组织需要等，改变原作业方法所进行的接发列车工作。因作业失误而发生列车事故的主要表现形式有：列车冲突、脱轨、向占用区间发出列车、向占用线接入列车、未准备好进路接发列车、错办闭塞发出列车和列车冒进信号等。非正常情况下造成接发列车事故的主要原因如下。

① 参与接发列车作业人员业务素质低、应变能力差，遇停用基本闭塞法改按电话闭塞法行车时，违反"先准备进路，后交付凭证"的作业程序，有章不循，不按规定确认进路，盲目接发列车。

② 违反作业纪律和劳动纪律，擅自离开岗位；滥用行车办法，简化作业程序；当班思想不集中，错传、漏传命令或变更计划传达不彻底。

③ 车站领导对非正常情况下的接发列车工作抓而不实，执行"自控、他控、互控"制度不严，室内、室外不同工种间联系脱节。监督检查未能抓住关键环节和作业重点，有的甚至不按规定到岗监控。由于设备类型不一，情况特殊多变，有的规章制度尚不够严密、健全等。

（2）加强作业控制的途径和办法。

非正常情况下的作业应严格遵守有关作业标准和原则，此外，还必须根据非正常情况下的作业特点，采取相应的措施和办法。全路将接发列车严把"三关"[闭塞、凭证（信号）、进路]列为接发列车"防错办"的关键环节，并制定了相应的硬性制度，对保证安全生产起了积极作用。为了保证《铁路接发列车作业》（2020年12月21日）和各项规章制度，尤其是特殊情况下接发列车的硬性规定和制度得到认真实施，有效地控制非正常情况下接发列车事故的发生，应采取科学合理、切实可行的办法，强化现场作业管理。

① 加强对行车作业人员在非正常情况下安全办理接发列车的业务培训，组织职工定期开展特殊情况下接发列车的演练，积极推广接发列车模拟故障应变处理、实作演示训练的经验

和方法，提高接发列车人员在非正常情况下的作业技能和应急处理能力。

② 认真执行《铁路接发列车作业》（2020 年 12 月 21 日），强化"三控"联防制度；加强非正常情况下接发列车的进路检查、确认、询问制度；严格对关键作业、关键岗位和关键人员重点监控制度。

③ 建立以"三关"为对象，以"防错办"为重点，以"严控关键环节"为突破口，以防止接发列车事故为主要目标的安全管理系统。通过大量的调查研究，在对非正常情况下接发列车进行系统的安全分析的基础上，充分运用控制论原理和行为科学方法，以《铁路接发列车作业》（2020 年 12 月 21 日）和《技规》为准绳，将"防错办""防溜逸"等制度层层分解到各种非正常情况下接发列车的控制系统中，如停电接车关键环节控制、使用特定行车办法发车关键环节控制等，并利用"控制卡"的形式，明确了各种情况下的适用范围、关键环节、控制要点、标准要求及监控人员等，使非正常情况下接发列车全过程的控制程序化、系统化、严密化。

3）结合部作业联控

（1）结合部的内涵和实际意义。

结合部是指由几个单位或部门共同参与工作或管理而形成的互相联系、互相制约的环节、区域或部位。就行车工作而言，结合部是在运输过程中，为了安全生产这一共同目的，不同部门和不同工种人员协调动作、联合作业，在生产和与管理上发生交叉、重叠的区域和环节。例如，在列车运行、接发列车和调车作业等生产环节必须由车务、机务等部门联合作业，在铁路区段上铁路局集团有限公司之间的分界口管理，线路大修时的施工与运输部门间的密切配合等，都是多个部门、多重作业的汇集之地。这些部位往往是管理松散、矛盾集中、事故多发的系统薄弱环节，是安全管理的重点和难点。

行车作业结合部是一个系统，具有系统的一般特性，即整体性、相关性、目的性、有序性及环境适应性。此外，结合部还具有以下基本特征。

① 多重作业。生产中多工种联合劳动，多工序紧密衔接。工种、工序间常会发生脱节、失调现象，使结合部处于无序状态。

② 多元集合。管理工作由多个部门或单位共同负责、相互交叉，常会因自身利益脱节、扯皮、推诿现象，影响结合部整体功能的发挥。

③ 多级传递。信息产生和处理往往要经过纵向上下几个层次的多级传递，自下而上汇集，自上而下反馈，往返传输，常会造成延迟或中断，影响系统的正常运转。

④ 多方受控。各单位都有自己的主管部门，在协调相互关系时，涉及管理模式、设备运用、利益分配等问题，只抓某一方面难以奏效。

（2）结合部作业联控。

要有效地保证运输安全，离不开各部门各工种的协调配合、群体防范，否则，就会打乱甚至破坏运输正常秩序，使安全失去基本条件。如果各部门只从本位出发，除了事故互相推卸责任，就难以抓住发生事故的本质问题，采取有效的防范措施。再者，作业人员总会有失误，设备总会有故障，环境也在不断变化，意外情况时有发生，如果不组织相关部门互相监督、多个工种共同预防，就会使本来可以避免的事故发生。强化结合部管理是降低事故发生概率、保证行车安全的重要途径。

结合部管理实质上是一种横向管理，是协调不同部门和工种之间横向关系的一种手段——联合控制（联控）。行车系统联控是针对不同结合部的问题，采取有效方法，并积极付诸实施，其基本原理和方法是增加有效冗余，加强前馈控制及系统要素优势互补，基本要求如下。

① 通过安全系统分析和评价，找出系统薄弱环节，提出预防措施。
② 制定相关部门联合控制的作业标准、程序和措施。
③ 建立信息网络，制定联控制度，加强联控考核。

各部门内部作业人员和工序之间的自控和互控是联控的基础首先抓好本部门的自控和联控，部门间的联控才能得到有力支撑并发挥应有作用。

目前车务段管内各站运输程序的各个环节，都有较为完善的安全保障体系，有各自较为严密的标准、规范的作业程序，但各个环节之间需要衔接，如果衔接不好，就必然存在"盲点"和"真空"地带。例如施工，不管是什么施工，都需要车务与施工单位的密切配合，不但施工开始时间要准确，如果工程车进入封锁区间，需要办理相关的作业程序，也丝毫不能马虎。还有施工结束时间的确定、命令的下达的时机，这都需要车站、调度、施工方紧密的配合。该开通时不开通区间，影响运输效率；不该开通时，乱下命令，造成事故隐患。又如现场作业，机务确认信号、车站机车间的无线调度电话的联控应答、登乘机车人员的提示，一系列规程，要求在很短的时间内确认清楚，需要的是各部门密切配合、协调作业，共同把好安全关。例如，TMIS 建设如何与车号系统的配合问题，货车上线检查把关的问题，越区供电问题，新设备使用各方面的保证措施问题，以及无线列调和车辆检修的通讯问题等，大量反映的是结合部的管理问题，而这些恰恰都是安全管理中的薄弱环节所在，历史上多次的重大、大事故也证明，"结合部"是事故发生的重大隐患。

强化"结合部"管理的重要性，不仅体现在其必要性上，也体现在其经常性上，这是铁路运输安全基础管理的特殊性决定的。例如：行车部门与客运部门；行车部门与货运；行车部门与电务的信号部门等每天都在互相联系，协同工作。铁路是一架大联动机，确保大联动机的运行安全工作只有起点，没有终点。安全工作永远要从零做起，这是安全管理的特点。因而运输安全的"结合部"管理对于铁路运输安全管理而言，是一项经常性的工作，必须做到持之以恒，坚持不懈。

在行车工作中，列车冲突事故位居行车严重事故之首，危害极大。"两冒""错办"本身既是事故，又是列车冲突事故的主要原因，如何有效防止成为接发列车作业结合部急需解决的首要问题。从国情和路情出发，我国铁路采用车机联控等办法，有效地解决了这一难题，并成为结合部联控的成功典范。

车机联控是以列车安全为对象，以防止列车"冒进信号""错办进路"等惯性事故为重点，以加强列车运行中的动态控制，强化行车各部门的"结合部"作业为目的，落实基本作业制度为前提的一种重要安全措施。

任务 1.4　我国铁路行车安全风险管理

1.4.1　拟完成的任务

杭州国润市政工程有限公司的一处砂石料场位于杭州市拱墅区康桥街道境内，处于宣杭铁路供电塔之间的高压电线下方，电力接触网的绝缘安全范围为最外两侧电力线水平向外

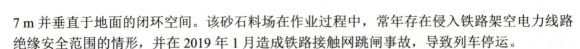

7 m 并垂直于地面的闭环空间。该砂石料场在作业过程中，常年存在侵入铁路架空电力线路绝缘安全范围的情形，并在 2019 年 1 月造成铁路接触网跳闸事故，导致列车停运。

思考：1. 导致本次铁路事故的原因是什么？可以有效防范消除本次风险吗？

2. 铁路运输过程是由多专业联合的多环节作业过程，面对更为复杂的内外部发展环境和明显增多的各类风险，我们应该做哪些工作？

1.4.2 任务目的

1. 了解铁路安全目前的严峻形势，理解在铁路系统实施风险管理的必要性；

2. 掌握安全风险管理的实施过程，初步了解铁路运输企业目前实施安全风险管理的着重点和问题；

3. 培养学生安全风险意识，初步形成一定的安全风险价值理念和行为模式。

1.4.3 相关配套知识

铁路作为国家交通大动脉在经济发展中起着至关重要的作用，特别是近年来高速铁路的飞速发展正改变着人们的出行方式，给人们的生活带来越来越多的便捷，此时铁路安全问题就显得尤其重要，安全事故源于隐患，不及时治理安全隐患亦会提高风险等级和事故发生的可能性，安全生产必须坚持防患于未然。

一般来说，风险就是指危险、危害事件发生的可能性与后果严重程度的综合度量。风险管理，就是指为了降低风险可能导致的事故，减少事故造成的损失所进行的风险因子识别、危险源分析、隐患判别、风险评价、制定并实施相应风险对策与措施的全过程。铁路安全风险管理就是指通过安全风险意识培育、安全风险识别研判、安全风险过程控制、安全风险应急处置和安全风险评估考核一系列活动，来防范和消除安全风险。

1. 全路全面推行安全风险管理的意义

1）全面推行安全风险管理是实现铁路科学发展、安全发展的战略举措

铁路作为国民经济大动脉、国家重要基础设施和大众化交通工具，要发挥在经济社会发展中至关重要的作用，根本的前提和基础是确保安全。铁路安全问题，不仅关系到铁路自身的发展，而且事关人民群众生命财产安全和社会影响；不仅关系到铁路对经济社会发展的保障能力，而且事关经济平稳较快发展和社会稳定大局；不仅关系到铁路建设和运营的良性循环，而且事关人民群众生活水平的提升，事关社会公共服务体系的完善和社会文明进步的进程。这是站在更好地服务人民群众，让人民群众满意的高度，实现铁路科学发展、安全发展的战略性举措。

2）全面推行安全风险管理是提升安全工作科学化水平的必然要求

必须清醒地看到，全路运输安全管理工作的制度机制还不完善，特别是对高铁安全管理规律把握不够，安全关键环节的卡控还没有做到制度化、科学化。正反两方面的经验教训告诉我们，只有尊重铁路安全生产规律，确立安全风险管理的新思路，从根本上提高铁路安全管理的科学化水平，才能最大限度地减少或消除安全风险，从而实现运输安全的长治久安。针对铁路安全面临的严峻现实，在深刻总结铁路安全工作规律，准确把握当前铁路安全特征和变化的基础上，全面推行安全风险管理，是强化铁路运输安全工作的必由之路。安全风险管理是系统性工程，以"安全第一、预防为主、综合治理"的思路，构建安全风险控制体系，就是要加强对安全风险的全面分析、科学研判，科学制定管控措施，最终实现消除安全风险的目标。由此而言，安全风险管理是更高层次的安全管理，把握了铁路行业特点，是提升全路安全管理科学化水平的必然要求。

3）全面推行安全风险管理是解决铁路安全突出问题的迫切需要

长期以来，铁路各级组织高度重视安全基础工作，但安全基础薄弱的状况始终没有得到根本解决。随着高铁迅速发展、路网规模不断扩大、新技术装备大量投入使用，安全基础薄弱所带来的安全风险将更加突出。切实解决安全管理存在的突出问题，已是极为紧迫的工作。为破除铁路安全基础薄弱的"顽疾"，必须增强安全风险防范意识，引入安全风险管理方法。通过对风险因素的有效控制，进一步促进安全意识的强化、安全理念的提升和安全工作思路的优化，进一步促进各项措施的落实，最大限度地降低或消除安全风险。

4）全面推行安全风险管理是提升全员、全过程安全控制能力的有效途径

安全风险管理正是从风险管理的角度分析了事故的形成机理，揭示了事故的内在规律和本质根源。推行安全风险管理，有助于厘清安全思路，找到安全管理的关键环节和安全工作的突破口，提高风险防范和事故预防与处置的能力；有助于全路干部职工将安全风险意识根植于思想深处，贯穿到运输生产的全过程，增强搞好安全生产的自觉性；有助于全路干部职工牢固树立安全共识，做到任何时候都把安全作为大事来抓，任何情况下都把安全放在第一位来考虑，任何影响安全的问题都要立即解决，从而牢牢掌握安全工作的主动权；有助于将安全风险防范工作落实到各层级、各岗位，把安全风险降至最低限度；有助于对各类安全风险实行分类管理，加强对安全风险的过程管理，狠抓管控措施的落实，加强检查考核，进行闭环管理，实现安全工作的良性循环，确保铁路运输安全持续稳定。

2. 风险管理的实施程序

就安全而言，风险是描述系统危险程度的客观量，主要有两种考虑：一是把风险看成是一个系统内有害事件或非正常事件出现可能性的量度；二是把风险定义为发生一次事故的后果大小与该事件出现概率的乘积。

安全风险管理是指通过对安全风险的识别、研判和分析，采取合理的措施对风险加以处理，把风险降至最低或消除风险的一种科学管理活动。理想的安全风险管理，应事先排定优先次序，可以优先处理引发最大损失及发生概率最高的事件，其次再处理风险相对较低的事件。实行安全风险管理主要步骤可以用五个字总结："筹、辨、测、评、控"。

1）前期准备

"筹"指的是全面推行风险管理前应从思想上、政策上、信息上做好前期准备，建立风险管理的环境。前期准备主要有以下工作。

（1）确定安全风险管理目标和范围。

安全风险管理的目标是根据风险管理对象或范畴的需要和相关法律法规、标准规范规章的规定，识别和分析风险，制定并实施有效的风险控制措施，最终使风险管理对象或范畴的风险达到可容许水平。

铁路安全风险管理涉及车、机、工、电、辆不同系统，涵盖各系统各项作业的各个环节。因此，各铁路企业、部门、站段应首先根据规章标准、自身特点和职责分工，定义自己的安全风险管理范围和目标。

（2）现场调研，搜集信息资料。

在安全风险评估前,需要进行全面性、系统性的调研,调研资料主要包括:系统范围内的基本情况,铁路既有与风险控制相关的技术规章、安全标准及工作细则,安全风险控制措施,现有应急救援能力,员工及相关人群(如乘客、货主及沿线居民等)的风险意识,以往运输生产事故、障碍、异常的记录和案例,其他资料。

(3)确定评估依据和方法。

铁路安全风险管理根据风险管理项目和项点、技术规章、作业标准、预期目标和效果,以及获取资料情况等因素,选择确定适当的风险评估方法及风险评估模型、指标。铁路运输企业有着规范统一的组织基础,在确定安全评估依据及安全风险辨识上,可以从顶层设计全路通用的安全评估规范及安全风险辨识要点及方法。

风险评估的工作方法一般按照分层次、分类别、抓关键三类开展工作。分层次主要指按由上至下的原则从全路到基层站段分层次风险分析研究;分类别指按照车、机、工、电、辆等分类别风险分析研究;具体工作从抓关键,保重点做起。将高铁安全风险、客车安全风险、工程质量安全风险、施工安全风险、自然灾害安全风险、货物运输安全风险、站车防火防爆风险、信息系统安全风险、道口路外安全风险九个铁路安全风险控制重点列为关键风险分析研究。

基层单位以提高员工安全风险意识和辨识防范能力为根本,以落实"三个重中之重"为重点,立足基层班组、一线员工和作业现场,全面开展铁路运输企业安全风险辨识防范与评估工作,有效提升安全基础管理水平。

(4)确定工作方案。

铁路各级机构、部门、基层站段开展全面安全风险管理和实施风险评估前应确定切实可行的工作方案。工作方案内容主要包括:团队组织(包括评估团队成员、组织结构、角色、责任等内容)、计划制订、风险准则确定。

(5)教育培训。

铁路员工安全风险的意识、风险源点的识别能力、风险控制的基本技能必须通过建设铁路安全文化,强化风险意识明确并承诺降低风险的职责,掌握风险管理有关知识,交流防控风险经验等措施进行强化培训提升。

2)风险辨识

"辨"指的是风险辨识。从宏观角度而言,风险管理的对象是存在于系统中的人、物和环境,以及由它们所构成的系统。而从微观角度而言,风险管理的对象按风险递进性指的是风险因子、危险源、隐患和事故。

风险辨识的任务就是辨识安全风险点、分析危险源、判别隐患、分析事故,再根据风险识别的结果对风险进行筛选,整理并筛选与活动直接相关的各项风险,删除其中与活动无关或影响极小的风险因素及事故,并进一步进行识别分析,确定是否有遗漏或新发现的风险点,最终以表单形式给出详细的风险点,列出已辨识的风险清单。如果有必要,可以在第一次风险辨识的基础上对风险进行二次识别,整理和筛选与活动相关的各项风险,删除影响极小的风险因素,识别并分析确定可能遗漏或新发现的风险点。

风险辨识可采用的方法较多,常见的有检查表法、专家调查法、因果图分析法(鱼骨图法)、事故树分析法(FTA)等多种方法。

3）风险估测

"测"指的是"风险"估测。风险评估的目的就是通过逐项估测风险源的风险概率（可能性）和风险损失（后果），再依据"风险=风险概率×风险损失"确定风险等级。因此，风险估测这一环节是在风险识别的基础上，通过对所收集的大量资料进行分析，利用概率统计理论，估计和预测风险发生的概率和损失程度。风险估测有仅使风险管理建立在科学的基础上，而且使风险分析定量化，为风险管理者进行风险决策、选择最佳管理技术提供了科学依据。

常见的风险估测方法主要有评价矩阵法、模糊综合评价法、定量评价法等。

4）风险评价

"评"指的是风险评价。是对风险发生的可能性及损失进行估算的基础上，对风险进行等级评定、风险排序与风险决策。处理风险，需要一定成本，成本与风险损失之间的比例关系直接影响风险管理的效益。理想的安全风险管理，应事先排定优先次序，可以优先处理引发最大损失及发生概率最高的事件，其次再处理风险相对较低的事件。对于低风险低概率的低分析因素，分配较少的管理成本，避免占用过多的维护和保养资源；对于高风险高概率事件，应重点把控，给予更多的管理成本和资源，避免风险。

常见的风险评价根据实际需要和评价深度，可采用不同的方法，如：基于判断的安全审核、专家评议法等；基于经验的检查表、参考数据法等；基于结构性的AHP、FTA、指数评价法等；基于全面性的QRA、风险矩阵等。

根据安全风险事故发生的概率和产生的影响或后果，可以将风险从低到高分为低度、中度、高度和极高，见表1-1。

表1-1 初始评价风险程度表

风险等级		概率、后果	1 轻微	2 较大	3 严重	4 很严重	5 灾难性
严重性	5	很可能	高度	高度	极高	极高	极高
	4	可能	中度	高度	高度	极高	极高
	3	偶然	中度	中度	高度	高度	极高
	2	不可能	低度	中度	中度	高度	高度
	1	很不可能	低度	低度	中度	中度	高度

5）风险控制

"控"指的是风险控制。即确定风险处置措施及应急预案，实施风险监测、跟踪与记录等各种可行的措施，最大限度地降低风险事故发生和减少风险带来的损失。铁路运输企业通过构建安全风险过程控制体系，以运输生产过程为对象，以高铁、客车和高风险环节、关键设备、关键岗位的安全风险管理为重点，实现"管理规范化"和"作业标准化"通过"辨、测、评、控"一系列安全风险管理活动牢固树立风险意识和理念，全面研判安全风险，周密制定控制措施，持续改进工作。应该认识到，"辨、测、评、控"是不可分割的整体，其中，风险辨识、风险估测、风险评价是基础，风险控制是核心。

3. 安全风险管理在铁路运输企业的推行

铁路系统全面推行安全风险管理，就是要结合铁路安全工作实际，通过风险识别、风险研判和规避风险、转移风险、驾驭风险、监控风险等一系列活动来防范和消除风险，形成一种科学的管理方法。安全风险管理流程如图 1-3 所示。

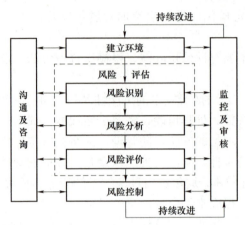

图 1-3　安全风险管理流程（ISO 31000）

1）安全风险管理推行工作重点

（1）牢固树立全员性安全风险管理意识。

安全风险管理是对传统安全理念的深化和发展，全员要明确安全风险管理是实现铁路安全长治久安的一项长期持久的工作，力戒临时观念。安全是铁路工作的生命线，是铁路的"饭碗工程"，安全生产事关人民群众生命财产安全、经济发展和社会稳定大局，事关党和政府的形象和声誉。铁路每位员工都应该清醒地认识到安全风险管理在推进铁路发展中的极端重要性。

同时，在安全风险管理中，逐步培育全员性安全文化，使广大铁路干部职工在不断吸取安全生产经验和教训前提下，在安全风险管理实践中，形成铁路科学发展过程中固化的安全风险价值理念和行为范式。

（2）夯实安全基础有效控制。

加强安全基础建设是有效控制安全风险的基础保证，铁路各部门、各单位必须围绕健全完善和推进落实干部逐级负责制和岗位责任制、专业管理、站段三级管理、技术规章管理、设备管理、职工教育培训、结合部管理、安全风险应急处置、安全投入管理、生产一线人力资源保障、安全风险源头管控、安全风险评估、安全检查监察、安全责任考核激励、党政工团合力保障等安全管理机制体系为主线，深化安全基础建设，构建符合安全生产管理实际的风险管控体系，为全面控制安全风险提供基础保证。

（3）全面提升安全风险应急处置能力。

① 快速报告信息。铁路各个部门要严格执行安全信息报告和通报制度，按照报告程序及时报告安全信息，确保安全问题能够在第一时间快速报告到有关领导，通报到相关部门。

② 快速响应出动。各部门、各单位要严格执行事故、设备故障、突发情况、非正常行车等问题，特别是涉及客车安全的快速响应制度，落实不同等级、不同性质的响应人员、流程、

时限和应对处理方案。一旦发生问题，必须立即启动，迅速确定风险的性质、涉及的部门，及时制定措施进行解决。

③ 快速阻断隐患。对发生的问题要举一反三，吸取教训，快速处理隐患。遇到事故、典型故障和重大险情、严重"两违"，需要组织各单位各部门全面检查防范。个别性问题，要立即警示其他单位或部门；全局性、基础性问题，要进行系统研究，对危害性较大的问题，要立即采取统一行动，全面彻底整改。

（4）加强对安全风险管理的考核力度。

考核是防范、消除和减少安全风险的有效手段，考核中，要严格安全风险过程控制的考核。一是坚持经济与行政、过程与结果并重，定期通过安全通报考核、安全监察指令书和通知书等考核手段，突出对各系统、各单位安全风险关键项点识别研判的准确度与覆盖度、各项过程控制措施落实情况以及职工"两违"情况进行考核，特别是加大对安全关键岗位和重点作业违章违纪的处罚力度，提高警示效果。二是要通过精神和物质激励手段和办法充分调动干部、职工控制风险的积极性个主动性，真正有效实现风险管理的全面、全员和全过程管理。

2）管理规范化和作业标准化

风险控制是安全风险管理的核心，"管理规范化和作业标准化"是实现安全风险控制的基本抓手和重要途径。铁路基层单位和部门推行安全风险管理的最终目的是实现对现场作业过程的有效管理和控制，其基本的遵循就是科学的制度和标准，坚持以管理规范化和作业标准化为工作主线，依据生产布局调整、生产方式变革、队伍素质变化、技术设备更新等因素的转变，不断健全完善各项规章制度、程序标准，把安全生产推入良性循环轨道，实现铁路安全管理有序可控。

（1）管理规范化。

"管理规范化"，就是按照制度规定进行管理，强调制度权威，减少"人治"因素。制度是管根本和长远的，推行制度管理是成熟企业的重要标志。

强调管理规范化，核心是强调制度的权威性。在一个企业中，如果是制度至上，就会使管理过程由复杂变简单、由盲动变可控、由抽象变具体、由"人治"变"法治"；反之，管理工作就会失去组织原则，管理行为就可能迷失方向，必将导致人为因素大行其道、管理混乱无序。

强调管理规范化，前提是强调完善各项制度。制度科学合理是执行的前提。如果制度设计不合理，就会从源头上混淆是非公正，破坏正常秩序，造成执行困难。因此，要实现管理规范化，就必须对现有的各种规章规程、办法细则、流程标准、职能职责等进行全面地彻底地梳理规范，修建补废，持续改进，使之随时做到科学合理、系统配套、管用可行。

强调管理规范化，关键是强调严格执行制度。铁路运输企业出现的"有章不循""同类型事故连续发生""钻制度空子"等情况，就是制度执行出了问题。因此，管理规范化还必须强化对各级干部执行制度情况的过程监督和结果考核，使不执行制度的行为能够及时受到追责。

（2）作业标准化。

"作业标准化"，就是严格按标准作业，强调执行标准一点也不差、差一点也不行。作业标准是在系统科学分析的基础上，遵循规章制度、操作规范和工作流程要求，将作业过程的每道操作程序、每个动作要领和应遵循的顺序进行分解和细化，是安全、技术、质量、效率等要求在岗位作业中的具体化。作业标准化，是确保铁路运输生产的基础保障。强调作业标准化，首先要强调完善作业标准，做到有标准可执行。长期以来，《技规》《普速铁路行车组织规则》(2018年4月1日，简称《行规》)，《高速铁路行车组织细则》(2018年4月1日，简称《行细》)，以及相关的技术规章、作业要求、操作规范的制定、执行和推广，形成了程序化的作业模式，支配了职工的作业行为，起到了作业质量防控的基础作用。但随着铁路运输生产方式的日新月异，随着铁路运输安全生产要素的急剧变化，我们的许多作业标准呈现出不先进、不完备、简单粗放甚至滞后失效状态，必须根据当前及今后一个时期运输生产的特征和规律，健全完善各种作业、各个岗位的工艺流程和作业标准，做到每项作业有流程、每个环节有标准。强调作业标准化，还要突出强调抓好职工技能培训。解决"干什么、怎么干、干到什么程度"的问题。加强培训职工应知应会，让职工对自身作业相关的每条规章、每项作业标准，不仅知其然还能知其所以然，不仅熟记于心还能体现于行。

强调作业标准化，最重要的还是强调执行作业标准，做到有标准必执行。作业标准是工作底线，是每名职工必须遵守的行为准则。底线绝不容许突破，准则决不允许违犯。因此，必须加强现场作业控制管理，狠抓标准化作业，狠抓规章制度的检查落实，严厉查处"两违"，引导职工自觉养成按章作业、执行标准的良好习惯。

管理规范化是前提，作业标准化是基础，二者既有侧重又相互依托，共同构成确保运输秩序安全高效的重要基础。管理规范化和作业标准化是构筑企业管理体系和安全风险管理体系的两大要素。管理规范化着重于宏观把控，作业标准化着重于微观执行；管理规范化的主要内容是制定科学、合理、有效的规章、制度和规范，作业标准化则是管理政策、措施的延伸、细化和具体落实。管理规范化和作业标准化二者缺一不可。离开了作业标准化，管理规范化将是纸上谈兵、空中楼阁。同样，管理不规范，意味着任务无法明确、责任无法落实、机制作用无法发挥，作业标准化也就无从谈起。

1.4.4 知识拓展

分析发车作业流程（见图1-4），判断该过程的风险因子和风险度。

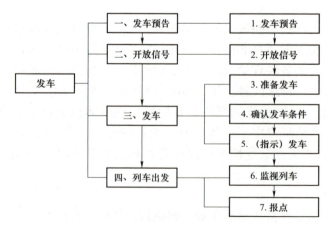

图1-4 发车作业流程

项 目 考 核

1. 理论考核

完成以下理论考核，满分60分。

1）单选题

（1）安全是生产的（　　）条件。
　　　A. 必要　　　　B. 充分　　　　C. 充分必要　　　D. 必要充分

（2）铁路产品的质量包括多方面，其中（　　）最为重要。
　　　A. 安全　　　　B. 准确　　　　C. 便利　　　　D. 迅速

（3）在运输生产活动中，各级铁路管理部门，坚持"（　　）"的原则。
　　　A. 安全第一　　B. 利益第一　　C. 效益第一　　D. 速度第一

（4）铁路行车安全的意义包括（　　）方面的内容。
　　　A. 五　　　　　B. 两　　　　　C. 三　　　　　D. 四

（5）安全生产工作应当以人为本，坚持安全发展，坚持安全第一、预防为主、（　　）的方针。
　　　A. 全面管理　　　　　　　　　　B. 综合治理
　　　C. 综合管理　　　　　　　　　　D. 全面治理

（6）（　　）是生产一线的直接管理层和领导者。
　　　A. 中国国家铁路集团有限公司　　B. 车间
　　　C. 班组　　　　　　　　　　　　D. 铁路局集团有限公司

（7）（　　）是站段安全管理的中枢和细胞。
　　　A. 中国国家铁路集团有限公司　　B. 车间
　　　C. 班组　　　　　　　　　　　　D. 铁路局集团有限公司

（8）（　　）是最基层的安全生产指挥者。
　　　A. 段长　　　　　　　　　　　　B. 站长
　　　C. 车间主任　　　　　　　　　　D. 班组长

（9）群体也叫团体，（　　）人以上为了达到共同的特定目标，相互依赖和相互作用，就构成了群体。
　　　A. 1　　　　　B. 2　　　　　C. 3　　　　　D. 4

（10）（　　）是人通过感觉器官对客观事物个别属性的反映。
　　　A. 感觉　　　　B. 知觉　　　　C. 视觉　　　　D. 听觉

（11）（　　）是客观事物的各种表面现象和诸多属性通过人的各种感官在大脑中的综合反映。
　　　A. 感觉　　　　B. 知觉　　　　C. 视觉　　　　D. 听觉

（12）（　　）是运输安全管理最经常运用的工作方法和手段。
　　　A. 经济手段　　B. 行政手段　　C. 思想手段　　D. 法律手段

（13）铁路行车工作"三员一长"中，一长是指（　　）。
　　　A. 站长　　　　B. 列车长　　　C. 调车长　　　D. 组长

（14）铁路行车工作"三员一长"中，三员是指（　　）。
　　A. 列车调度员、机车乘务员、车站值班员
　　B. 连结员、扳道员、制动员
　　C. 车站值班员、助理值班员、信号员
　　D. 列车员、客运员、货运员
（15）铁路安全工作"两纪一化"中，一化是指（　　）。
　　A. 作业经济化　　　　　　B. 作业标准化
　　C. 作业有计划　　　　　　D. 作业正常化
（16）铁路运输企业通过构建安全风险过程控制体系，以运输生产过程为对象，以高铁、客车和高风险环节、关键设备、关键岗位的安全风险管理为重点，实现管理规范化和（　　）。
　　A. 作业经济化　　　　　　B. 作业标准化
　　C. 作业有计划　　　　　　D. 作业正常化

2）判断题

（1）铁路运输的根本任务就是把旅客及时地运送目的地。（　　）
（2）铁路行车安全是指在铁路运输过程中，维护铁路正常的运行秩序，保证旅客及铁路员工生命财产安全，保证运输设备和货物完整性的全部生产活动。（　　）
（3）铁路运输是由机务、车务、工务、电务、车辆、水电等多部门组成的一架庞大的联动机。（　　）
（4）安全第一是任何交通运输装备技术发展都要首先考虑的问题。（　　）
（5）行车安全是法律赋予铁路运输的义务和责任。（　　）
（6）行车安全是铁路运输产品的质量特征。（　　）
（7）铁路运输安全除了具有安全问题的普遍性外，还有其明显的特殊性，其中行车安全影响面广就是其中之一。（　　）
（8）铁路运输安全除了具有常规安全的特点外，还有其明显的特殊性，行车安全涉及人员和工序少就是其中之一。（　　）
（9）铁路运输安全除了具有常规安全的特点外，还有其明显的特殊性，行车安全风险小就是其中之一。（　　）
（10）"安全第一"是预防为主的前提，"预防为主"是"安全第一"的保证。（　　）
（11）安全就是效率，安全就是效益。（　　）
（12）"安全第一、预防为主，综合治理"安全生产的指导方针。（　　）
（13）"安全第一、预防为主，综合治理"安全生产方针是一个有机的统一体。（　　）
（14）牢固树立"安全第一"的思想，牢记行车安全是铁路运输工作的生命线。（　　）
（15）坚持"安全第一"是铁路运输发展的外在需求。（　　）
（16）安全习惯是指在一定的作业环境中，自觉地按规章制度规定的安全的操作方式或方法去操作的行为。（　　）
（17）安全心理就是要注意激励安全动机，使安全动机成为优势动机。（　　）
（18）法律手段是通过贯彻执行有关法律条文，规范人们安全生产和保护运输安全的行为，以达到维护法律尊严、保证生产安全的目的。（　　）

3）简答题

（1）为什么说行车安全是铁路运输工作的生命线？
（2）铁路运输安全有哪些特殊性？
（3）站段安全管理的责任有哪些？
（4）班组长在安全生产中有哪些主要责任？
（5）如何培养班组群体安全意识？
（6）怎样正确处理行车安全与效率、效益的关系？
（7）在行车安全中为什么要克服侥幸心理？
（8）铁路运输安全管理主要有哪几种手段？为什么要强调各种手段的综合运用？

2. 实践考核

完成以下实践考核，满分20分。

（1）利用现场参观、学习、调研、网络等途径，搜集铁路局集团有限公司、站、段、车间有关安全管理的文件。

（2）×年×月×日，十几个铁路施工人员搭货车回驻地，在经过某电气化铁路平交道口时，一人扬铁锹正与另一人打闹。当铁锹扬到高处时，突然被电气化铁路接触网的高压电击倒，造成电击伤。

分小组进行讨论，分析导致此次事故的原因。

3. 素质考核

素质考核满分20分，其中出勤情况5分，课堂表现10分，任务完成情况5分。

项目 2

铁路交通事故处理

项目介绍

安全是相对的，风险无处不在，在行车的过程中存在一些危及行车安全的因素，为了及时正确处理铁路交通事故，维护正常运行秩序，深入贯彻"安全第一、预防为主、综合治理"的方针，本项目首先通过对铁路交通事故定义、等级的介绍，阐述铁路交通事故对国民经济、人民生命财产和国家形象的危害，着重分析事故发生后的应急处理、严重事故的救援处理，以及事故调查、事故责任认定和事故发生后的善后处理工作。

知识目标

1. 理解铁路交通事故的定义和种类，以及铁路交通事故等级；
2. 掌握事故调查处理程序和救援列车的开行办法，学会发生事故后的应急处理；
3. 掌握应急预案的概念及分类。

能力目标

1. 具有对铁路行车工作中发生的紧急情况进行应急处理的能力。

素质目标

1. 加强工作责任心，深刻认识到交通事故的危害；
2. 严格执行各种规章制度，进一步提高安全意识。

任务 2.1　铁路交通事故认知

2.1.1　拟完成的任务

2011 年 7 月 23 日 20 时 30 分 05 秒，甬温线浙江省温州市境内，由北京南站开往福州站的 D301 次列车与杭州站开往福州南站的 D3115 次列车发生动车组列车追尾事故。此次事故已确认共有六节车厢脱轨，即 D301 次列车第 1 至 4 位，D3115 次列车第 15、16 位。造成 40 人死亡、172 人受伤，中断行车 32 小时 35 分，直接经济损失 19 371.65 万元。

查阅资料，了解该起事故概况。

问：根据事故描述，初步判断该起事故的等级并判断事故类型。

2.1.2 任务目的

1. 会根据事故损失确定事故等级；
2. 熟悉铁路交通事故处理的有关规定；
3. 拓展知识面，培养良好的个人修养和严格的工作作风。

2.1.3 相关配套知识

1. 铁路交通事故调查处理规定

为了及时正确处理铁路交通事故，维护铁路运输秩序，贯彻"安全第一，预防为主，综合治理"的方针，使铁路运输更好地为国民经济服务，国务院发布了《铁路交通事故应急救援和调查处理条例》（2012年11月9日，简称《条例》）。为及时准确调查处理铁路交通事故，及时严肃追究事故责任，防止和减少铁路交通事故的发生，根据《条例》，原铁道部制定了《铁路交通事故调查处理规则》（2017年9月1日，简称《事规》）和《铁路交通事故应急救援规则》（2017年9月1日，简称《救规》）。

《条例》是我国第一部全面规范铁路交通事故调查处理的行政法规。《条例》的颁布实施是铁路运输安全法制建设的又一件大事，充分说明了党中央、国务院对铁路运输安全工作的高度重视。《条例》对事故等级、事故应急救援、事故调查处理和赔偿做出了比较全面的规定，是开展事故应急救援工作和调查处理的重要依据。

《事规》是严格按照《铁路交通事故应急救援和调查处理条例》规定而制定的，并做了一定程度的细化和补充，体现了防范为主、从严管理的目的，满足了铁路运输新形势、新技术、新设备的要求，坚持了铁路安全管理的基本特点，保留了铁路事故种类的表现形式。《事规》是调查和处理铁路交通事故的基本依据，对铁路交通事故的调查处理、定性、定责和统计分析具有鲜明的权威性和法规性。

铁路从业人员必须认真学习《条例》和《事规》的相关规定，以便在铁路交通事故发生以后，及时、准确开展救援工作，防止次生事故再次发生，把事故造成的影响控制在最低程度，尽快恢复正常行车。

2. 铁路交通事故的定义

铁路机车车辆在运行过程中与行人、机动车、非机动车、牲畜及其他障碍物相撞，或者铁路机车车辆发生冲突、脱轨、火灾、爆炸等影响铁路正常行车的事故（包括影响铁路正常行车的相关作业过程中发生的事故）均称为铁路交通事故。

3. 铁路交通事故的分类

（1）按事故造成的人员伤亡、直接经济损失、列车脱轨辆数、中断铁路行车时间等情形，铁路交通事故分为特别重大事故、重大事故、较大事故和一般事故，其中一般事故又分为A、B、C、D四类。

（2）按事故内容，铁路交通事故可分为列车事故、调车事故和因铁路技术设备破损或货物装载不良造成的事故。

4. 铁路交通事故等级

铁路作为特殊行业，对事故等级的划分既要符合相关综合性法律法规的要求，还要结合铁路交通事故的特点。除人员伤亡和经济损失等常用指标以外，还应考虑铁路运输的特点。

中断铁路行车时间的长短可以直接反映事故对铁路网络运输秩序、经济损失造成的影响程度，繁忙干线是否畅通对于铁路网的正常运转也至关重要，繁忙干线一旦发生铁路交通事故，将可能造成整个铁路运输网运行秩序混乱乃至瘫痪，对社会经济的正常运转也有很大程度的影响。

1）特别重大事故

有下列情形之一的，为特别重大事故：

① 造成 30 人以上死亡。

② 造成 100 人以上重伤（包括急性工业中毒，下同）。

③ 造成 1 亿元以上直接经济损失。

④ 繁忙干线客运列车脱轨 18 辆以上并中断铁路行车 48 小时以上。

⑤ 繁忙干线货运列车脱轨 60 辆以上并中断铁路行车 48 小时以上。

2）重大事故和较大事故

（1）重大事故。

有下列情形之一的，为重大事故：

① 造成 10 人以上 30 人以下死亡。

② 造成 50 人以上 100 人以下重伤。

③ 造成 5 000 万元以上 1 亿元以下直接经济损失。

④ 客运列车脱轨 18 辆以上。

⑤ 货运列车脱轨 60 辆以上。

⑥ 客运列车脱轨 2 辆以上 18 辆以下，并中断繁忙干线铁路行车 24 小时以上或者中断其他线路铁路行车 48 小时以上。

⑦ 货运列车脱轨 6 辆以上 60 辆以下，并中断繁忙干线铁路行车 24 小时以上或者中断其他线路铁路行车 48 小时以上。

（2）较大事故。

有下列情形之一的，为较大事故：

① 造成 3 人以上 10 人以下死亡。

② 造成 10 人以上 50 人以下重伤。

③ 造成 1 000 万元以上 5 000 万元以下直接经济损失。

④ 客运列车脱轨 2 辆以上 18 辆以下。

⑤ 货运列车脱轨 6 辆以上 60 辆以下。

⑥ 中断繁忙干线铁路行车 6 小时以上。

⑦ 中断其他线路铁路行车 10 小时以上。

3）一般事故

一般事故分为一般 A 类事故、一般 B 类事故、一般 C 类事故、一般 D 类事故。其构成条件如下：

（1）一般 A 类事故。

有下列情形之一，未构成较大以上事故的，为一般 A 类事故：

A1. 造成 2 人死亡。

A2. 造成 5 人以上 10 人以下重伤。

A3. 造成 500 万元以上 1 000 万元以下直接经济损失。

A4. 列车及调车作业中发生冲突、脱轨、火灾、爆炸、相撞，造成下列后果之一的：

A4.1　繁忙干线单线或双线之一线行车中断 3 小时以上 6 小时以下，双线行车中断 2 小时以上 6 小时以下。

A4.2　其他线路单线或双线之一线行车中断 6 小时以上 10 小时以下，双线行车中断 3 小时以上 10 小时以下。

A4.3　客运列车耽误本列 4 小时以上。

A4.4　客运列车脱轨 1 辆。

A4.5　客运列车中途摘车 2 辆以上。

A4.6　客车报废 1 辆或大破 2 辆以上。

A4.7　机车大破 1 台以上。

A4.8　动车组中破 1 辆以上。

A4.9　货运列车脱轨 4 辆以上 6 辆以下。

一次人员死亡 2 人/重伤 5 人以上，指行车/从业人员事故，并包括责任路外人员死亡和重伤事故，均构成一般 A 类事故。

（2）一般 B 类事故。

有下列情形之一，未构成一般 A 类以上事故的，为一般 B 类事故：

B1. 造成 1 人死亡。

B2. 造成 5 人以下重伤。

B3. 造成 100 万元以上 500 万元以下直接经济损失。

B4. 列车及调车作业中发生冲突、脱轨、火灾、爆炸、相撞，造成下列后果之一的：

B4.1　繁忙干线行车中断 1 小时以上。

B4.2　其他线路行车中断 2 小时以上。

B4.3　客运列车耽误本列 1 小时以上。

B4.4　客运列车中途摘车 1 辆。

B4.5　客车大破 1 辆。

B4.6　机车中破 1 台。

B4.7　货运列车脱轨 2 辆以上 4 辆以下。

（3）一般 C 类事故。

有下列情形之一，未构成一般 B 类以上事故的，为一般 C 类事故：

C1. 列车冲突。

C2. 货运列车脱轨。

C3. 列车火灾。

C4. 列车爆炸。

C5. 列车相撞。

C6. 向占用区间发出列车。

C7. 向占用线接入列车。

C8. 未准备好进路接、发列车。

C9. 未办或错办闭塞发出列车。

C10. 列车冒进信号或越过警冲标。

C11. 机车车辆溜入区间或站内。

C12. 列车中机车车辆断轴，车轮崩裂，制动梁、下拉杆、交叉杆等部件脱落。

C13. 列车运行中碰撞轻型车辆、小车、施工机械、机具、防护栅栏等设备设施或路料、坍体、落石。

C14. 接触网接触线断线、倒杆或塌网。

C15. 关闭折角塞门发出列车或运行中关闭折角塞门。

C16. 列车运行中刮坏行车设备设施。

C17. 列车运行中设备设施、装载货物（包括行包、邮件）、装载加固材料（或装置）超限（含按超限货物办理超过电报批准尺寸的）或坠落。

C18. 装载超限货物的车辆按装载普通货物的车辆编入列车。

C19. 电力机车、动车组带电进入停电区。

C20. 错误向停电区段的接触网供电。

C21. 电化区段攀爬车顶耽误列车。

C22. 客运列车分离。

C23. 发生冲突、脱轨的机车车辆未按规定检查鉴定编入列车。

C24. 无调度命令施工，超范围施工，超范围维修作业。

C25. 漏发、错发、漏传、错传调度命令导致列车超速运行。

（4）一般 D 类事故。

有下列情形之一，未构成一般 C 类以上事故的，为一般 D 类事故：

D1. 调车冲突。

D2. 调车脱轨。

D3. 挤道岔。

D4. 调车相撞。

D5. 错办或未及时办理信号致使列车停车。

D6. 错办行车凭证发车或耽误列车。

D7. 调车作业碰轧脱轨器、防护信号或未撤防护信号动车。

D8. 货运列车分离。

D9. 施工、检修、清扫设备耽误列车。

D10. 作业人员违反劳动纪律、作业纪律耽误列车。

D11. 滥用紧急制动阀耽误列车。

D12. 擅自发车、开车、停车、错办通过或在区间乘降所错误通过。

D13. 列车拉铁鞋开车。

D14. 漏发、错发、漏传、错传调度命令耽误列车。

D15. 错误操纵、使用行车设备耽误列车。

D16. 使用轻型车辆、小车及施工机械耽误列车。

D17. 应安装列尾装置而未安装发出列车。

D18. 行包、邮件装卸作业耽误列车。

D19. 电力机车、动车组错误进入无接触网线路。

D20. 列车上工作人员往外抛掷物体造成人员伤害或设备损坏。

D21. 行车设备故障耽误本列客运列车 1 小时以上，或耽误本列货运列车 2 小时以上；固定设备故障延时，影响正常行车 2 小时以上（仅指正线）。

因事故死亡、重伤人数 7 天内发生变化，导致事故等级变化的，相应改变事故等级。

重伤人数中包括急性工业中毒。

中国国家铁路集团有限公司可对影响行车情况的其他情形，列入一般事故。

5.《事规》有关内容解释

1）机车车辆

机车车辆包括铁路机车、客车、货车、动车、动车组以及各类自轮运转特种设备等。

自轮运转特种设备系指在铁路营业线上运行的轨道车及铁路施工、维修专用车辆（包括轨道起重机、架桥机、铺轨机、接触网架线车、放线车、检修车、大型养路机械等）。

2）列车

列车是指编成的车列并挂有机车及规定的列车标志。单机、自轮运转特种设备，虽未完全具备列车条件，亦应按列车办理。

3）相撞

相撞是指铁路机车车辆在运行过程中与行人、机动车、非机动车、牲畜及其他障碍物相互碰、撞、轧，造成人员伤亡、设备设施损坏。

4）冲突

冲突是指列车、机车车辆互相间或与轻型车辆、设备设施（如车库、站台、车挡等）发生冲撞，致使机车车辆、轻型车辆、设备设施等破损。

在列车运行中由于人为失职或设备不良等原因，将车辆挤坏或拉坏构成中破及其以上程度，或在调车作业中由于人为失职或设备不良等原因，将车辆挤坏或拉坏构成大破以上程度时，亦按冲突论。

由于机车车辆冲突造成货物窜动将车辆撞坏、挤坏时，定冲突事故，并根据所造成的后果，确定事故等级。

5）脱轨

脱轨是指机车车辆的车轮落下轨面（包括脱轨后又自行复轨），或车轮轮缘顶部高于轨面（因作业需要的除外）。

每辆（台）只要脱轨 1 轮，即按 1 辆（台）计算。

6）列车发生火灾

列车发生火灾是指列车起火造成机车车辆破损影响行车设备正常使用，或发生人员伤亡、货物、行包烧毁等。

7）列车发生爆炸

列车发生爆炸是指机车车辆在运行过程中发生爆炸，造成其设备损坏，墙板、车体变形或出现孔洞，影响正常行车。

8）繁忙干线

繁忙干线是指京哈（不含沈山线）、京沪、京广、京九（含广州至深圳段）、陇海、沪昆（不含株洲至昆明段）线及客运专线。

繁忙干线单线是指连接繁忙干线的联络线。

9）中断铁路行车

中断铁路行车是指事故发生在区间或站内，造成铁路单线、双线区间或双线区间不能正常行车。中断行车的时间，由事故发生时间起（列车火灾或爆炸由停车时间算起）至恢复客货列车原牵引方式连续通行时止。

如列车能在站内其他线通行，又回到原正线上进入区间的，不按中断行车算。

施工封锁区间发生冲突或脱轨的行车中断时间，从事故发生前原计划开通的时间起计算。

10）耽误列车

耽误列车是指列车在区间内停车，通过列车在站内停车列车在始发站或停车站晚开、在运行过程中超过图定的时间（局管内）或调度员指定的时间，列车停运、合并、保留。

11）机车车辆溜入区间或站内

机车车辆溜入区间或站内是指以进站信号机或站界标为界，机车车辆由站内溜入区间或由区间、专用线溜入站内，在区间岔线内停留的机车车辆溜往正线越过警冲标，亦按本项论。

12）漏发、错发、漏传、错传调度命令导致列车超速运行

漏发、错发、漏传、错传调度命令导致列车运行监控装置未输或错输限速指令、机车出库后司机未接到线路限速命令，致使列车超过规定限速运行，按本项论。

13）挤道岔

挤道岔是指车轮挤过或挤坏道岔。

14）错误办理行车凭证发车或耽误列车

错误办理行车凭证发车或耽误列车是指与邻站已办妥闭塞手续，但由于未交、错交、未拿、错拿、漏填、错填行车凭证，自动闭塞、自动站间闭塞、半自动闭塞区间未开放出站（进路）信号机发车或耽误列车。

行车凭证交与司机或运转车长显示发车手信号后（车站直接发车时为发车人员显示手信号后），发现行车凭证错误，亦为错误办理行车凭证发车。

填写的行车凭证，错填、漏填电话记录号码、车次、区间、地点时，按本项论。

自动闭塞、自动站间闭塞、半自动闭塞区间未开放出站（进站）信号机，列车起动停车未越过信号机或警冲标时，视同一般 D 类事故情形。越过关闭的停车信号或警冲标时，视同一般 C 类事故情形。

调车作业碰扎脱轨器、防护信号或未撤防护信号动车。

脱轨器，是指固定脱轨器及移动脱轨器。

防护信号，是指防护施工、装卸及机车车辆检修整备作业的固定信号或移动信号。

机车车辆碰上、扎上脱轨器或防护信号即算。对插有停车信号的车辆，碰上车钩及未撤防护信号动车，按本项论。

擅自发车、开车、停车、错办通过或在区间乘降所错误通过。

擅自发车，是指车站发车人员未确认出站信号，运转车长未得到发车人员的发车指示信号，车站发车人员未确认运转车长发车手信号直接发车。

擅自开车，是指司机未得到车站发车人员或运转车长的发车信号而开车。

擅自停车，是指在正常情况下，不应停车而停车。

错办通过，是指应停车的客运列车而错办通过（不包括列车调度员按照列车运行情况临时调整变更通过的列车）。

6. 机车、车辆报废及大中破条件

1) 机车报废条件

一次修理费用超过该型机车新车现价60%的。

机车主要配件（主变压器、柴油机、转向架、主车架、承载式车体）破损严重，不能恢复基本性能的。

2) 机车大破条件

蒸汽机车锅炉、车架、汽缸（煤水车按货车办理）之一必须解体修复时。

内燃机车柴油机、转向架之一必须大修时，车体及各梁按货车有关规定办理。

电力机车主变压器、转向架之一必须大修时，车体及各梁按货车有关规定办理。

3) 机车中破条件

蒸汽机车轮对、滑板托架（煤水车按货车办理）之一必须更换时。

内燃机车三台牵引电动机、轮对、主发电机、液力变速箱之一必须大修时，转向架、车体及各梁按货车有关规定办理。

电力机车三台牵引电动机、轮对之一必须大修时，转向架、车体及各梁按货车有关规定办理。

4) 客车报废条件

符合下列条件之一时即可报废：

① 外墙、顶板需要全部分解，并须更换铁立柱达 2/3。

② 需要解体更换中梁。

③ 中、侧梁垂直弯曲超过 200 mm 或横向弯曲超过 100 mm。

④ 两根侧梁折损或一根侧梁及两根端梁折损。

⑤ 车底架扭曲，其倾斜度在车底架 1 m 以内超过 70 mm 或全部车底架超过 300 mm。

⑥ 底、体架破损程度较大或火灾事故后严重变形，以及旧杂型客车腐蚀、破损严重，经鉴定无修复价值。

5) 货车报废条件

符合下列条件之一时即可报废：

需要更换中梁一根及切换另一根中梁的；

需要更换中梁一根及底架上的枕、横梁40%的；

需要更换中梁一根及侧梁一根的；

因事故底、体架破损严重，确无修复价值（如钢质焊接结构车，底、体架需解体 1/2 以上的）。各梁更换条件：需截换全梁长度25%以上；或补强板超过梁高 1/2，且各块补强板长度总合超过梁长 25%的。

6) 车辆大破条件

破损程度达到下列条件之一时即可报废：

① 中梁、侧梁、端梁、枕梁中任何一种弯曲或破损合计够二根（中梁每侧按一根计算）。

② 牵引梁折断二根，或折断一根加上述各梁弯曲或破损一根（贯通式中梁牵引部分按中梁算，非贯通式及无中梁的按牵引梁计算）。

③ 货车车体（底架以上部分以下同）破损或凹凸变形（不包括地板），敞车面积达 50%，棚车、冷藏车、罐车、守车面积达 30%。火灾或爆炸烧损计算车体面积时，包括地板在内。0.8 m 以下低边车和平车发生火灾或爆炸烧损面积达 90 %（包括端、侧板及地板）。

④ 客车、机械冷藏车、发电车车体破损，需施修车棚椽子、侧梁、侧柱、通过台顶棚中梁、车棚内角柱、端柱之任何一项。

⑤ 机械冷藏车、发电机、柴油机、发电机破损任何一项需要大修时。

⑥ 客车、发电车火灾或爆炸内部烧损需要修换的面积达 20 m^2（包括顶、端、侧、地、门板以及间隔板）。

7）车辆中破条件

破损程度达到下列条件之一时即可报废：

① 中梁、侧梁、端梁、枕梁中任何一根弯曲或破损。

② 牵引梁折断一根（牵引梁定义与大破同）。

③ 货车车体破损凹凸变形（不包括地板），敞车面积达 25%，棚车、冷藏车、罐车、守车面积达 15%。火灾或爆炸烧损计算车体面积时，包括地板在内。0.8 m 以下低边车和平车发生火灾或爆炸烧损面积达 50%（包括端、侧板及地板）。

④ 转向架的侧架、摇枕、均衡梁或轮对破损需要更换任何一项。

⑤ 机械冷藏车、发电车的冷冻机、柴油机、发电机破损任何一项需要段修时。

⑥ 客车、发电车火灾或爆炸内部烧损需要更换修的面积达 10 m^2（包括顶、端、侧、地、门板以及隔板）。

8）动车组报废条件

符合下列条件之一时即可报废：

① 修理费用超过该型动车组新车现价 70%的。

② 动车组主要配件（主变压变流器、转向架）破损严重，不能恢复基本性能的。

③ 车体结构变形或破损严重，无法修复的。

9）动车组大破条件

符合下列条件之一时即可报废：

① 修理费用超过该型动车组新车现价 50%的。

② 主变压器、牵引变流器、转向架之一必须大修时。

10）动车组中破条件

符合下列条件之一时即可报废：

① 修理费用超过该型动车组新车现价 30%的。

② 三台牵引电机、轮对、辅助变流器之一必须大修时。

11）车辆各梁大、中破程度

车辆各梁大、中破程度按表 2-1 和表 2-2 限度计算。

表 2-1 客车、动车各梁大、中破限度表

梁别	弯曲（上、下、左、右）/mm	破损限度
侧梁	40	裂纹破损达到原断面积 1/2
端梁	30	裂纹破损达到原断面积 1/2
中梁	50	裂纹破损延伸至垂直面（不包括盖板）
枕梁	30	裂纹破损延伸至垂直面（不包括盖板）

表 2-2 货车各梁大、中破限度表

梁别	弯曲（上、下、左、右）/mm	破损限度
侧梁	110	裂纹破损达到原断面积 1/2
端梁	100	裂纹破损达到原断面积 12 或冲击座上部断面全部裂损
中梁	50（下垂为 60）	裂纹破损延伸至垂直面（不包括盖板）
枕梁	50	裂纹破损延伸至垂直面（不包括盖板）

注：1. 客车端梁包括通过台端梁。守车端梁弯曲、破损，以外端梁计算。
2. 非贯通式侧梁、端梁，不按侧梁、端梁算。
3. 货车端梁在角部向内延伸 200 mm 范围内的破损不按大、中破损计算，超过 200 mm 范围时，破损限度合并计算。
4. 机械冷藏车（包括机械车、乘务车、冷藏车）、发电车各梁大、中破损程度按客车计算。
5. 0.8 m 以下低边车底架以上无论破损程度如何，均按小破计算（火灾或爆炸除外）。
6. 货车改造的简易客车破损时按货车办理。
7. 淘汰及旧杂型车辆破损程度按降一级计算。
8. 计算破损程度时，原有裂纹破损旧痕的尺寸不计算在内。
9. 中、侧梁弯曲测量方法，以两个枕梁间平直线的延长线为基准。两轴车应找出原底架的水平线，然后延长测量。端梁弯曲测量方法以两端引出平行线为基准垂直测量。每根梁如多处弯曲时，按弯曲最大的一处算，上下左右不相加。
10. 蒸汽机煤水车车体破损按罐车办理；内燃、电力机车车体破损按冷藏车处理。

2.1.4 知识拓展

（1）影响铁路正常行车：指影响列车按照铁路运行图正常行车，导致中断行车、列车临时停车、列车延误晚点或列车停运、合并、保留、影响调车作业等情形。

（2）有下列情形之一的，不认定为工伤：
① 故意犯罪的；
② 酗酒或者吸毒的；
③ 自残或者自杀的。

任务 2.2 铁路交通事故调查处理

2.2.1 拟完成的任务

7月 28日 20时 41分，由通辽开往大虎山方向的 84614 次货运列车（通辽机务段配属 1386 号机车担当牵引任务，司机张×、副司机王×，列车编组 49 辆、牵引总重 4 250 t，除机次第 16、38、47 辆为空车外，其余 46 辆为重车。发站：敖日格勒，到站：八角台，品名：（原煤）以 70 km/h 的速度运行至大郑上行线新立屯至芳山镇站间 K37+529 m 流沙河桥时，由于桥墩倾斜，导致机车脱轨、机次 1～23 位车辆脱轨坠落桥下，中断大郑上行线行车。经救援，于 7月 30日 00时 00分开通线路，中断上行线行车 27 小时 19 分钟。构成较大铁路交通事故。

要求：（1）根据事故概况，撰写事故报告；

（2）判定本次事故发生的原因，对事故进行责任认定，并绘制铁路交通事故的处理流程。

2.2.2 任务目的

1. 了解事故调查处理程序、方法，学会事故责任的判定；
2. 具有参与交通事故调查处理工作的能力；
3. 树立认真负责的责任意识，认识到发生铁路交通事故的两重性。

2.2.3 相关配套知识

每个铁路从业人员，无论哪个岗位和专业，事故发生后均应该立即向单位领导及相关单位报告，如实提供相关证据，积极配合开展相关调查工作。

铁路监管部门依法组织或者参与铁路安全事故调查。铁路运输企业的各级行车安全监察机构是行车事故内部调查处理的主管部门。安全监督特派员办事处参与所辖区域发生的重大、较大事故调查，并提出定性、定责建议。交通事故处理的主要工作包括：事故报告、调查处理、责任判定、统计分析、总结报告等。

1. 事故报告

事故发生后，事故现场的铁路运输企业工作人员或者其他人员应当立即向邻近铁路车站、列车调度员、公安机关或者相关单位负责人报告。有关单位和人员接到报告后，应立即将事故情况向企业负责人和事故发生地安全监管部门值班人员报告，安全监管部门值班人员按规定向负责人报告。

铁路运输企业列车调度员要认真填写《铁路交通事故概况表》（安监报 1），向中国国家铁路集团有限公司列车调度员报告。

事故发生地安全监管部门值班人员接到安监报 1 或现场事故报告后，要立即填写《铁路交通事故基本情况表》（安监报 3），并向国家铁路监督部门值班人员报告。报告后要进一步了解事故情况，及时补报安监报 3。

涉及其他地区铁路监管辖区的事故，发生地监管部门值班人员应及时将安监报 3 传送至相关安全监管部门。

铁路管理机构收到报告后，应当尽快核实相关情况，并立即报告国务院铁路主管部门；对特别重大事故、重大事故，国务院铁路主管部门应当立即报告国务院并通报国家安全生产监督管理等有关部门。

发生特别重大事故、重大事故、较大事故或者有人员伤亡的一般事故，地区铁路安全监管部门应向国家铁路局、事故发生地县级以上地方人民政府及其安全生产监督管理部门通报。

事故报告的主要内容：

① 事故发生的时间、地点、区间（线名、公里、米）、线路条件、事故相关单位和人员。

② 发生事故的列车种类、车次、机车型号、部位、牵引辆数、吨数、计长及运行速度。

③ 旅客人数、伤亡人数、性别、年龄以及救助情况，是否涉及境外人员伤亡。

④ 货物品名、装载情况，易燃、易爆等危险货物情况。

⑤ 机车车辆脱轨辆数、线路设备损坏程度等情况。

⑥ 对铁路行车的影响情况。

⑦ a) 事故原因的初步判断。铁路管理机构是铁路运输安全的区域监管主体，接到事故报告后，要及时赶赴现场，除履行组织抢救伤者等事故救援指责以外，还要利用专业知识、工作经验和监察手段，对事故原因作出初步判断。

b) 事故发生后采取的措施及事故控制情况。这是铁路管理机构对事故处理情况和事态控制的一个综合性报告，也是对事故处理的初步情况和对事故的初步控制情况进行的全面的描述和反应，是对事故进行下一步救援和处理的重要依据和参考。

⑧ 应当立即报告的其他情况。

事故报告后，人员伤亡、脱轨辆数、设备损坏等情况发生变化时，应及时补报。

事故现场通话按"117"立接制应急通话级别办理。

2. 事故调查

1) 事故调查组的组建权限

特别重大事故按《条例》规定由国务院或国务院授权的部门组织事故调查组进行调查。

重大事故由铁路监管部门组织事故调查组进行调查。调查组组长由铁路监管部门负责人或指定人员担任，中国国家铁路集团有限公司安全监督管理局、运输局、公安局等部门和铁路监管部门派出机构、地区安全监管部门及相关铁路局安全监管部门（单位）派员参加。

较大事故和一般事故由事故发生地铁路安全监管部门组织事故调查组进行调查。调查组组长由安全监管部门负责人或指定人员担任，安全监管部门、有关业务处室、公安机关等部门派员参加。

国务院铁路主管部门认为有必要时，可以参与或者直接组织对较大事故和一般事故进行调查。

根据事故的具体情况，事故调查组还可由工会、监察机关有关人员以及有关地方人民政府、公安机关、安全生产监督管理部门等单位派人组成，并应当邀请人民检察院派人参加。事故调查组认为必要时，可以聘请有关专家参与事故调查。

发生一般 B 类以上、重大以下事故（不含相撞的事故），涉及其他安全监管部门辖区时，事故发生地安全监管部门应当在事故发生后 12 小时内发出电报通知相关安全监管部门。相关安全监管部门接到电报后，应当立即派员参加事故调查组。

自事故发生之日起 7 天内，因事故伤亡人数变化导致事故等级发生变化，依照《条例》规定由上级机关调查的，原事故调查组应当及时报告上级机关。

2) 事故调查组的职责

查明事故发生的经过、原因、人员伤亡情况及直接经济损失。

认定事故的性质和事故责任。

提出对事故责任者的处理建议。

总结事故教训，提出防范和整改措施建议。

提交事故调查报告。

事故调查组在事故发生后应当及时通知相关单位和人员；一般 B 类以上、重大以下的事故（不含相撞的事故）发生后，应当在 12 小时内通知相关单位，接受调查。

事故调查组到达现场前，组织事故调查组的机关可指定临时调查组组长，组成临时调查组，勘察现场，掌握人员伤亡、机车车辆脱轨、设备损坏等情况，保存痕迹和物证，查找事故线索及原因，做好调查记录，及时向事故调查组报告。

事故调查组到达后，发生事故的有关单位必须主动汇报事故现场真实情况，并为事故调查提供便利条件。事故发生单位的负责人和有关人员在事故调查期间应当随时接受事故调查组的询问，如实提供有关资料和物证。

事故调查组有权向有关单位和个人了解与事故有关的情况，并要求其提供相关文件、资料，有关单位和个人不得拒绝。

3）专业小组的职责

事故调查组根据需要，可以组建若干专业小组，进行调查取证。

搜集事故现场物证、痕迹，测量并按专业绘制事故现场示意图，标注现场设备、设施、遗留物的名称、尺寸、位置、特征等。

需要搬动伤亡者、移动现场物体的，应做出标记，妥善保存现场的重要痕迹、物证；暂时无法移动的，应予守护，并设明显标志。

询问事故当事人及相关人员，收取口述、笔述、笔录、证照、档案，并复制、拍照。不能书写书面材料的，由事故调查组指定人员代笔记录并经本人签认。无见证人或者当事人、相关人员拒绝签字的，应当记录在案。

对事故现场全貌、方位、有关建筑物、相关设备设施、配件、机动车、遗留物、致害物、痕迹、尸体、伤害部位等进行拍照、摄像。及时转储、收存安全监控、监测、录音、录像等设备的记录。

收取伤亡人员伤害程度诊断报告、病理分析、病程救治记录、死亡证明、既往病历和健康档案资料等。

对有涂改、灭失可能或以后难以取得的相关证据进行登记封存。

查阅有关规章制度、技术文件、操作规程、调度命令、作业记录、台账、会议记录、安全教育培训记录、上岗证书、资质证书、承（发）包合同、营业执照、安全技术交底资料等，必要时将原件或复印件附在调查记录内。

对有关设备、设施、配件、机动车、器具、起因物、致害物、痕迹、现场遗留物等进行技术分析、检测和试验，组织笔迹鉴定，必要时组织法医进行尸表检验或尸体解剖，并写出专题报告。

脱轨事故发生后，在全面调查的基础上，必要时应对事故地点前后一定长度范围内的线路设备进行检查测量，并调阅近期内该段线路质量检测情况；对事故地点后方（列车运行相反方向）一定长度的线路范围内，有无机车车辆配件脱落、刮碰行车设备的痕迹等进行检查，对脱轨列车中有关的机车车辆进行检查测量，并调阅脱轨机车车辆近期内在其他线路上的运行情况监测记录。

事故调查中需要对相关的铁路设备、设施进行技术鉴定或者对财产损失状况以及中断铁路行车造成的直接经济损失进行评估的，事故调查组应当委托具有国家规定资质的机构进行技术鉴定或者评估。技术鉴定或者评估所需时间不计入事故调查期限。

各专业小组应按调查组组长的要求，及时提交专业小组调查报告。调查组组长应组织审议专业小组调查报告，并研究形成《铁路交通事故调查报告》，由调查组所有成员签认。调查组成员意见不一致时，应在事故报告中分别进行表述，报组织调查的机关审议、裁定。

事故调查中发现涉嫌犯罪的，事故调查组应当及时将有关证据、材料移交司法机关。

4）事故调查报告内容

《铁路交通事故调查报告》应包括下列内容：

事故概况；

事故造成的人员伤亡和直接经济损失；

事故发生的原因和事故性质；

事故责任的认定以及对事故责任者的处理建议；

事故防范和整改措施建议；

与事故有关的证明材料。

5）事故调查期限

事故调查组应在下列期限内向组织事故调查组的机关提交《铁路交通事故调查报告》：

① 特别重大事故的调查期限为 60 天；

② 重大事故的调查期限为 30 天；

③ 较大事故的调查期限为 20 天；

④ 一般事故的调查期限为 10 天。

事故调查期限自事故发生之日起计算。

事故调查组形成《铁路交通事故调查报告》，报组织事故调查的机关同意后，事故调查组的工作即告结束。铁路安全监管部门应在事故调查组工作结束后 15 天之内，根据事故报告，制作事故认定书，送达相关单位。

一般 B 类以上、重大以下事故（相撞事故为较大事故）的档案材料，应报铁路监管部门备案（3 份）。

事故调查组成员在事故调查工作中应诚信公正、恪尽职守，遵守事故调查组的纪律，保守事故调查的秘密。未经事故调查组组长允许，调查组成员不得擅自发布有关事故的调查信息。

调查事故应配备必要的调查设备和装备，保证调查工作顺利进行。调查设备和装备包括通信设备、摄影摄像设备、录音设备、绘图制图设备、便携电脑以及其他必要的装备。

6）事故调查认定书的制作

《铁路交通事故认定书》是事故赔偿、事故处理以及事故责任追究的依据。

事故认定书应按照铁路监管部门规定的统一格式制作，内容包括：

事故发生的原因和事故性质。

事故造成的人员伤亡和直接经济损失。

事故责任的认定。

对有关责任单位及人员的处理决定或建议。

事故责任单位接到《铁路交通事故认定书》后，于 7 天内，填写《铁路交通事故处理报告表》（安监报 2），按规定报送《铁路交通事故认定书》制作机关并存档。

3. 事故责任判定和损失认定

1）事故责任判定

从法律角度讲，事故分为责任事故和非责任事故。

事故责任分为全部责任、主要责任、重要责任、次要责任、无责任和同等责任。

铁路运输企业或相关单位发布的文电，违反法律法规、铁路规章或相关技术标准、作业标准等，直接导致事故发生的，定发文电单位责任。

因设备管理不善造成的事故，定设备管理单位责任。

因产品质量不良造成事故，定产品供应商或制造、检修单位责任；应采用经行政许可或强制认证的产品而采用其他产品的，追究采用单位责任；采购不合格或不达标产品的，追究采购单位责任。

自然灾害原因导致的事故，因防范措施不到位，定责任事故。确属不可抗力原因导致的事故，定非责任事故。

营业线施工中发生责任事故，属工程建设、设计、监理、施工等原因造成的，定上述相关单位责任；同时追究设备管理单位责任。

已经竣工验收的设备，因质量问题发生责任事故，确属工程建设、设计、施工、监理等单位责任的，定上述相关单位责任；属设备管理不善的，定设备管理单位责任。

涉嫌人为破坏造成的事故，在公安机关确认前，定发生单位责任事故；经公安机关确认属人为破坏原因造成的，定发生单位非责任事故。

机车车辆断轴造成事故，由于探测、监测工作人员违章违纪或设备不良、管理不善等原因造成漏报、误报或预报后未及时拦停列车的，定相关单位责任。由于货物超载、偏载造成车辆断轴事故，定装车站或作业站责任。

因列车折角塞门关闭造成事故，无法判明责任的定发生地铁路运输企业责任事故。

错误办理行车凭证发车或耽误列车事故的责任划分：未开放出站（进路）信号机，司机擅自启动列车，定机务单位责任；司机发现未动车，定车站责任；通过列车司机未及时发现，定机务单位责任；司机发现及时停车，定车站责任；车站发现错误及时纠正，未耽误列车，不定责任。

应停车的客运列车在车站错办通过，定车站责任；在区间乘降所错误通过，定机务单位责任。

因断钩导致列车分离事故，断口为新痕时定机务单位责任（司机未违反操作规程的除外），断口旧痕时定机车车辆配属或定检单位责任；机车车辆车钩出现超标的砂眼、夹渣或气孔等铸造缺陷定制造单位责任。

未断钩造成的列车分离事故根据具体情况进行分析定责。

因货物装载加固不良造成事故，定货物承运单位责任；属托运人自装货物的，定托运人责任，货物承运单位监督检查失职的，追究货物承运单位同等责任。

因调车作业超速连挂和"禁溜车"溜放等造成货物装载加固状态破坏而引发的事故，定违章作业站责任；因押运人员在运输途中随意搬动货物和降低货物装载加固质量而引发的事故，定押运人员所在单位责任，货物承运单位管理失职的，追究同等责任；货检人员未认真履行职责的，追究货检人员所在单位同等责任。因卸车质量不良造成事故，定卸车单位责任，同时追究负责检查的单位责任。

自轮运转设备编入列车因质量不良发生事故时，定设备配属单位责任；过轨检查失职的，定检查单位责任；违规挂运的，定编入或同意放行的单位责任。

因临时租（借）用其他单位的设备设施、人员，发生事故，定使用单位责任。

产权单位委托其他单位维修设备设施，因维修质量不良造成事故，定维修单位责任；产权单位管理不善的，追究其同等责任。

凡经中国国家铁路集团有限公司批准或铁路运输企业批准并报中国国家铁路集团有限公司核备后的技术革新项目、科研项目在运营线上试验时，在限定的试验期限内确因试验项目本身原因发生事故，不定责任事故；但由于违反操作规程以及其他人为因素造成的事故，定责任事故。

事故发生后，因发生单位未如实提供情况，导致不能查明事故原因和判定责任的，定发生单位责任。

事故涉及两个以上单位管理的相关设备，设备质量均未超过临修或技术限度时，按事故因果关系进行推断，确定责任单位。

事故调查组未及时通知有关单位接受事故调查，不得定有关单位责任。有关单位接到通知后，应派员而未派员接受事故调查的，事故调查组可以直接定责。

铁路作业人员在从事与行车相关的作业过程中，不论作业人员是否在其本职岗位，由于违反操作规程、作业纪律，或铁路运输生产设备设施、劳动条件、作业环境不良，或安全管理不善等造成伤亡，定责任事故。具体情形按以下规定办理：

乘务人员及其他作业人员在企业内候班室、外地公寓、客车宿营车等处候班、间休期间，因违章违纪、设备设施不良等造成伤亡，定有关单位责任。

作业人员在疏导道口、引导或帮助旅客上下车、维持站车秩序过程中被列车撞轧而伤亡的，定作业人员所在单位责任。

事故发生过程中，作业人员在避险或进行事故抢险时因违章作业再次发生伤亡，应按同一件事故定责；事故过程已终止，在事故救援、抢修、复旧及处理中又发生事故导致伤亡的，按另一件事故定责。

铁路运输企业所属临管铁路发生的责任伤亡事故，定该企业责任事故。

作业人员在工作或间歇时间擅自动用铁路运输设备设施、工具等导致伤亡的，定该作业人员所在单位责任事故，同时追究设备设施配属（或管理）单位的责任。

作业人员因患有职业禁忌症而导致行为失控，造成伤亡的，定该作业人员所在单位责任。

两个及以上铁路运输企业在交叉作业中发生伤亡，定主要责任单位事故；若各方责任均等，定伤亡人员所在单位责任，同时追究其他相关单位责任。若各方责任均等且均有人员伤亡，分别定责任事故。

作业人员发生伤亡，经二级以上医院、急救中心诊断或经法医检验、解剖，证明系因脑出血、心肌梗死、猝死等突发性疾病所致，并按事故处理权限得到事故调查组确认的，不定责任事故。医院等级不够的，须经法医进行尸表检验或尸体解剖鉴定。法医尸检或解剖鉴定报告结论不确定的，定责任事故。

作业人员伤亡事故原因不清，或公安机关已立案但尚无明确结论的，定责任事故。暂时不能确定事故性质、责任的，按待定办理。若跨年度仍不能确定或处理时间超过法定期限的，定伤亡人员所在单位责任。在年度考核截止前，该事故已查清并作出与原处理决定相反结论的，可向原处理部门申请更正。

铁路机车车辆与行人、机动车、非机动车、牲畜及其他障碍物相撞造成事故，按以下规定判定责任：

事故当事人违章通过平交道口或者人行过道，或者在铁路线路上行走、坐卧造成人身伤亡，定事故当事人责任。

事故当事人逃逸或者有证据证明当事人故意破坏、伪造现场、毁坏证据，定事故当事人责任。

事故当事人违反国家法律法规，有明显过失的，按过错的严重程度，分别承担责任。

中国国家铁路集团有限公司、铁路安全监管部门及其人员未能依法履行职责，发生下列情形之一的，应当追究其行政责任，涉嫌犯罪的，移送司法机关处理：

违反国家颁布的技术标准或铁路企业颁布的规章、技术管理规程和作业标准，擅自颁布部门技术标准，导致事故发生的，追究相关部门及其人员的责任。

在实施行政许可、强制认证、技术审查或鉴定以及产品设备验收等监督管理职责的过程中，违反法定权限、法定程序和有关规定，或对相关产品设备等监督检查不力，造成不合格、不达标产品设备等投入运用，导致事故发生的，追究相关部门及其人员的责任。

2）事故损失认定

事故相关单位要如实统计、申报事故直接经济损失，制作明细表，经事故调查组确认后，在《铁路交通事故认定书》中认定。

下列费用列入事故直接经济损失：

铁路机车车辆、线路、桥隧、通信、信号、供电、信息、安全、给水等设备设施的损失费用。报废设备按报废设备账面净值计算，或按照市场重置价计算；破损设备设施按修复费用计算。

铁路运输企业承运的行包、货物的损失费用。

事故中死亡和受伤人员的处理、处置、医治等费用（不含人身保险赔偿费用）。

被撞机动车、非机动车、牲畜等财产物资，造成的报废或修复费用。

行车中断的损失费用。

事故应急处置和救援费用。

其他与事故直接有关的费用。

有作业人员伤亡的，直接经济损失统计范围、计算方法等按《企业职工伤亡事故经济损失统计标准》执行。

负有事故全部责任的，承担事故直接经济损失费用的100%；负有主要责任的，承担损失费用的50%以上；负有重要责任的，承担损失费用的30%以上、50%以下；负有次要责任的，承担损失费用的30%以下。

有同等责任、涉及多家责任单位承担损失费用时，由事故调查组根据责任程度依次确定损失承担比例。

负同等责任的单位，承担相同比例的损失费用。

4. 事故统计、分析

国务院铁路主管部门、安监办铁路运输企业及基层单位应按照规定，建立事故统计分析制度，健全统计分析资料，并按规定及时报送。

各级安全监察部门负责事故统计分析报告的日常工作，并负责监督指导有关部门（单位）做好事故统计分析报告工作。

事故的统计报告应当坚持及时、准确、真实、完整的原则。

事故的统计应按照事故类别、等级、性质、原因、部门、责任等项目分别进行统计。

每日事故的统计时间，由上一日18:00起至当日18:00止。但填报事故发生时间时，应以实际时间为准，即以零点改变日期。

责任事故件数统计在负全部责任、主要责任的单位，非责任事故和待定责事故件数统计在发生单位，相撞事故统计在发生单位。

负同等责任或追究同等责任的，在总数中不重复统计件数。

一起事故同时符合两个以上事故等级的，以最高事故等级进行统计。

发生人员伤亡的事故应按以下规定统计：

人员在事故中失踪，至事故结案时仍未找到的，按死亡统计。

事故受伤人员因正常手术治疗而加重伤害程度的，按手术后的伤害程度统计。

事故受伤人员经救治无效，在7天内死亡，按死亡统计；经医疗事故鉴定委员会确认为医疗事故的，或7天后死亡的，按原伤害程度统计。

事故受伤人员在7天内由轻伤发展成重伤的，按重伤统计。

未经医疗事故鉴定委员会确认为医疗事故的伤亡，按责任事故统计。

相撞事故发生后，经调查确认为自杀、他杀的，不在伤亡人数中统计。

铁路各级安全监察部门应建立《铁路交通事故登记簿》（安监统1）、《铁路交通事故统计簿》（安监统2）、《铁路运输企业安全天数登记簿》（安监统3）、《铁路交通事故作业人员伤亡统计簿》（安监统4）和《铁路交通事故分析会记录簿》。铁路运输企业专业部门、各基层站段应分别填记《铁路交通事故登记簿》（安监统1），并建立《铁路交通事故分析会记录簿》。

铁路运输企业专业部门、各基层站段应按以下规定填写、传送、管理各种事故报表：

铁路各级安全监察部门须建立《铁路交通事故概况表》（安监报1）和《铁路交通事故基本情况表》（安监报3）的管理制度，规范统计、分析、总结、报送及保管工作。要及时补充填记安监报3各项内容，事故结案后，必须准确填写。铁路运输企业调度部门应当及时、如实填写《铁路交通事故概况表》（安监报1），建立登记簿，进行统计分析，并制定管理制度。铁路运输企业的专业部门应当建立安监报1登记簿，认真统计分析。

铁路运输企业安全监管办须建立《铁路交通事故处理报告表》（安监报2）管理制度。基层单位按要求做好填记上报。《铁路交通事故处理报告表》（安监报2）保管三年。

铁路运输企业安全监管办于月、半年、年度后次月5天内填写《铁路交通事故报告表》（安监报4），上报中国国家铁路集团有限公司安全监督管理局。安监报4长期保存。

铁路运输企业安全监管办于月、半年、年度次月后5天内填写《铁路交通事故路外伤亡统计分析表》（安监报5），上报铁路监管部门。安监报5长期保存。

《铁路交通事故报告表》（安监报4）是安全管理部门绝对的基础资料，任何时候都要统计好、保管好，不能用其他统计资料而顶替安监报4。

有从业人员伤亡的事故，事故发生单位填写《铁路作业人员伤亡概况表》（安监报6-1），上报铁路运输企业安监室；一般B类以上事故，由安监室填写《铁路作业人员伤亡概况表》（安监报6-1），上报中国国家铁路集团有限公司。

铁路运输企业安全监管办于次月5日前（次年1月10日前），填写《铁路作业人员伤亡统计报表》（安监报6-2），报中国国家铁路集团有限公司安全监督管理局。

中国国家铁路集团有限公司所属企业每月27日前将本月安全分析总结上报中国国家铁路集团有限公司安全监督管理局。企业内部各业务部门须按月、半年、年度，对本系统事故进行分析总结，向上级主管部门报告，并抄送同级安全监察部门。

合资铁路、地方铁路、专用铁路须按月、半年、年度，对本单位事故进行分析，并报安全监管办。

5. 法律责任与罚则

铁路运输企业及其职工违反法律、行政法规的规定，造成事故的，由中国国家铁路集团有限公司或者铁路安全监管办依法追究行政责任。构成犯罪的，依法追究刑事责任。

（1）铁路运输企业及其职工迟报、漏报、瞒报、谎报事故的，对单位，由铁路安全监管部门处 10 万元以上 50 万元以下的罚款；对个人，处 4 000 元以上 2 万元以下的罚款；属于国家工作人员的，依法给予处分；构成犯罪的，依法追究刑事责任。

（2）安全监管办迟报、漏报、瞒报、谎报事故的，由中国国家铁路集团有限公司对直接负责的主管人员和其他直接责任人员依法给予处分；构成犯罪的，依法追究刑事责任。

（3）干扰、阻碍事故调查处理的，对单位，由中国国家铁路集团有限公司或铁路安全监管办处 4 万元以上 20 万元以下的罚款；对个人，处 1 万元以上 5 万元以下的罚款；情节严重的，对单位，由铁路安全监管办处 20 万元以上 100 万元以下的罚款；对个人，处 1 万元以上 5 万元以下的罚款；属于国家工作人员的，依法给予处分；构成违法治安管理行为的，由公安机关依法给予治安管理处罚；构成犯罪的，依法追究刑事责任。

（4）在事故调查中，调查人员索贿受贿、借机打击报复或不负责任，致使调查工作有重大疏漏的，由组成事故调查组的机关给予处分，构成犯罪的，依法追究刑事责任。

6. 运输事故的影响

1）运输事故的两重性

运输事故存在两重性：一方面运输事故给过国家财富和人民生命财产带来不同程度的损失，阻碍铁路运输的改革和发展，损失重大的事故还会给社会带来不安定的因素；另一方面，运输事故也有一些特殊作用。首先是反面教材的作用，事故向人们形象地展示破坏的恶果，教育人们必须按照安全生产规律办事。其次是非正常条件下破坏性（或接近破坏）科学试验的作用。运输系统发生了事故，说明该系统人、机、环境等要素存在考虑不周和相互关系失调等问题，从而以事故形式弥补了系统设计时应做而没有做或想做而无法做的试验，进而改变系统的原设计，使系统的设备质量、环境条件、作业组织及其相关规定得到改善。最后，事故所提供的信息、资料也可能促进与安全学科密切相关的其他学科发展。因此，必须在千方百计防止事故的同时，加倍重视已发生事故的上述作用，充分研究和利用事故给我们提供的一切信息、数据和资料，为有效控制事故，发展安全科学技术服务。

2）运输事故两重性的积极转化过程

事故既有消极的一面，又有积极的一面，从消极向积极的转变不是自发形成的，而是通过人们对事故信息资源的研究和利用才能实现消极作用向积极作用的转化。

事故在初期只有消极作用，直接使运输系统中的人或物受到伤害或损坏，从而使运输生产中断或受到严重威胁，影响经济效益和职工情绪，挫伤职工的生产积极性和创造性。同时还有可能引起受伤害职工家庭、附近居民及社会公民的抱怨和愤懑，在社会上造成不良影响。此时，事故单位和主管部门会受到来自企业内部和社会各方面的压力，对此，如果各级领导和广大职工以对国家对人民对自己负责的态度变压力为动力，按照"三不放过"的原则，充分利用事故的反面教材作用，对职工实施案例教育，并组织科技力量，全面深入细致地分析研究事故，开发事故信息资源，弄清事故发生机理，吸取教训，采取措施，防止类似事故再次发生，这是事故转化的中期阶段。在这个基础上，依据现代科学技术，探索改善系统安全状况及提高运输系统整体功能和安全生产水平的新思想、新手段、新方法，或者以事故提供的特殊信息为线索，研究开发新的事故控制技术，改进运输安全技术设备，改善运输安全系统管理方法，这样就完成了事故的消极作用和积极作用的转化过程。

3）运输事故两重性的积极转换条件

（1）认识和把握事故的运动规律。事故与一切事物一样，也具有它的运动变化规律。一是突然变化，这是指事故的形成是各种不安全因素（或障碍）由量变到质变的结果。当危险因素长期存在，安全管理又比较放松，违章违纪现象就会增多，隐患就会越来越严重，险情就会不断发生，如果熟视无睹，听之任之，不采取措施，就会造成事故。因此，不仅对事故要做到"三不放过"，对违章、违纪、事故苗头、人员轻伤等也要"小题大做"，特别是对那些未遂事故、无伤害事故，一定要当作事故来认真分析处理，吸取教训，采取措施，这样才能做到防患于未然。二是不断变化，运输生产中的主客观情况处于不断变化之中，各种变化都会给安全生产带来影响。实际上许多事故的发生原因都涉及人、机、环境的变化就说明了这一点。所以不能正确对待变化了的情况易导致事故发生，而情况变化也可能形成较为安全的条件，关键在于以变应变。不断揭露矛盾，解决矛盾，不断发现新情况，研究新问题，采取有针对性的措施，就能有效地防止事故。反之，如果对变化的情况反应迟钝，甚至麻木不仁，对容易导致事故发生的新情况、新问题不采取措施，就会贻误时机，酿成大错。

（2）挖掘事故信息资源。形形色色的事故现场有许多宝贵的事故信息，必须广泛收集和充分利用。事故现场中，无论是与事故有关受到伤害的人员，还是被损坏的运输技术设备及作业环境，都可以从中获取有益于研究分析事故的各种信息、资料。为了使事故调查取证得到真实的情况，事故发生后应严格保护现场，防止无意的破坏和有意的伪造现场。采取测绘、拍照、录像等现代手段保留现场原始状况。事故调查委员会或调查组的组成，除领导和管理人员外，必须选择熟悉事故系统的有关专家参加。这些专家应当是有特殊专长，又与事故发生无关联的科技工作者，以便客观公正地从系统整体出发分析事故，提供解决系统安全问题的基本思路。事故调查应重证据，重调查研究，搜集事故现场中的一切有关痕迹、物证，调查一切与事故有关的人证，谨防人为误导。

（3）实事求是地分析事故。根据事故的调查取得大量的事故信息，经过去伪存真，并结合以往同类事故的累积资料，分析确定事故发生的过程和原因。当事故信息不足以定论时，则应采取必要的试验（实验）手段来辨别真伪，作出符合实际的结论。事故分析应当是以事实为依据的科学分析，不应以个人的主观意志为转移。

（4）有效利用事故信息资源。事故信息资源的有效利用应侧重于事故后的科技进步效应和宣传教育效应。安全监察部门在完成事故调查分析、严肃处理后，应向有关方面，特别是科研单位通报事故情况，促使人们在吸取事故教训的同时，认真思考能否利用这些信息研究或开辟新的科技领域，应用新的安全技术和措施，并组织科技攻关，务求改进运输系统的安全功能。宣传教育效应体现在事故处理上，事故处理的目的不是"整人"，而是教育人。除故意破坏外，事故责任者的本意，并不愿意发生事故，由于一定的主客观原因，作业人员忽视了安全生产纪律，违反了规章制度，而造成事故机器损失的严重影响。这就需要加大宣传力度，扩大事故的反面教材作用。绝不能因为怕处理、怕罚款、怕影响企业形象或个人发展而千方百计隐瞒事故、逃避事故责任和处罚，否则，只能造成双重损失，即事故损失和事故信息资源损失。

（5）建立健全事故档案。按系统、分类别建立完善的事故档案及其管理制度，可以为安全科技发展提供依据，为安全教育提供生动的素材。

2.2.4 知识拓展

发生事故的列车种类，是指货车、客车；机车型号是指电力机车、内燃机车、动车组；车次是指对客、货列车编组后开行车次的名称；事故发生部位，是指事故发生在列车中的具体位置，如发生在第几车厢等。列车编组包括列车牵引辆数、吨位、车辆换算程度（计长）以及是否编有特种车辆等。

违法行为主体包括两类：一类是铁路运输企业；另一类是铁路运输企业职工。

（1）违法行为：铁路运输企业和其他有关单位、个人应当遵守铁路运输安全管理的各项规定，防止和避免事故的发生。违法行为是指铁路运输企业及其职工违反法律、行政法规导致发生铁路交通事故的行为。

（2）法律责任分行政责任和刑事责任。

① 行政责任。对单位、个人的惩罚。行政处罚主要有：警告、通报批评；罚款、没收非法所得、没收非法财物；暂扣许可证件、降低资质等级、吊销许可证件；限制开展生产经营活动、责令停产停业、限制从业；行政拘留；法律、行政法规规定的其他行政处罚。

② 刑事责任。对违反法律、行政法规的规定，造成事故构成犯罪的铁路运输企业及其职工，依法追究刑事责任。《中华人民共和国刑法》（2021年3月1日）规定，铁路职工违反规章制度，致使发生铁路运营安全事故，造成严重后果的，处3年以下有期徒刑或者拘役；造成特别严重后果的，处3年以上7年以下有期徒刑。

任务 2.3　铁路交通事故救援

2.3.1 拟完成的任务

2020年3月30日11时40分，受连日降雨影响，湖南省郴州市永兴县境内京广线马田墟至栖凤渡站下行K1855+778 m处发生塌方，T179次（济南—广州）旅客列车行驶至该处时撞上滑塌体脱轨。机车及机后第1~8节车辆脱轨，其中机后第1节脱轨颠覆起火。事故发生后，交通运输部、国家铁路局、应急管理部、中国国家铁路集团有限公司等组成联合工作组赶赴现场，指导开展应急处置工作。当地迅速组织消防救援队伍147名指战员、28辆消防车和铁路救援力量到场处置。救援人员成立2个灭火攻坚组、4个破拆救人组，迅速出枪灭火，及时疏散、抢救人员，对每节车厢进行三轮搜救。经过全力奋战，搜救和疏散128名人员，妥善转运525名旅客，明火于3月30日13时50分被扑灭，铁路于3月31日9时48分恢复运行。

思考：1. 在此次事故中，我们开展救援工作的组织有哪些？

2. 开展救援工作用到的救援设备和救援方法有哪些？

2.3.2 任务目的

1. 了解铁路事故救援组织的设立、管理及救援列车的开行办法，认识各种机车车辆起复工具；
2. 具备简单的车辆起复能力；
3. 培养吃苦耐劳的工作作风，不怕困难的工作精神。

2.3.3 相关配套知识

事故救援是指隔离事故区域、抢救生命财产、防止事故扩大和蔓延、清理事故现场、抢修损坏设备，开通线路，恢复行车的一切有组织的行为。为了减少事故损失，尽快开通线路恢复行车，铁路发生交通事故后，应积极组织救援。

事故应急救援工作应当遵循"以人为本、逐级负责、应急有备、处置高效"的原则。

事故发生后，列车司机等现场铁路现场工作人员应当立即采取停车措施，并按规定对列车进行安全防护。遇有人员伤亡时，应当向邻近车站或者列车调度员请求施救，并将伤亡人员移出线路、做好标记，有能力的应当对伤员进行紧急施救。

为保障铁路旅客安全或者因特殊运输需要不宜停车的，可以不停车。但是，列车司机等现场铁路工作人员应当立即将事故情况报告邻近车站、列车调度员，接到报告的邻近车站、列车调度员，接到报告后应当立即组织处置。

客运列车发生事故造成车内人员伤亡或者危及人员安全时，列车长应当立即组织车上人员进行紧急施救，稳定人员情绪，维护现场秩序，并向邻近车站或者列车调度员请求施救。

发生列车火灾、爆炸、危险货物泄漏等事故时，现场铁路工作人员应当尽快组织疏散现场人员并采取必要的防护措施。

事故发生后影响本线或者邻线行车安全时，现场铁路工作人员应当立即按规定采取紧急防护措施。

国务院铁路主管部门应当成立事故应急救援领导小组并设工作机构，建立健全工作制度，制定和完善事故应急救援预案，按照国家规定的权限和程序，组织、指挥、协调事故应急救援工作。

各铁路安全监督管理办公室应当指导、督促铁路运输企业落实事故应急救援的各项规定，依法组织、指挥、协调本辖区内的事故应急救援工作。

铁路运输企业应当相应成立事故应急救援领导小组并设工作机构，建立健全工作制度，制定和完善事故应急救援预案，加强救援队、救援列车的建设，负责事故应急救援的人员培训、装备配置、物资储备、预案演练等基础工作，积极开展事故应急救援。

1. 铁路交通事故救援组织

我国铁路事故救援组织由机务部门负责管理，各铁路局集团公司机务部门均设专人负责事故救援工作。在规定地点（主要干线上的技术站所在地）设置适当等级的救援列车，在无救援列车的技术站或较大的中间站，组织救援队。

1）救援组织类型

（1）事故救援列车。

各局救援列车的增设、调整应报中国国家铁路集团有限公司审批，并在《普速铁路行车组织规则》（2018年4月1日）和《高速铁路行车组织细则》（2018年4月1日）中公布。救援列车为当地机务段独立车间一级单位，受机务段段长的直接领导。

救援列车设主任一名，领导救援列车的全部工作。救援列车专业人员为救援工作的骨干力量，由机务段挑选身体健康、责任心强、具有一定技术业务水平的人担任，无特殊理由不得变动。救援列车职工应集中居住于救援列车附近的住宅，具有较为方便的通信工具，以保证迅速集结与出动。休班时间应尽量在家休息，必须离开住宅时，应向主任说明去向。

救援列车的基本任务是：

① 担负救援列车管辖区域的交通事故救援，及时起复机车车辆，清除线路上的障碍，开通线路，保证迅速恢复行车。

② 负责救援列车管辖区域内各救援队的技术训练和业务指导，以及工具备品的配置、改进、修理和补充工作。

③ 不断分析和总结救援工作的先进经验，改进事故救援方法。

（2）事故救援班。

在救援列车所在地，由各站、段、医院挑选有救援经验的职工10～15名，分别组成不脱产的救援班。救援班是救援列车的后备力量，其任务是补充救援列车专业人员和技术力量的不足，保证救援任务的顺利完成。

① 救援班班长由各单位领导者担任，报上级领导批准后，告知救援列车主任。

② 各单位救援班的具体人数和召集办法，由救援列车主任考虑，商得各单位领导同意确定。救援班的人员素质除身体健康外，还应注意技术专长的搭配，人员有变动时应及时补充并告知救援列车主任。

各救援班按调度命令出动。事故救援班所属单位值班人员接到出动的调度命令后，救援班长应立即召集本单位救援班人员迅速赶到救援列车处报到，听从救援列车主任指挥，与救援列车协同行动。

（3）事故救援队。

在铁路局集团有限公司批准的无事故救援列车的车站上，组织事故救援队，救援队为不需要出动救援列车时处理轻微脱轨事故的组织。遇有重大、大事故，有必要时，也应参加救援列车的救援工作。

① 救援队的组成。救援队设队长1名、救援队员15～20名（由车站、机务、车辆、工务、电务、供电、水电、卫生等部门的人员组成）。

② 救援队的任务。积极抢救负伤人员或送附近医院抢救治疗；采取一切措施，起复机车车辆，清除线路上的一切障碍物，迅速恢复行车；如事故严重时，应于救援列车到达前做好救援准备工作；保护铁路财产及运输物资（行李、包裹、货物）的安全。

③ 救援队的召集出动。救援队所在地设有电话所或电话总机的，救援队长所在单位接到救援调度命令后，立即用电话通知电话所领班，由电话员直接通知救援队有关单位。

在无电话所的车站，由车站值班员直接通知有关单位。

有关单位接到出动调度命令后，立即通知救援队长并召集本单位的救援队员，在30 min

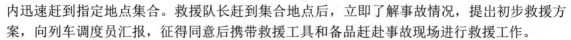

内迅速赶到指定地点集合。救援队长赶到集合地点后，立即了解事故情况，提出初步救援方案，向列车调度员汇报，征得同意后携带救援工具和备品赶赴事故现场进行救援工作。

2）基本任务

国家铁路、合资铁路、地方铁路、专用铁路和铁路专用线发生事故，造成人员伤亡、财产损失、中断行车及其他影响铁路正常行车，需要实施应急救援的，事故救援组织应当在第一时间开展救援工作。

事故救援的总目标是通过有效的应急救援行动，尽可能地降低事故的后果，包括人员伤亡、财产损失和环境破坏等。

事故发生后，铁路运输企业和其他有关单位应当及时、准确地报告事故情况，积极开展应急救援工作，减少人员伤亡和财产损失，尽快恢复铁路正常行车。在应急救援行动中，快速、有效、有序地实施现场急救与安全转送伤员是降低伤亡率、减少事故损失的关键。

2. 铁路交通事故救援设备

在中国国家铁路集团有限公司指定地点设事故救援列车、电线路修复车、接触网检修车，并经常处于整备待发状态，其工具备品应保持齐全整洁、作用良好。

机车、动车、重型轨道车上应备有复轨器。

救援队在车站的适当处所的备品室（库）内存放必备的起复救援工具、备品、器材，如人字形复轨器、海参形复轨器、千斤顶、钢丝绳、大锤、短钢轨等。

1）救援列车

（1）救援列车的编组。

救援列车一般由轨道起重机及游车、工具车、发电车、救护车、办公宿营车、炊事车、备品车、平车、水槽车、装有拖拉机的棚车等车辆组成，轨道起重机应挂于救援列车的一端，不得挂于中间。救援列车应编成完整的车列，所有车辆应全部连接完好并接通制动软管，制动机作用保持良好。

（2）救援列车的停放。

救援列车应停留在固定使用的机务段段管线或所在车站的站线上，该线路应两端贯通，不需转线即可直接发车进入区间。救援列车停留线两端的道岔应扳向不能进入该线的位置并加锁，钥匙由段（站）值班员或救援列车值班员保管。

救援列车所在地点，应设有办公室及生产、生活用房屋，办公室应装设值班电话。

2）电线路修复车

为了修复因自然灾害或其他原因造成的信号、通信线路损坏，装有工具、器材的专用车辆，可随时编入救援列车开往事故现场。

3）接触网检修车

为了修复电气化铁道发生接触网断线、电杆及铁塔倒伏、瓷瓶破损等而特设的专用车。

4）车辆脱轨的起复工具

（1）人字形复轨器。

人字形复轨器两个为一组，左为"人"字形，右为"入"字形。使用时，先在脱轨车辆复轨方向一端，按照车轮距钢轨的距离，选择适当地点，将复轨器按左"人"右"入"的位置安放在钢轨上，其后端部须落在枕木上，再在头部与钢轨顶接触处加上防滑木片或棉丝、破布等，尾部用道钉钉固在枕木上，在腰部底下两侧充满石砟。如后部带串锁应使尾部与枕木边相齐，串锁由钢轨底下穿过。如复轨器前面带有加固板，应将加固板放在钢轨底部用螺丝与复轨器上部连结加固。人字形复轨器如图2-1所示。

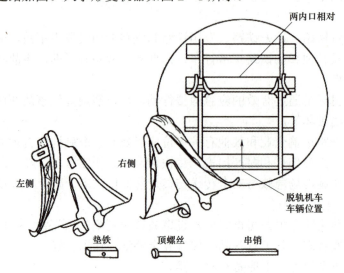

图2-1 人字形复轨器

使用人字形复轨器时，应注意以下几点：
① 必须摆放一致，并且左右分开。
② 不要在钢轨接头处和腐朽枕木上安装。
③ 如遇混凝土或腐朽枕木时，可根据具体情况在两枕木间插入枕木或枕木头并捣实，将复轨器安装在新插入的枕木上。
④ 复轨器固定后，在脱轨车轮的前方铺垫石砟，以免损坏轨枕和防止车轮改变方向。
⑤ 人字形复轨器适合于脱轨车轮离钢轨较远时的起复工作。

（2）海参形复轨器。

海参形复轨器一组两个，一个为外侧复轨器，安放于脱落在线路外侧的车轮的前方；另一个为内侧复轨器，安放于脱落在两钢轨之间的车轮的前方。海参型复轨器体小轻便，适用于脱轨车轮距离较近的起复工作。海参形复轨器如图2-2所示。

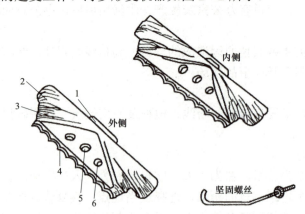

1—扒铜铁；2—轮缘侧向边；3—斜面；4—刺齿；5—用手握持复轨器用孔；6—斜面。

图2-2 海参形复轨器

海参形复轨器的使用方法如下：
① 内外侧复轨器必须摆齐。
② 外侧复轨器与基本轨要密贴，内测复轨器要与基本轨留出 35～40 mm 的间隙，以便轮缘通过。
③ 与人字形复轨器一样，复轨器必须固定在完好的或插入的轨枕上。
④ 禁止在钢轨接头附近摆放复轨器。
（3）手动简易复轨器。

手动简易复轨器是起复脱轨车辆的简易工具，它适用于中间小站、隧道、站台处，起复载重 60 t 及其以下发生脱轨的空重车辆。该起复器具有使用轻便、灵活、起复迅速、操作简便安全、便于携带、不需要动力机械等特点。

简易复轨器由起重部件和横向位移部件组成。

起重部件包括上滑铁板、滑盘、下滑铁板、顶起千斤顶、支撑千斤顶、千斤顶托、千斤顶托软盘、垫木。

横向位移部件包括横向移动千斤顶、拉链钩、拉杆、卸扣、牢销。

使用手动简易复轨器起复车辆的作业顺序：

第一步，用顶起千斤顶，顶起脱轨车辆（轮对轴身下面顶起）。

第二步，用横向移动千斤顶，将轮对推至对准钢轨上方。

第三步，落下顶起千斤顶，将轮对落在轨面上复位。

第四步，撤出手动简易复轨器。

3. 事故救援方法

救援工作应充分利用事故现场的地形、地物和设备条件，选择既快又安全的救援方案，尽量采用多种方法多处进行平行作业，争分夺秒，开通线路，恢复行车。

接到事故救援报告后，应当根据事故严重程度和影响范围，按特别重大、重大、较大、一般四个等级由相应单位、部门作出应急救援响应，启动应急预案。

特别重大事故的应急救援，由中国国家铁路集团有限公司报请国务院启动，或者由国务院授权的部门启动。

中国国家铁路集团有限公司在国务院事故应急救援领导小组的领导下开展工作，开通与国务院有关部门、事发地省级事故应急救援指挥机构以及现场事故救援指挥部的应急通信系统，征求有关专家建议及国务院有关部门意见提出事故应急救援方案，经国务院事故应急救援领导小组确定后组织实施，并派出专家和有关人员赶赴现场参加救援。

重大事故的应急救援，由中国国家铁路集团有限公司启动。

中国国家铁路集团有限公司事故应急救援工作机构应当组建现场事故应急救援指挥部（以下简称现场指挥部），并根据事故具体情况设立医疗救护、事故起复、后勤保障、应急调度、治安保卫、善后处理等工作组，开通与事发地铁路运输企业和现场指挥部的应急通信系统，咨询有关专家，确定事故应急救援具体实施方案，立即派出有关人员赶赴现场，调集各种应急救援资源，组织指挥应急救援工作。

必要时，协调请求事发地人民政府、当地驻军、武装警察部队提供支援。遇有超出本级应急救援处置能力时，及时向国务院报告。

较大事故、一般事故的应急救援，由安全监管办启动或者督促铁路运输企业事故应急救援工作机构启动，组织成立现场指挥部，并根据事故具体情况设立医疗救护、事故起复、后勤保障、应急调度、治安保卫、善后处理等工作组，开通与现场指挥部的应急通信系统，咨询有关专家，确定事故应急救援具体实施方案。

有关负责人和专业人员应当立即赶赴现场，调集各种应急救援资源，组织指挥应急救援工作。

必要时，由安全监管办协调事发地人民政府、当地驻军、武装警察部队提供支援。遇有超出本级应急救援处置能力时，及时向铁道部报告。

现场救援工作实行总指挥负责制，按照事故应急救援响应等级，由相应负责人担任总指挥，或者视情况由上级事故应急救援工作机构指定人员担任临时总指挥，统一指挥现场救援工作。

事故应急救援过程中，有关单位和个人应当妥善保护事故现场以及相关证据，并及时移交事故调查组。因应急救援需要改变事故现场时，应当做出标记、绘制现场示意图、制作现场视听资料，并做出书面记录。任何单位和个人不得破坏事故现场，不得伪造、隐匿或者毁灭相关证据。

事故救援完毕后，现场指挥部应当组织救援人员对现场进行全面检查清理，进一步确认无伤亡人员遗留，拆除、回收、移送救援设备设施，清除障碍物，确认具备开通条件后，立即通知有关人员按规定办理手续，由列车调度员发布调度命令开通线路，尽快恢复正常行车。

1）原线复轨开通法

原线复轨开通法是在脱轨的机车车辆堵塞线路时，利用复轨器、线路设备、千斤顶、轨道起重机等设备，采用拉、吊、顶等手段，使脱轨的车轮复轨，达到自轮运转，开通线路的目的。

原线复轨开通法是事故救援中普遍采用的方法，它具有复轨速度快、时间短、效率高，可一次复轨完毕，避免重复作业的优点，且较便线开通法和拉翻法节省人力、物力，也不会扩大机车车辆的破损程度。这种方法能把事故的损失和影响降至最低程度。因此，有条件时，应首先采用原线复轨开通法。

2）便线开通法

便线开通法一般是在事故现场两侧有可供利用的线路，或虽无线路可利用，但地势平坦，铺设便线较容易的情况下采用。

（1）借用线路拨道开通法。

当机车车辆颠覆脱轨事故发生在车站咽喉道岔区或站外附近某段线路上且正线两侧有牵出线或其他岔线线路可借用时，采用便线开通法，可以大大缩短正线中断时间。此时，应组织工务人员实施拨道开通正线。

（2）新铺便线开通法。

新铺便线工作量大、动用劳动力和路料数量多，开通时间长，仅在下列情况下采用：

① 堵塞正线的机车车辆或货物在较短时间内难以清除，正线两侧无其他线路可供利用，但地形适合铺设便线。

② 由于火灾或危险货物影响等原因，救援人员作业困难，而现场两侧具有铺设便线的条件时。

③ 在运输繁忙区段发生列车重大颠覆事故，机车车辆和线路破坏较为严重，但又必须迅速开通线路时，即使新铺便线有一定困难，但正线开通恢复行车后，可利用便线起复事故机车车辆，故仍可采用新铺便线开通法。

3）清除障碍原线开通法

清除障碍原线开通法是利用机车、起重机等动力机械，将堵塞线路的机车车辆清除出线路，然后抢修被破坏的线路，迅速恢复通车的方法。通畅采用移车法和拉翻法清除障碍。

（1）移车法。

移车法又分吊移和拉移两种方法。

吊移是利用轨道起重机吊起，将机车车辆吊离线路至临时位置，拉移是用人力或拖拉机等将机车车辆移开线路。

移车法的优点是不扩大车辆和货物的损失，用于装载危险货物的车辆比较安全，但其作业过程复杂，与拉翻法相比，效率较低，开通线路需要时间长。

下列情况可采用移车法：

① 事故车辆中装有危险品、爆炸品或现场无法卸车时。

② 颠覆脱轨的车辆已大部分离开线路，只有部分侵入限界时。

③ 由于地形限制，只能平面移动使车辆离开线路时。

④ 事故车辆中装载贵重物品或其他不得损坏的货物，而现场无法卸车时。

（2）拉翻法。

拉翻法是利用机车、轨道起重机或拖拉机，将堵塞线路的、损坏的机车车辆拉倒或拉翻，使其离开正线，迅速恢复行车的一种方法。

拉翻法在较大的颠覆事故中已广泛采用，可从当地农村、厂矿、驻军借用拖拉机、重型牵引车，将事故车拉开、拉翻，迅速恢复行车，比等待救援列车要快得多。但拉翻法可能扩大机车车辆的破损程度，翻动的距离可能大于机车车辆限界，给以后重新起复机车车辆带来困难。

拉翻法是以迅速开通线路恢复行车为主，将扩大机车车辆的损失放在第二位的救援方法。符合以下条件之一时，可采用拉翻法：

① 机车车辆破损严重甚至报废时。

② 机车车辆走行部分严重损坏，堵塞线路无法使用复轨器起复时。

③ 破损的机车车辆主体与转向架脱离、歪倒比较严重或离开线路过远，无法使用复轨器复轨，且离救援列车驻地较远或多个车辆颠覆脱轨时。

④ 破损机车车辆叠压成堆时。

事故地点在隧道内或高路堑地段不得、也无法采用拉翻法。

4. 电力机车脱轨颠覆的起复方法

电力机车发生脱轨、颠覆等事故，起复电力机车的方法主要有拉复和吊复两种。一是使用复轨器等工具，将轻微脱线的电力机车拉复；二是使用救援列车中的轨道起重机将其吊复。由于使用救援起重机吊复电力机车，一般都需要拆除和恢复接触网加上起重机点火出动、驶往事故现场的时间，有可能延长中断行车的时间，扩大事故对行车的影响和损失，尽可能不采用吊复方法。

1）拉复电力机车的方法

电力机车有两个完全相同、各自独立的转向架。每台转向架有三根车轴，每根车轴由一台牵引电动机驱动。它的六根轴全部是动轴，而且采用单独传动方式。

由于电力机车构造上的特点（下部重量大，机车重心低，运行比较稳），机车本身不易脱轨，电力机车没有导轮，脱轨后不拐弯，仍然走直线，加上机车排障器、齿轮箱卡住钢轨，一般脱轨后距离钢轨不会太远。同时，电力机车牵引力大，轻微脱轨不需要另派救援机车，利用本身的拉力就可以起复。因此，电力机车发生一般脱轨事故后，大都采用顶、拉的办法使其复轨。

使用复轨器时，由于电力机车脱轨后，齿轮箱等下部装置落地，人字形、海参形复轨器一般都塞不进去，应先垫上石碴等物，将机车拉向高处，再塞进复轨器使机车复轨。如果电力机车脱轨后距离钢轨较远时，常使用一种大型复轨器，复轨的效果比较好。这种复轨装置由引轨、攒轨和复轨器组成。

2）吊复电力机车的方法及安全注意事项

当电力机车发生严重脱轨或颠覆歪倒时，应采用大型救援起重机将其吊复或抬复。吊复电力机车时应注意以下几点。

（1）不能用钢丝绳直接捆绑和吊装。

电力机车的车体均系钢板压型外壳，不适于钢丝绳直接吊装，以免挤扁车体后，不易整修恢复原型。因此，在吊装电力机车时，均应使用特制的支撑梁和吊具，避免作业中钢丝绳割坏车体，扩大损失。

（2）使用钩框垫铁保护车钩。

考虑到电力机车重量较大，车钩强度不够，为了在吊装时不致损坏钩头，有的救援列车特制了钩框垫铁，套装在车钩上，以加强承受重量的能力。

（3）使用专用索具将车体和转向架联成整体。

电力机车结构上不是一个整体，其走行部类似车辆的转向架结构，但无心盘。在起吊作业前，须用专用索具将转向架与车体连结在一起，吊装时才能一起复位。

3）救援起重机作业

电力机车或车辆脱轨、颠覆须利用轨道起重机吊复时，因接触网导线最低高度只有 5 700 mm（旧线改造最低只有 5 330 mm），而且带有 25 kV 的高压电。根据电气化铁路有关电气安全规则规定，起重机本身和吊装的物件与接触网带电部分需保持 2 m 以上安全距离。因此，救援起重机在电气化铁路上进行吊复事故机车、车辆时，需按下列规定办理：

（1）接触网停电后方可进行吊装作业。

目前，我国铁路常用的轨道起重机的起重臂，其工作高度均超过接触网导线高度，且起复事故一般需顺铁路方向作业，起重臂工作位置与接触网带电部分难于保持 2 m 的安全距离。因此，救援起重机起吊作业前，接触网需拆除、偏移或停电后，方可进行吊装作业。作业完毕，救援列车主任应通知停电负责人拆除地线，办理复电手续。接触网送电后，禁止起重机再进行吊装作业。

起重机在接触网支柱附近进行作业时，接触网虽已停电，仍需要接触网工配合工作，如解开必要的定位绳，摘掉妨碍起重机吊臂工作的承力索，将接触网导线、承力索拉离线路中心等。

如起重机在接触网两支柱中间直线线路上作业时，可以不拆除接触网。因为接触网导线和承力索均非刚体，有一定弹性和摆动量，所以有些部位当起重机吊臂升起后，慢慢靠上接触网可以缓缓摆动，但必须在接触网工监护下进行，摆动量一般不应超过 300 mm，以免接触网被擦伤或拉断。

起重机吊臂需要转变方向时，须选择好转头地点，防止刮断接触网导线，特别要注意起重机尾部碰坏线路两旁的接触网支柱，严防事故扩大。

（2）防止救援人员触电。

救援列车中的各种车辆和起重机在带电的接触网下停留时，严禁攀登车顶、吊臂高处和车辆上部，以免触电；接触网停电前，禁止轨道起重机升起吊臂、蒸汽轨道起重机竖立烟筒，防止起重机任何部位超高。碰撞接触网，引起触电或供电事故。

5. 接触网事故抢修与事故救援的配合

沿电气化铁路架设的接触网是向电力机车供给电力的设备，它必须保证不间断地供电。但是，由于各种原因，接触网有时会发生事故，中断供电，影响行车，甚至造成线路堵塞。为了保证铁路运输畅通无阻，接触网一旦发生事故就要迅速抢修，尽快送电通车，最大限度地减少事故造成的损失。

接触网是没有备用措施的，一旦发生事故，势必造成接触网停电，中断行车，使线路堵塞。这在干线铁路上后果更加严重。中断的时间越长，堵塞越严重，其影响面也越广。为了将中断行车所造成的影响限制在最小范围内，要求接触网事故发生后，能以最快的速度进行抢修，以期在最短时间内恢复线路正常行车。

在电气化铁路发生列车冲突、脱轨、颠覆等事故，接触网都将遭到一定程度的破坏；隧道内发生重大火灾事故，一般都将烧毁隧道内全部接触网，重大交通事故复救工作，往往需要接触网抢修来配合。有时，接触网虽然没有被破坏，但在这些事故救援过程中，也需要接触网进行某种程度的变动来配合，如用救援起重机吊复脱轨的机车车辆时，一般都需要变动或撤除接触网，以利救援吊车有作业的空间。

遇列车脱轨事故，若接触网未被破坏，应尽可能不动接触网，即尽可能采用拉复而不采用吊复的救援办法，这样整个供电臂不需要停电，可以保证列车在其他区间、股道上正常运行。如决定采用起重机吊复的方法，抢修人员应主动配合，尽快确定接触网移动方案（尽量少动接触网），同时一定要提前作业，处理好接触网，使起重机等待时间减少。如接触网遭到破坏，那么在起复事故列车的同时，尽可能提前做好接触网恢复的准备工作，即在不影响起重机作业的地方立杆、装设腕臂、定位器，导线和承力索在地面上放线等，以待起重机作业完毕后，迅速恢复接触网的正常状态。

如某线某隧道全长 1 776 m，因油罐车在隧道内发生脱轨、颠覆造成重大火灾事故，隧道内及洞口附近 2 000 m 左右接触网遭到毁灭性破坏，波及 3 个锚段。

面对当时洞外浓烟烈火升腾，洞口温度高达 1 000 ℃ 以上，人员难以接近，救援工作无法进行。事故救援抢险指挥部果断提出总方案：封洞灭火，注水降温，开洞排除有害气体，起复隧道内车辆，清理加固隧道，抢修线路与接触网设备，尽快送电开通线路。总体方案确定后，很快制订出接触网抢修配合行车事故救援方案。

首先，拆除两个洞口的接触网，清理部分设备。为铺设便线和救援列车的起复作业创造条件；在隧道北口附近引接变压器，提供照明电源。

其次，利用救援空隙，采取平行作业方法，拆除隧道内全部悬挂；重新埋设中心锚结埋入杆件，更换破损的绝缘子和其他零件；架设中心锚结至隧道南口的承力索；面对隧道拱顶被烧酥，根据隧道横断面尺寸，赶制一批临时拱架，冒着高温和有害气体的侵袭，安装在隧道内，用于接触网悬挂及定位。

在清理加固隧道时，设立临时支柱1根，恢复隧道北口下锚装置；恢复隧道内支撑定位装置和部分锚段的接触网，利用抢修线路的时间，架设中心锚结至隧道北口的承力索；恢复隧道内全部锚段接触网和锚段关节；调整悬挂，送电开通。

由于接触网抢修方案合理，组织指挥得当，终于在线路开通前完成了接触网全部抢修任务，提前达到送电条件。

这次配合抢修方案贯彻了"先通车后恢复"的原则，方案合理，组织指挥得力，部门之间协调配合好，特别是采用"临时拱架"，解决了隧道发生严重火灾后无处固定悬挂的问题，为今后抢修隧道内接触网提供了可供借鉴的方法。

2.3.4 知识拓展

《铁路交通事故应急救援规则》罚则如下。

铁路运输企业及其职工违反《铁路交通事故应急救援规则》规定，不立即组织事故应急救援或者迟报、漏报、瞒报、谎报事故等延误救援的，由中国国家铁路集团有限公司或者安全监管办对责任单位处10万元以上50万元以下的罚款，对责任人处4 000元以上2万元以下的罚款。

中国国家铁路集团有限公司、安全监管办等国家工作人员以及其他人员违反本规则规定，未立即启动应急预案或者迟报、漏报、瞒报、谎报事故等延误救援的，对主管负责人和其他直接责任人依法给予行政处分。涉嫌犯罪的，依照有关规定移送司法机关处理。

违反本规则规定，干扰、阻碍事故应急救援的，由中国国家铁路集团有限公司或者安全监管办对责任单位处4万元以上20万元以下的罚款，对责任人处2 000元以上1万元以下的罚款。

情节严重的，对责任单位处20万元以上100万元以下的罚款，对责任人处1万元以上5万元以下的罚款。属于国家工作人员的，依法给予行政处分。违反治安管理规定的，由公安机关依法给予治安管理处罚。涉嫌犯罪的，依照有关规定移送司法机关处理。

任务2.4 几种典型情况的现场处置

2.4.1 拟完成的任务

2015年8月20日22时30分，肇庆车务段茂名东站运转一班执行A001号调车作业计划，作业至第3钩调车机带车4辆至货场3道挂1辆，调车车列越过31号道岔反位压信号停车后，信号员排列了K828次本务机车经31号道岔定位的转线调车进路。22时44分调车机压信号折返牵出时，信号员未确认调车进路中31号道岔开通位置，通知调车长"东调进挡8进路好"，调车长也未确认道岔位置是否正确就引领机车动车，导致机车牵出时挤坏31号道岔，构成铁路交通一般D3类挤道岔事故。道岔图如图2-3所示。

思考： 1. 总结此次事故的原因；

2. 挤坏道岔后，第一时间现场应该如何处置？

3. 分小组讨论一些典型现场情况的处理方法。

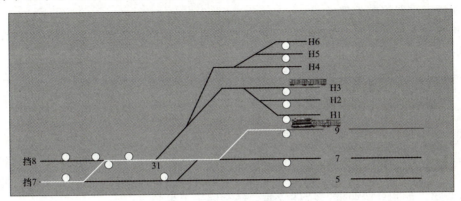

图 2-3 事故车站道岔图

2.4.2 任务目的

1. 了解几种常见交通事故及对应的处置办法；
2. 具备处理简单故障或小事故的能力；
3. 具备强烈的责任意识与稳定的心理素质，具有良好的沟通能力。

2.4.3 相关配套知识

铁路系统是一个错综复杂的大系统，涉及车、机、工、电、辆多个部门，在目前的铁路应急管理中，挤道岔、车辆抱闸、列车冒进信号、车辆燃轴、列车运行中货物坠落或装载异状、制动梁脱落、列车发生火灾等，为铁路运输生产中的多发性事件。这些事件一旦发生，必须立即进行现场应急处置，以防事态继续扩大，否则，其后果不堪设想，可能酿成重大、大事故。

1. 发生挤道岔的处理

发现道岔故障或被挤坏后，立即做好防护，禁止一切机车车辆通行，及时报告车站值班员（调车区长），通知工务、电务部门进行检查修理。为了不中断行车，由工、电人员将道岔扳向尖轨未挤坏一侧，钉固后方准使用。

发生挤道岔后，如果机车、车辆停留在道岔上并已挤过道岔，不准后退（后退可能造成机车车辆脱轨，使事故扩大），要顺岔子方向缓缓移动，将车列全部拉过道岔。若必须后退，可将道岔扳向尖轨未挤坏的一侧钉固后，方准后退。

复式交分道岔挤后，因其道岔构造复杂，停在道岔上的机车车辆禁止移动，须通知工务、电务部门检查，确定处理方法。

2. 发生列车中车辆抱闸的处理

接发车人员、运转车长等在缓解状态下，发现运行的列车中有闸瓦抱车轮的摩擦声、轻度冒烟或火花（晚间明显看到）时，多属于车辆抱闸。某种原因使闸瓦紧贴车轮，但车轮尚能转动，夜间可察觉圆形火花；有时闸瓦抱死车轮，使车轮不能转动，夜间可看到车轮与轨面接触处向后射出较短的平行火花。车辆抱闸容易造成列车运缓、坡停，严重时还可能引起装载危险、易燃货物的车辆发生火灾或爆炸。

发现车辆抱闸的处理方法如下。

① 司机应采取停车处理。

② 接发车人员发现时，对通过列车显示停车信号，或向运转车长显示停车信号，错过停车时机的报告列车调度员，前方站停车处理。

③ 运转车长如能判定车辆抱闸时，可向司机显示停车信号或做紧急制动阀停车处理。

列车在区间或站内停车后，司机会同运转车长或车站值班员等查找抱闸车辆时，做一次制动、缓解试验找出抱闸车故障处所与抱闸原因。当司机做常用制动时，运转车长、车站值班员等须注意查明抱闸车的制动缸、制动基础作用是否正常。当司机做缓解车辆松闸时，注意倾听抱闸车三通阀排风口有无排风音响，如果三通阀正常排风而制动缸活塞杆未缩回制动缸体内时，一般为制动缸活塞皮碗变质卡塞、缓解弹簧力弱或折损；如果缩回，一般为制动基础装置故障，如制动梁脱落、拉杆弯曲、结合销子丢失等。

如果故障一时不能排除，可按"关门车"处理，即放掉副风缸内的风，在车辆松闸的状态下，关闭制动支管上的截断塞门，停止该车辆制动作用。如果是制动基础装置故障，除将闸瓦拨离踏面外，要找适当位置捆绑好故障部件，防止部件丢失。

3. 列车冒进信号的处理

当发生列车冒进进站或出站信号机后，列车不得移动位置，查明情况后分别处理：

（1）冒进进站信号机。

① 接车进路已准备妥当，以调车方式接入站内。

② 停车位置影响准备接车进路时，通知司机退出有关道岔，准备好接车进路后，以调车方式接入站内。集中联锁的车站，退出信号机后，准备好接车进路，开放进站信号机进站。

③ 挂有装载超限货物车辆的列车，接车线满足列车限制条件时，以调车方式接入站内。否则通知司机后退，接入超限列车的固定线路。

（2）冒进出站信号机。

① 通知司机以调车方式退回出站信号机前方，办理闭塞，开放出站信号机发车。

② 电话闭塞，在不影响接发其他列车或调车作业时，列车不必后退，办好闭塞手续，准备好发车进路，发给司机占用区间凭证后发车。

③ 超长列车冒进出站信号后，不影响其他列车到发或调车作业时，不得后退。

④ 如果列车不能移动且必须接发其他列车，车站值班员首先应确认其他列车的接发列车进路不受影响，通知有关司机注意，并派人进行防护，然后接发其他列车。

列车冒进信号后，及时报告列车调度员以便调整列车运行计划。

列车冒进信号挤岔时，按挤岔处理方法办理。

4. 列车发生火灾的处理

列车发生火灾应立即停车。

（1）停车地点的选择。

① 列车中有冒烟、发火现象的车辆并已接近车站，在站内灭火较为有利，可运行到站内停车处理。站内应停于靠近水源的线路，禁止停在仓库、邻线停留车辆和重要建筑物的处所。

② 火势不大，停在区间有水源、易扑火、有村庄的地点。禁止停在桥梁、隧道、长大上

坡道及风口地段。

③ 火势较大，必须立即停车，防止运行中风力助长火势。

（2）停车后的处理。

① 将着火的车辆与前后车辆拉开一段距离。数个车辆同时着火时，一一拉开距离，以分散火势，便于灭火。

② 对区间停留的车辆应该采取防溜措施（着火车辆应立即拧紧手闸，以免火势增大后无法拧闸，并按规定进行防护）。

③ 在电气化铁路区段内，立即报告列车调度员，并提出是否需要停电的请求。

④ 迅速组织人员、器材进行扑救。装载危险货物的车辆着火时，应指派有办理危险货物知识的职工指导抢救及灭火。

⑤ 旅客列车发生火灾时，应首先疏散旅客。

⑥ 火势危及邻线列车安全时，应及时进行防护，使邻线列车停车。

⑦ 彻底扑灭火灾后，及时处理区间遗留车辆，开通线路。

5. 列车中车辆燃轴的处理

滑动轴承的车辆，由于轴瓦与轴颈间油膜被破坏或其他原因，造成轴瓦与轴颈直接摩擦而产生高热。如果出现冒浓烟、发火或白合金熔化，是车辆燃轴的主要表现。

司机或运转车长、接发车人员发现列车中车辆燃轴时应立即停车处理。

① 司机发现立即停车。

② 运转车长发现燃轴时应使用无线调度电话通知司机停车，或使用紧急制动阀，迫使列车停车。

③ 接发车人员发现车辆燃轴时，向列车显示停车信号，或用无线调度电话通知司机尽快停车。列车来不及停车时，应报告列车调度员或前方站停车。

燃轴车停车后的检查处理方法如下。

① 有列检的车站，通知列检处理；无列检的车站，由车站值班员、运转车长、机车司机共同检查处理。

② 区间停车时，先按规定做好防护。旅客列车由检车乘务员检查处理，其他列车由司机和运转车长负责处理。打开燃轴车轴箱盖，消灭火种后，注入适量黏度大的润滑油，降低速度运行到前方站停车处理。

③ 车站停车处理时，严禁浇水及用砂土灭火，防止车辆骤冷裂损。在打开轴箱盖时，要闪开身体，防止轴箱内烟火喷出伤人。必要时，可将燃轴车辆摘下，通知列检所派人前来处理。

④ 列车运行中发现装载异状、货物坠落的处理。

列车运行中发现篷布掀起、绳索松开、货物突出或倾斜，情况不严重，不致碰撞线路两侧建筑物，不影响行车及行人安全时，不必停车，可运行到前方站处理。

如发现装载的货物窜出、脱落、歪塌、篷布掀开，超过机车车辆限界，有触及线路两侧建筑物和接触网等设备，危及行车和人身安全等严重情况时，应采取紧急停车措施，并做必要的整理，但电气化区段不停电不得上车整理。坠落的货物如能搬动可随列车装走，否则应移至不妨碍行车地点，并派人看守。处理站对遗留在区间的货物编制普通记录。

在双线区间坠落的货物影响邻线行车，又不能移出线路时，先做好邻线的防护再进行处理。

⑤ 列车运行中制动梁脱落的处理。

制动梁是制动基础装置的主要部分，列车运行中，司机、运转车长发现制动梁或下拉杆脱落，应立即采取停车措施。接发车人员，当发现运行的车辆制动梁或下拉杆脱落时，应向列车显示停车信号，或用无线调度电话通知司机，使列车停车处理。如果来不及，应立即向列车调度员报告，通知前方站停车处理。处理时，可将该车副风缸内的压缩空气排出，在车辆缓解状态下，关闭该车辆的截断塞门，停止该车辆制动机作用并将脱落的制动梁卸下或捆绑好后开车。

制动缓解图如图 2-4 所示。

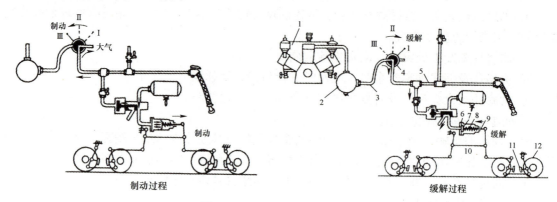

图 2-4 列车制动装置系统图

2.4.4 知识拓展

挤岔、撞车和脱轨是调车三大惯性事故。

挤岔发生后乘务人员或调车员应该及时向站台值班人员报告，随后检查道岔的故障，查看机车是否掉道。5 分钟后再报告一次现场状况，接着向机调、机务段也报告一次。报告完成后继续深入检查现场情况。在有新的情况发现之后继续向有关部门汇报实况。再依据相关救援标准进行救援，其处理步骤如下。

① 由部调、站调对有关作业情况作出后面的救援及维修安排。

② 车辆段列检对整个机车进行详细检查，与此同时工务工区也要对道岔线路进行详查，尽快将实况汇报给部调、机调。

③ 将没有损坏仍在轨道上的车辆行驶出事故段，在其他路段可行的情况下继续保持运输。

④ 如果挤岔事故没有影响机车的安全行驶，机车没有损坏，可以按照挤岔的处理方法将机车引导出事故段。

⑤ 如果将机车牵引出挤岔区的方案不可行，那就只能动用救援队及救援设备来进行处理。

⑥ 当需要使用起重机等大型设备到达现场时，运行通道应保持畅通并配备运送机车。

⑦ 部调、站调根据经验和实际情况向机调提出需要的救援时间的要求，一般情况下 1～3 小时内可以完成，当可能超过 3 小时时，应当提高救援等级，紧急采取行动组织救援，以快速实施救援为第一要务。

任务 2.5　铁路交通事故应急预案

2.5.1　拟完成的任务

思考：1. 什么是应急预案？为什么要编制应急预案？

2. 分小组进行讨论，完整的应急预案应该包含哪些内容？所有的应急预案结构都一样吗？

2.5.2　任务目的

1. 掌握应急预案的分类分级和基本结构，熟悉编制铁路交通事故应急预案的具体要求；
2. 能够编制简单的交通事故应急预案；
3. 牢固树立以人为本、预防为主的安全理念。

2.5.3　相关配套知识

随着《中华人民共和国突发事件应对法》《中华人民共和国安全生产法》《生产安全事故应急条例》等法律、行政法规和《突发事件应急预案管理办法》的不断出台，我国应急预案框架体系不断完善。编制应急预案，可以迅速有效处置安全事故，应急预案的编制应当遵循以人为本、依法依规、符合实际、注重实效的原则，以应急处置为核心，明确应急职责、规范应急程序、细化保障措施。

应急预案指面对突发事件如自然灾害、重特大事故灾害、环境公害及人为破坏的应急管理、指挥、救援计划等。它一般建立在综合防灾规划之上，应包括完善的应急管理指挥系统，强有力的应急工程救援保障体系，综合协调、应对自如的相互支持系统，充分备灾的保障供应体系，体现综合救援的应急队伍等。

1. 应急预案的概念及分类

1）概念

应急预案是针对具体设备、设施、场所和环境，在安全评价的基础上，为降低事故造成的人身、财产与环境损失，就事故发生后的应急救援机构和人员，应急救援的设备、设施、条件和环境，行动的步骤和纲领，控制事故发展的方法和程序等，预先做出的科学而有效的计划和安排。

2）分类

应急预案的类型有以下四类。

（1）应急行动指南或检查表。

应急行动指南或检查表是指针对已辨识的危险制定应采取的特定的应急行动指南。简要描述应急行动必须遵从的基本程序，如发生情况向谁报告，报告什么信息，采取哪些应急措施。这种应急预案主要起提示作用，对相关人员要进行培训，有时将这种预案作为其他类型应急预案的补充。

（2）应急响应预案。

应急响应预案是指针对现场每项设施和场所可能发生的事故情况，编制的应急响应预案。

应急响应预案要包括所有可能的危险状况，明确有关人员在紧急状况下的职责。这类预案仅说明处理紧急事务必需的行动，不包括事前要求（如培训、演练等）和事后措施。

（3）互助应急预案。

互助应急预案是指相邻企业为在事故应急处理中共享资源，相互帮助制定的应急预案。这类预案适合于资源有限的中、小企业以及高风险的大企业，需要高效的协调管理。

（4）应急管理预案。

应急管理预案是指综合性的事故应急预案，这类预案详细描述事故前、事故过程中和事故后何人做何事、什么时候做，如何做。这类预案要明确制定每项职责的具体实施程序。应急管理预案包括事故应急的四个逻辑步骤：预防、预备、响应、恢复。

2. 应急预案文件结构

1）文件体系

应急预案要形成完整的文件体系。通常完整的企业级应急预案由总预案、程序文件、指导说明书和应急行动记录四部分构成。

（1）总体要求。

它包含了应对紧急情况的管理政策、预案的目标、应急组织和责任等内容。总体要求涉及应急准备、应急行动、应急恢复以及应急演习等各阶段和各部门。总体要求是纲领性的，主要明确应急的原则、职责和总体目标，具体的内容由其他文件详细说明。

（2）程序文件。

程序文件说明某个具体行动的目的和范围。程序文件的内容十分具体，包括该做什么、由谁去做、什么时间和什么地点等，如应急通信程序、现场急救程序、现场监测程序、疏散程序等。程序文件的目的是指导较为复杂的应急行动，使某些应急行动程序化和标准化，确保应急人员在执行应急任务时不会产生误解和误操作。程序文件可采用文字叙述、流程图表或是两者的组合等格式，应根据单位具体情况和具体的程序内容选用最适合本单位的程序格式。

（3）指导说明书。

程序文件应当简洁明了，而一些具体的细节则应在说明书里介绍。应急行动细节的内容往往是供应急行动人员使用，尤其是只涉及少数应急人员的具体工作时，相应的文件应在指导说明书中描述，如有毒、有害气体现场监测设备、应急通信设备的使用说明书，医疗救护人员、后勤人员的职责说明书等应纳入指导说明书。

（4）应急行动记录。

应急行动记录包括应急行动时的相关记录，如通信记录、指挥与行动记录、现场监测数据记录、应急演习与培训记录等。这些记录是文件体系必要的组成部分，是改善应急行动与预案的基础，也可能是追究法律责任的依据。

从记录到总体要求，层层递进，组成了一个完整的预案文件体系。从管理角度而言，可以根据这四类文件等级分别管理，既保持了预案文件的完整性，也便于查阅和调用。

2）主要内容

应急预案主要内容如下。

（1）总则。

总则说明编制预案的目的、工作原则、编制依据、适用范围等。

（2）组织指挥体系及职责。

组织指挥体系及职责明确各组织机构的职责、权利和义务，以突发事故应急响应全过程为主线，明确事故发生、报警、响应、结束、善后处理处置等环节的主管部门与协作部门；以应急准备及保障机构为支线，明确各参与部门的职责。

（3）预警和预防机制。

预警和预防机制包括信息监测与报告、预警预防行动、预警支持系统，预警级别及发布。

（4）应急响应。

应急响应包括分级响应程序（原则上按一般、较大、重大、特别重大四级启动相应预案），信息共享和处理，通信，指挥和协调，紧急处置，应急人员的安全防护，群众的安全防护，社会力量动员与参与，事故调查分析、检测与后果评估，新闻报道，应急结束11个要素。

（5）后期处置。

后期处置包括善后处置、社会救助、保险、事故调查报告和经验教训总结及改进建议。

（6）保障措施。

保障措施包括通信与信息保障，应急支援与装备保障，技术储备与保障，宣传、培训和演习，监督检查等。

（7）附则。

附则包括有关术语、定义，预案管理与更新，国际沟通与协作，奖励与责任，制定与解释部门，预案实施或生效时间等。

（8）附录。

附录包括相关的应急预案、预案总体目录、分预案目录、各种规范化格式文本，相关机构和人员通信录等。

3. 应急预案的编制方法

应急预案的编制一般可以分为六个步骤，即组建应急预案编制队伍、收集资料、开展危险与应急能力分析、预案编制、预案评审与发布和预案的实施。

1）组建编制队伍

预案从编制、维护到实施都应该有各级各部门的广泛参与，在预案实际编制工作中往往会由编制组执笔，但是在编制过程中或编制完成之后，要征求各部门的意见，包括高层管理人员，中层管理人员，人力资源部门工程与维修部门，安全、卫生和环境保护部门，邻近社区，市场销售部门，法律顾问，财务部门等。

2）收集资料

收集编制应急预案需要的资料。

3）危险与应急能力分析

分析国家法律、地方政府法规与规章，如安全生产与职业卫生法律、法规，环境保护法律、法规，消防法律、法规与规程，应急管理规定等。

调研现有预案内容包括政府与本单位的预案，如疏散预案、消防预案、工厂停产关闭的规定、员工手册、危险品预案、安全评价程序、风险管理预案、资金投入方案、互助协议等。

4）预案编制

根据单位风险和应急响应能力现状，按照法律、法规和本单位相关规定编制应急预案。在应急行动涉及外部机构时，应与他们事先沟通协调。企业编制预案时应将相关的情况报告地方政府主管部门，将上级的应急要求和精神纳入本单位的应急预案。

5）预案的评审与发布

预案编制完成以后，有本单位的主要负责人组织有关部门和相关人员（必要时聘请外部人员）进行评审。评审人员与所评审应急预案的生产经营单位有利害关系的，应当回避。评审后按照相关规定进行备案，并由生产经营单位主要负责人签署发布。

6）预案的实施

预案经批准后实施生效。但预案实施不仅指在紧急情况下的执行，还应将预案融入单位的整体活动，包括预案的培训和演练等。

4. 应急预案的培训演习

应该根据培训人员不同，选择不同侧重点，确定培训内容，制订相应的培训计划。基本应急培训主要包括报警、疏散、火灾应急培训和不同水平应急者培训等方面。

在具体培训中，通常将应急者分为五种水平，即初级意识水平应急者、初级操作水平应急者、危险物质专业水平应急者、危险物质专家水平应急者、事故指挥者水平应急者。进行事故应急预案演练是必不可少的，通过训练和演习可以验证事故应急预案的合理性，发现与实际不符的情况，可以及时进行修订和完善。根据演习规模可以分为桌面演习、功能演习和全面演习。根据演习的基本内容不同可以分为基础训练、专业训练、战术训练和自选科目训练。

2.5.4 知识拓展

铁路行车事故应急预案

1. 目的和适用范围

铁路运输过程中发生挤岔子、脱轨，正面、侧面冲突，若处理及时正确，不会影响正常生产。若处理方法不当或错误，轻则延长了事故恢复时间，重则造成事故扩大危及几个分厂限产或停产。为确保在发生行车事故时及时处理，防止事故扩大，特制定本预案。

本预案适应于炼铁厂至炼钢厂铁路运输区域行车事故应急响应处理。

2. 应急报告程序

（1）行车事故发生后，现场人员要迅速将事故发生的时间、地点；事故的种类、设备损坏部位及有无人员伤亡等情况逐级上报行车调度或厂调度，做好防护。遇有人员伤亡时，要积极进行抢救。

（2）行车调度或厂调度接到事故报告后，要根据事故的种类和性质，立即按程序向有关领导汇报及复救事故的要求，同时合理调整运输机车车辆与作业方法，确保运输生产，把损失降到最低点。

（3）各单位或领导接到事故汇报后，立即组织有关人员准备必要的救援工具，迅速赶赴现场，抢救伤员，勘查现场，确定处理方案。

（4）事故处理救援人员由运输单位统一协调，必须执行"单一指挥"重大行车事故及人身伤亡事故，由现场最高领导亲自或指派专人指挥，任何单位或个人必须服从指挥。

3. 应急事故处理方案措施

1）挤岔子事故

（1）当机车车辆挤上道岔时，不准后退，应顺岔子方向缓缓前移，使机车车辆全部越过道岔尖轨后停轮处理。在未处理或无法修理时，越过尖轨后需后退时，应由公务人员将道岔板顺向尖轨未挤坏的一侧钉固后方准后退。

（2）机车车辆通过后，复救人员做好防护，拆除断螺栓及损坏的其他物件。更换完毕，调整尖轨缝隙小于1 mm，方可通车。

2）脱轨事故

（1）当机车车辆脱轨后，在专业人员未到达现场前，不准移动以免处理方法不当而扩大了事故的破坏程度，延长了事故起复时间。

（2）车轮脱轨根据空重与现场条件，可分别选用：人字型复轨器、便携式复轨器或起重吊车复位。如脱轨轮对离钢轨过远，可预先钉放逼轨拉近距离，再放上以上复轨器。人字型复轨器必须做到正确安放（左人右入，大筋在外，小筋在内）并固定牢固。

3）冲突撞车事故

（1）当机车车辆发生冲突后，如果有人员伤亡，应立即正确抢救伤员。

（2）组织备用机车牵移事故车辆，根据具体情况分步抢救，力求尽快恢复通车。

4）凡发生挤岔子、脱轨、撞车起复后的道岔、机车车辆，应分别由工务、机务等归属单位派专业人员进行检查确认技术状态良好后，方可使用。

4. 应急善后处理

（1）应急救援设备、设施定置存放、清理现场。

（2）救援结束后，迅速恢复通车。

（3）事故救援后切实做好对事故的调查处理。

（4）事故处理结束后，要认真做好对事故应急预案的评估、评审，组织进行调整完善预案。

5. 应急物资与装备保障

1）通信与信息保障

各级应急指挥领导小组办公室实行24小时值班，应急指挥领导小组成员应保持手机24小时通信畅通。

2）物资（救援装备、救援物资、医疗条件）保障

按照抢救事故所需要的救援器材、救援物资或可利用资源、医疗卫生等建立动态管理台账，保障应急救援适用有效。

3）治安保障

事故发生后，保卫部门或根据安排，有关人员应当做好对事故灾难现场的治安警戒和治安管制，加强对重点区域、重点场所、重点人群、重要物资和设备的保护，维持现场秩序，及时疏散人员，动员员工做好群防联防，避免事故扩大。

4）应急救援队伍保障

各生产单位专职或兼职应急救援队伍应切实做好日常的事故演练训练、预案学习和培训，做到反应迅速，常备不懈，拉之能战，战之能胜。

5）技术支持与环境保护保障

事故发生时应做到有相应的技术人才资源支持和技术设备资源支持，能够满足在事故应急状态下的技术保障；气象部门应能够提供事故应急状态下的气象资源和技术支持；环保管理部门应能够提供事故应急状态下的环境保护支持。

6）应急结束

事故现场得以控制，环境符合有关标准，导致次生、衍生事故隐患消除后，经事故现场应急救援指挥部确认和批准，现场应急处置工作结束，应急救援队伍撤离现场。事故现场应急救援指挥部完成应急救援总结报告，报厂（或公司）安全部门，由厂领导或公司领导宣布应急响应结束。

6. 善后处置

（1）应急救援之后应当立即清点人数，清理现场。

（2）救援结束后应当在生产调度的指挥下迅速做好恢复生产工作。

（3）救援结束后应切实做好对事故的调查处理。

（4）事故处理结束后要认真做好对事故应急预案的评估、评审工作，组织进行预案修订。

7. 培训与演练

根据各自的职责，定期组织职工进行预案学习培训，熟悉应急预案，明确自己的工作职责；同时应按计划组织好演练。

8. 预案管理与更新

当本预案所依据的法律、法规、所涉及的机构和人员发生重大变化，或在执行中发现存在重大缺陷时，应由制定部门及时组织修订。

9. 奖惩

（1）事故预案培训与演练的奖惩。日常各单位事故预案的演练与培训要做到有计划，有落实，定责任人。落实的效果与工资、奖金挂钩，严格奖惩。

（2）事故应急状态下，按照应急预案的职责要求，事故应急结束后，按照相关规定，认真做好对事故的总结，对做得好的单位或个人提出奖励，对做得差的单位或个人给予通报或处罚。

附件　×铁路交通事故应急预案

1　总则

1.1　编制目的

为提高铁路交通事故应急处置能力，规范应急响应程序，及时有效地开展应急救援工作，最大限度地预防和减少铁路交通事故及其造成的人员伤亡、财产损失、环境污染和社会影响，保障正常铁路运输秩序。

1.2　编制依据

依据《中华人民共和国安全生产法》《中华人民共和国突发事件应对法》《中华人民共和国铁路法》《生产安全事故应急条例》《生产安全事故报告和调查处理条例》《铁路安全管理条例》《铁路交通事故应急救援和调查处理条例》《生产安全事故应急预案管理办法》《铁路交通事故调查处理规则》《国家处置铁路行车事故应急预案》《×铁路安全管理规定》《×突发事件总体应急预案》《×生产安全事故应急预案》等法律法规和文件，编制本预案。

1.3　适用范围

×境内的国家铁路、合资铁路、地方铁路、专用铁路和铁路专用线发生铁路交通事故，造成人员伤亡、财产损失、中断行车及其他影响铁路正常行车，需要实施应急救援的，均适用本预案。

1.4 工作原则

1.4.1 人民至上，生命至上。把保障人民生命财产安全作为首要任务，最大限度地预防和减少铁路交通事故造成的社会危害。

1.4.2 统一领导，联防联动。在省委、省政府统一领导下，事发地县级以上人民政府、省直有关部门和单位按照各自职责、分工、权限和本预案的规定，共同做好铁路交通事故应急处置工作。

1.4.3 快速反应，规范有序。铁路交通事故发生后，迅速启动应急响应，及时组织先期处置工作，加强和铁路部门间的信息沟通，建立协调配合机制，整合救援力量，促进铁路交通事故应急救援工作规范有序、运转协调。

1.4.4 科学决策，依法处置。充分发挥专家作用，提升决策的科学性、合理性和可操作性。采用先进的救援装备和技术，提高应急救援能力，依法规范应急救援工作。

1.4.5 预防为主，平战结合。贯彻落实"安全第一、预防为主、综合治理"的方针，坚持应急与预防相结合，加强预防、预测、预警和预报工作，做好常态下的应急准备工作。

1.5 事故分级

根据《铁路交通事故应急救援和调查处理条例》规定，铁路交通事故等级由高到低分为特别重大事故、重大事故、较大事故、一般事故4个等级。

1.5.1 特别重大事故

有下列情况之一的，为铁路交通特别重大事故：

（1）造成30人以上死亡。

（2）造成100人以上重伤（包括急性工业中毒，下同）。

（3）造成1亿元以上直接经济损失。

（4）繁忙干线客运列车脱轨18辆以上并中断铁路行车48小时以上。

（5）繁忙干线货运列车脱轨60辆以上并中断铁路行车48小时以上。

1.5.2 重大事故

有下列情况之一的，为铁路交通重大事故：

（1）造成10人以上30人以下死亡。

（2）造成50人以上100人以下重伤。

（3）造成5 000万元以上1亿元以下直接经济损失。

（4）客运列车脱轨18辆以上。

（5）货运列车脱轨60辆以上。

（6）客运列车脱轨2辆以上18辆以下，并中断繁忙干线铁路行车24小时以上或者中断其他线路铁路行车48小时以上。

（7）货运列车脱轨6辆以上60辆以下，并中断繁忙干线铁路行车24小时以上或者中断其他线路铁路行车48小时以上。

1.5.3 较大事故

有下列情况之一的，为铁路交通较大事故：

（1）造成3人以上10人以下死亡。

（2）造成10人以上50人以下重伤。

（3）造成1 000万元以上5 000万元以下直接经济损失。

（4）客运列车脱轨 2 辆以上 18 辆以下。
（5）货运列车脱轨 6 辆以上 60 辆以下。
（6）中断繁忙干线铁路行车 6 小时以上。
（7）中断其他线路铁路行车 10 小时以上。

1.5.4 一般事故

有下列情况之一的，为铁路交通一般事故：

（1）造成 3 人以下人员死亡。
（2）造成 10 人以下重伤。
（3）造成 1 000 万元以下直接经济损失。

1.6 分级应对

发生特别重大、重大事故，由省政府负责组织应对，必要时报请国务院及国家相关部委给予支持；发生较大事故时，由事发地市（州）政府负责组织应对，必要时报请省政府及其有关部门给予支持。发生一般事故时，由事发地县（市、区）政府负责组织应对，必要时报请市（州）政府及其有关部门给予支持。

2 组织机构及其职责

2.1 省铁路交通事故应急指挥部及其职责

成立×处置铁路交通事故应急救援指挥部（以下简称"省应急指挥部"），统一指挥职责范围内的应急救援工作。由联系铁路运输工作的副省长担任总指挥，省政府相关副秘书长、×铁路监管局局长、中国铁路××局集团有限公司（简称"×铁路局"）董事长担任副总指挥，省委宣传部、省公安厅、省应急厅、省生态环境厅、省交通运输厅、省卫生健康委、省消防救援总队等单位分管领导为成员。

省应急指挥部主要职责：负责辖区内铁路交通事故应急救援组织、指挥、协调处理工作。辖区内发生铁路交通特别重大、重大事故，在国务院或者国务院授权部门及国务院铁路主管部门启动相应等级的应急预案后，未到达事故现场前，负责前期组织、协调指挥应急救援工作。发生较大及以下铁路交通事故，根据事故具体情况及时启动相应等级的应急预案，立即开展应急救援工作。超出本级应急救援处置能力时，及时向国务院报告。

2.2 省处置铁路交通事故应急指挥部办公室及其职责

省应急指挥部办公室设在×铁路局，办公室主任由×铁路局董事长兼任。

办公室主要职责：负责与有关部门的协调、联系，落实省处置铁路交通事故应急指挥部的指示；组织和协调事故现场救援工作；对事故应急救援工作及时进行总结并按时上报，对预案提出修改完善的意见、建议，并按程序上报预案修订的建议方案；负责制订本预案演练计划，并组织协调预案演练工作。根据省处置铁路交通事故应急指挥部的指示和要求，组织协调应急救援工作，积极协调事发地人民政府、当地驻军、武装警察部队提供支援；依据《铁路交通事故应急救援和调查处理条例》规定做好事故救援和善后处置工作。

2.3 省处置铁路交通事故应急指挥部各成员单位职责

2.4 现场指挥机构

特别重大、重大铁路交通事故发生后，根据工作需要设立省处置铁路交通事故现场指挥部（以下简称"省现场指挥部"），负责指挥协调事故现场应急处置工作。现场指挥部指挥长由省委、省政府指定负责同志担任，副指挥长由省政府相关副秘书长、×铁路监管局局长、

×铁路局集团有限公司董事长和事发地市（州）党委、政府负责同志担任，成员由事发地政府及其有关部门、救援队伍、事故发生单位负责同志和救援专家等组成。省现场指挥部人员到达事故现场后，应立即了解现场情况，与铁路运输企业、有关专家完善应急方案，指挥相关部门及救援队伍采取必要的防护措施，按照分工开展抢险救援和紧急处置行动，并做好证据保存工作。

根据铁路交通事故应急工作需要，省现场指挥部可设立若干工作组。

2.5　信息联络员

省应急指挥部各成员单位应确定1～2名日常工作联络员，负责相关事宜的联络、沟通和指令传达等工作，联络员变更要及时向省应急指挥部办公室重新报送。

3　预防预警

3.1　体系建立

省内铁路运输企业（含×铁路局集团有限公司、其他相关铁路运输企业，下同）根据铁路交通事故特点和规律，进一步整合和完善现有各项安全检测、监控技术装备，加大对重点区段、站点的监测力度。依托现代网络技术和移动通信技术，构建完善的铁路交通安全信息网络，实现各类安全监测信息的自动收集、集成和分析处理；建立防止各类铁路交通事故的安全监控系统、事故救援指挥系统和铁路交通安全信息综合管理系统。在此基础上，逐步建成集监测、控制、管理和救援于一身的现代化铁路交通安全监控体系。

3.2　预警发布

省内铁路运输企业应利用铁路通信网络及公共通信网络建立铁路预警信息发布系统，迅速接收、处理铁路交通事故或自然灾害信息，并在最短时间内向有关单位、部门及铁路车站等发布预警信息。

4　应急处置与救援

4.1　信息报告

4.1.1　信息管理

有关部门、单位和个人发现铁路交通事故，应立即报告铁路监管部门、公安机关、应急管理部门、应急指挥部办公室；相关部门接到报告后应立即向本级人民政府和上级行业主管部门报告。

事发地市、县级人民政府接到报告后，对判定为较大或一般铁路交通事故的，立即向上级人民政府报告。对初步认定为特别重大或重大铁路交通事故的，要直接向省政府直至国务院书面报告，县级人民政府同时报告市级人民政府；紧急情况下可先采用电话报告，最迟不得超过1小时。

当情况发生变化时，需及时进行信息续报。信息续报的内容包括人员、事故影响最新情况、事件重大变化情况、采取应对措施的效果、检测评估最新情况、下一步需采取的措施等。

4.1.2　信息报告原则

铁路交通事故信息要按照分级负责、条块结合、逐级上报、及时准确的要求报送。

4.1.3　信息报告内容

发生铁路交通事故时，铁路运输企业应根据《铁路交通事故应急救援和调查处理条例》中有关事故报告的相关规定及时上报。

（1）事故发生的时间（月、日、时、分）、地点、区间（站名、线名、公里、米）、线路条件、事故相关单位和人员。

（2）发生事故的列车种类、车次、机车型号、部位、牵引辆数、吨数、计长及运行速度；关系人姓名，客车车辆配属单位，值乘人员所属单位。

（3）旅客人数，伤亡人数、性别、年龄以及救助情况，是否涉及境外人员伤亡。

（4）货物品名、装载情况，易燃、易爆等危险货物情况。

（5）机车车辆脱轨辆数、线路设备损坏程度等情况。

（6）对铁路行车的影响情况。

（7）事故原因的初步判断，事故发生后采取的措施及事故控制情况。

（8）应当立即报告的其他情况。事故报告后，人员伤亡、脱轨辆数、设备损坏等情况发生变化时，应及时补报。

4.2 先期处置

发生重特大铁路交通事故后，事发地县级以上人民政府、事故发生单位要迅速核实事故情况，及时按规定报告事故信息，组织应急救援力量搜救伤员、控制危害，紧急疏散受威胁人员，开展紧急医疗救援，抢通救援道路，组织疏导交通，对现场实行保护和警戒，维护治安秩序，保障通信畅通，做好物资征用（包括大型起重设备的征用），确保现场救援有序开展。发生次生、衍生灾害时，应果断控制或切断事故灾害链，全力控制事故发展态势，防止事故扩大。在省现场指挥部人员到达现场之前，事发地县级以上人民政府协同铁路运输企业负责现场应急救援的指挥协调，必须按相关应急预案及现场处置方案，迅速、有效地开展先期处置。事发地县级以上人民政府指派专人负责引导省现场指挥部人员及应急救援队伍进入救援现场。先期处置情况应及时报告省现场指挥部。

开展铁路交通事故应急救援时，根据现场救援情况，对可能危及人员生命安全的，应当先将旅客、列车乘务人员、沿线群众疏散到安全区域后，方准开展其他应急救援工作。

4.3 应急响应

对应铁路交通事故等级，省级应急响应由高到低分为Ⅰ级、Ⅱ级、Ⅲ级、Ⅳ级4个等级。

4.3.1 Ⅰ级应急响应

发生特别重大铁路交通事故或其他需要启动省级Ⅰ级响应的情况，由省应急指挥部综合研判，向省委、省政府提出启动省级Ⅰ级应急响应的建议，由省委、省政府决定启动省级Ⅰ级应急响应，第一时间向党中央、国务院报告。

在党中央、国务院的指导和省委、省政府的统一领导下，由省应急指挥部组织开展事故应急处置，主要采取以下措施：

（1）进入应急状态，组织召开紧急会议，及时会商研判，了解铁路交通事故信息及发展趋势，研究救援措施及保障工作，指挥事发地政府及省应急指挥部成员单位做好应急处置工作。根据处置工作实际需要，可扩大响应范围，增补有关部门（单位）加入省急指挥部。

（2）成立现场指挥部，组织指挥抢险救援处置工作。

（3）第一时间向省委、省政府和国务院有关部门报告事故及应急处置情况；出现超出省级处置能力的，请求国家相关部委和有关省（区、市）政府给予支援。

（4）协调调度专业应急救援队伍和专业救援设备，必要时请求驻××解放军和武警部队给予支援。

（5）通知省应急指挥部成员及联络员保持通信畅通，组织相关成员单位参加铁路事故应急处置和救援,按规定的指挥关系和指挥权限指挥。

(6)及时发布有关信息,安排省应急指挥部相关成员单位协调指导媒体做好铁路交通事故应急处置工作报道,加强舆论引导。

(7)当国家层面指导协调和组织应对时,服从国家相关机构的统一指挥,按要求具体组织调度。

4.3.2 Ⅱ级应急响应

发生重大铁路交通事故或其他需要启动省级Ⅱ级响应的情况,由省应急指挥部综合研判,向省政府提出启动省级Ⅱ级应急响应的建议,由省政府决定启动省级Ⅱ级应急响应,第一时间向国务院及有关部门报告。

省应急指挥部参照启动Ⅰ级应急响应的相关措施组织开展应急处置。

4.3.3 Ⅲ级应急响应

发生铁路交通较大事故或其他需要启动省级Ⅲ级响应的情况,由省应急指挥部办公室综合研判提出启动省级Ⅲ级应急响应的建议,立即向省应急指挥部报告,由省应急指挥部决定启动省级Ⅲ级应急响应,第一时间向省政府报告。

在省应急指挥部的指导下,由事发地市(州)政府组织开展事故应急处置工作。省应急指挥部及时调度会商应急救援情况,派出工作组赴现场进行指导,根据市(州)应急救援请求给予必要的人员、物资、装备和技术支持。

4.3.4 Ⅳ级应急响应

发生铁路交通一般事故或其他需要启动省级Ⅳ级响应的情况,根据市(州)应急救援请求,由省应急指挥部办公室视情决定启动省级Ⅳ级应急响应,给予事发地政府必要的人员、物资、装备和技术支持。

市(州)、县(市、区)参照省级层级划分,明确本级应急响应分级。

4.4 响应终止

铁路交通事故应急处置工作结束,或相关威胁和危害得到控制、消除后,按照响应分级,由启动响应的机构向社会宣布终止应急响应。

5 后期处置

5.1 善后处理

在省应急指挥部的领导下,铁路交通事故的善后处置工作由省级相关部门和单位负责指导协调,铁路运输企业、事发地县级以上人民政府及相关部门负责组织实施。善后处置主要包括人员安置、补偿,征用物资补偿,污染物收集、清理与处理等事项。

善后处置责任部门(单位)应当尽快消除事故影响,妥善安置和慰问受害人员及受影响群众;依据相关法律政策负责遇难者及其家属的善后处理及受伤人员的医疗救助等;对应急救援中伤亡的人员及时给予救治和抚恤,做好事故伤亡人员家属的安抚工作。根据需要依法调用和征用的财产,在使用完毕或者应急救援结束后,应当及时归还。财产被调用、征用或者调用、征用后毁损、灭失的,应当按照国家有关规定给予补偿。有关部门要做好环境污染物收集、清理与处理工作。

5.2 原因调查和责任追究

铁路交通事故调查应严格按照《中华人民共和国安全生产法》《铁路交通事故应急救援和调查处理条例》等法律法规的规定进行,对玩忽职守、严重失职造成事故的责任人,根据国家有关法律法规，向有关单位提出处理建议。构成犯罪的，由司法机关依法追究刑事责任。

5.3 分析总结

铁路交通事故处置完毕后，负责事故处置工作的各成员单位应在处置工作完成后及时向省应急指挥部办公室提交书面报告。报告内容包括：基本情况、采取的措施、处置结果和防范措施。

5.4 改进措施

各成员单位应及时总结铁路交通事故应急处置经验，汲取教训，并针对事件暴露出的问题，找出差距，堵塞漏洞，制定和完善相关制度机制。同时，向省应急指挥部办公室提出预案修订意见和建议。

6 应急保障

6.1 医疗保障

事发地县级以上人民政府应加强急救医疗服务网络建设，配备相应的医疗救治药物、技术、设备和人员，提高医疗卫生机构对事故伤员的救治能力。各级卫生健康部门按照职责和相关预案要求，全面掌握本行政区域内医疗卫生资源信息，尤其是专科救治方面的资源信息，其中包括骨折、烧伤、中毒等救治机构的数量、分布、可用病床、技术力量和水平等。市场监督管理部门加强对应急救治药品、医疗器械实施监督管理，保证所用药品、医疗器械安全有效，掌握抢救药品、医疗器械、消毒、解毒药供应的城市及来源。

6.2 交通运输保障

重特大铁路交通事故发生后，事故现场的交通运输保障由省公安厅和省交通运输厅按职责分工组织协调，依法对事故现场进行交通管制，保障抢险道路的畅通，确保救灾物资、器材和人员运送及时到位。

6.3 通信和信息保障

铁路运输企业负责组织建立统一的铁路交通事故灾难应急救援指挥系统，逐步整合行车设备状态信息、地理信息、沿线视频信息，并结合行车事故灾害现场动态图像信息和救援预案，建立铁路运输安全综合信息库，为抢险救援提供决策支持。

6.4 应急物资保障

事发地县级以上人民政府应加强危险化学品等物资储备库建设，建立健全大型起重设备数据库，确保在事故发生后能够立即调用相关救援装备、物资。

铁路运输企业根据××省内铁路分布状况，备齐各类应急救援物资、机具，积极做好各类应急救援物资的储备和日常管理，实现应急救援物资、设备、人员等信息要素的动态管理。根据事故救援情况，需要调集其他救援物资时，由省应急指挥部决定，省应急指挥部办公室负责协调。

各应急指挥机构应当掌握本专业的救援装备情况。各专业应急救援队伍和企业根据实际情况需要配备必要的应急救援装备。

6.5 应急队伍保障

重特大铁路交通事故发生后，省应急指挥部组织省消防救援总队等救援队伍参加铁路交通事故应急处置和救援。铁路运输企业应急救援队伍按照本单位预案要求开展应急救援工作。需要社会力量参与时，由省应急指挥部协调事发地县级以上人民政府实施。社会力量参与应急救援，纳入现场指挥部统一管理、统一调动、统一行动。

铁路运输企业等有关单位要加强铁路交通事故应急救援队伍建设，保证应急救援行动快速、有效。

6.6 资金保障

铁路交通事故应急救援费用由事故责任单位承担，地方铁路交通事故责任单位无力承担的，由事发地县级以上人民政府协调解决。

6.7 治安、网络舆论保障

重特大铁路交通事故发生后，省公安厅负责维护社会治安，维持救援现场秩序，协助撤离危险区域群众。省委宣传部协助国家和省直有关单位做好相关信息发布和舆论引导工作。

7 预案管理

7.1 预案体系

全省铁路交通事故应急预案体系包括：省铁路交通事故应急预案，铁路监督管理机构处置铁路交通事故应急预案，铁路运输企业总体预案、专项预案、现场处置方案等。

7.2 预案演练

县级以上人民政府至少每年组织铁路运输企业开展一次应急预案演练，提高本地区、本部门铁路交通事故应急处置能力。必要时，可组织跨区域、跨行业的应急演练，提高快速反应和协同处置能力。

铁路运输企业要制订本单位的应急预案演练计划，根据本单位的事故风险特点，至少每年组织一次事故应急预案演练。

7.3 预案评估与修订

本预案由省应急指挥部办公室会同有关部门制定，要建立定期评估制度，及时组织专家分析评价预案内容的针对性、实用性和可操作性，实现应急预案的动态优化和科学规范管理，并根据实际情况变化适时组织修订完善预案，上报省政府批准后实施。

7.4 宣传与培训

铁路监督管理机构、县级以上人民政府要加强铁路安全生产相关法律法规和事故预防、避险、自救、互救常识的科普宣传工作，各有关媒体应给予支持。

铁路运输企业要组织应急管理队伍、专业救援队伍开展岗前培训和业务培训。

7.5 责任与奖惩

将铁路交通事故应急处置工作纳入县级以上人民政府及其有关部门年度目标责任考核。

根据有关法律法规，对铁路交通事故应急处置工作中贡献突出的先进集体和个人给予表彰和奖励，对工作不力或玩忽职守等造成严重后果或影响的单位和个人，依法依规追究责任。

8 附则

8.1 术语解释

本预案中所称"以上"包括本数，"以下"不包括本数。

8.2 预案解释

本预案由省政府办公厅会同×铁路局集团有限公司负责解释。

8.3 预案实施

本预案自印发之日起实施。

项 目 考 核

1. 理论考核

完成以下理论考核，满分 60 分。

1）单选题

（1）造成（　　）人以上死亡的事故为特别重大事故。
  A. 10   B. 30   C. 40   D. 50

（2）造成（　　）人以上重伤（包括急性工业中毒）的事故为特别重大事故。
  A. 30   B. 50   C. 100   D. 150

（3）造成（　　）元以上直接经济损失的事故为特别重大事故。
  A. 1 000 万   B. 5 000 万   C. 1 亿   D. 2 亿

（4）造成繁忙干线客运列车脱轨（　　）辆以上并中断铁路行车（　　）h 以上的事故为特别重大事故。
  A. 18　48   B. 18　24   C. 60　48   D. 60　24

（5）造成 40 人死亡的事故为（　　）事故。
  A. 特别重大   B. 重大   C. 较大   D. 一般

（6）造成 25 人死亡的事故为（　　）事故。
  A. 特别重大   B. 重大   C. 较大   D. 一般

（7）造成 5 人死亡的事故为（　　）事故。
  A. 特别重大   B. 重大   C. 较大   D. 一般

（8）列车及调车作业中发生交通事故，造成客运列车耽误本列 4 h 以上的事故为一般（　　）事故。
  A. A 类   B. B 类   C. C 类   D. D 类

（9）我国铁路事故救援组织由（　　）部门负责管理。
  A. 车务   B. 机务   C. 工务   D. 电务

（10）救援列车应当在接到出动命令后（　　）min 内出动。
  A. 20   B. 30   C. 40   D. 50

（11）下列不属于机车、车辆脱轨后复轨方法的是（　　）。
  A. 轨道起重机吊复   B. 复轨器复轨
  C. 线路和桥梁设备复轨   D. 人工复轨

（12）起重臂工作位置与接触网带电部分需保持（　　）m 以上的安全距离。
  A. 1   B. 2   C. 4   D. 10

（13）发生挤道岔事故后应报告（　　）（调车区长）。
  A. 列车调度员   B. 站长   C. 车站值班员   D. 助理值班员

（14）车站发生挤道岔，当机车、车辆已挤坏道岔并停留在道岔上时，为防止机车、车辆脱轨，正确的处理方法是（　　）。
  A. 迅速后退   B. 顺岔子方向向前缓慢移动
  C. 迅速向前移动   D. 缓慢后退

（15）接发列车人员发现列车中车辆抱闸，错过停车时机时，报告（　　），到前方站停车处理。

  A 列车调度员 B. 站长 C. 车站值班员 D. 助理值班员

（16）车辆抱闸停车处理时，如因制动机故障一时不能排除，在不违反"关车门"编挂条件下，可关闭（　　），停止该车制动作用。

  A. 折角塞门 B. 截断塞门 C. 副风缸 D. 制动缸

（17）发生列车冒进信号后，及时报告（　　）以便调整列车运行计划。

  A. 列车调度员 B. 站长 C. 车站值班员 D. 助理值班员

（18）列车冒进进站信号，停车位置影响准备接车进路时，集中联锁车站，应通知司机退出信号机，准备接车进路后，可（　　）将列车接入站内。

  A. 以调车方式   B. 开放进站信号

  C. 开放引导信号   D. 派引导员

（19）在电气化铁路区段列车发生火灾，立即报告（　　），并提出是否需要停电的请求。

  A. 列车调度员   B. 站长

  C. 车站值班员   D. 车站调度员

（20）接发车人员，发现运行的车辆制动梁或下拉杆脱落，如果来不及停车，应立即向（　　）报告，通知前方站停车处理。

  A. 列车调度员 B. 站长 C. 车站值班员 D. 司机

（21）（　　）国务院发布了《国家突发公共事件总体应急预案》。

  A. 2004.1.1 B. 2006.1.8 C. 2012.12.1 D. 2014.4.1

2）判断题

（1）铁路交通事故是指铁路机车车辆在运行过程中与行人、机动车、非机动车、牲畜及其他障碍物相撞，或者铁路机车车辆发生冲突、脱轨、火灾、爆炸等影响铁路正常行车的事故。（　　）

（2）行车事故分为四类。（　　）

（3）铁路交通事故分为四类。（　　）

（4）造成8人死亡的事故为较大事故。（　　）

（5）造成40人重伤（包括急性工业中毒）的事故为较大事故。（　　）

（6）造成5 000万元直接经济损失的事故为较大事故。（　　）

（7）造成3 000万元直接经济损失的事故为较大事故。（　　）

（8）造成客运列车脱轨2辆以上18辆以下的事故为较大事故。（　　）

（9）造成货物列车脱轨18辆的事故为较大事故。（　　）

（10）中断繁忙干线铁路行车8 h的事故为较大事故。（　　）

（11）中断其他铁路行车9 h的事故为较大事故。（　　）

（12）在调车作业中由于人为失职或设备不良等原因,将车辆挤坏或拉坏构成中破程度时，亦按冲突论。（　　）

（13）机车车辆脱轨后又自行复轨不按脱轨论。（　　）

（14）行车凭证交与司机，发现行车凭证错误，不按错误办理行车凭证发车。（　　）

（15）擅自发车是指车站发车人员未确认旅客上下直接发车。（　　）

（16）从法律角度讲，事故分为全部责任、主要责任。（　　）

（17）属于不可抗力原因导致的事故定为非责任事故。（　　）

（18）因设备管理不善造成的事故，定为设备单位管理责任。（　　）

（19）救援列车设列车长一名，领导救援列车的全部工作。（　　）

（20）救援列车职工休班时间可自行安排。（　　）

（21）救援列车停留线两端的道岔应扳向不能进入该线的位置并加锁。（　　）

（22）人字形复轨器两个为一组，左为"人"字形，右为"入"字形。（　　）

（23）海参形复轨器使用时，外侧复轨器与基本轨要密贴，内侧复轨器与基本轨留出 35～40 mm 的间隙，以便轮缘通过。（　　）

3）简答题

（1）特别重大事故的情况有哪些？

（2）救援列车应该如何停放？

（3）车辆发生抱闸的现象是什么？有什么后果？

（4）发生挤道岔后的处理办法是什么？

（5）列车冒进进站信号机的处理办法有哪些？

（6）列车发生火灾的处理办法有哪些？

（7）列车运行中发现装载异状、货物坠落的处理办法有哪些？

2. 实践考核

完成以下实践考核，满分 20 分。

2014 年 1 月 19 日济宁电厂专用线发生车辆脱轨，重车调车机连挂重车时因车钩及调车车钩处于闭锁位未连挂上，车辆往后溜逸造成超出重调机走行距离，采取利用翻卸完后的车辆连挂重车，然后重调机牵引空车连挂重车运行。因未提开连挂车辆车钩，造成后续车辆进入翻车平台，翻车机操作人员在联锁控制系统显示 5 轴、无法翻卸的情况下擅自修改数据，翻车机开始翻卸，前车带动后车翻转，造成后车辆侧翻脱轨。

思考：① 发生车辆脱轨，现场第一时间应该如何处置？

② 讨论车辆脱轨造成的危害。

3. 素质考核

素质考核满分 20 分，其中出勤情况 5 分，课堂表现 10 分，任务完成情况 5 分。

项目 3

铁路行车安全保障体系认知

项目介绍

本项目主要是建立铁路行车安全保障体系的基本概念，从建设铁路行车安全保障体系必要性入手，分析影响铁路行车安全的基本因素，突出铁路安全保障体系构成的针对性及实现目标。介绍了我国铁路运输已经形成的铁路行车安全法律保障体系、铁路行车安全技术保障体系、行车安全教育与专业技能培训体系、铁路行车安全监察体系并对国内行车安全保障体系发展情况进行分析。从国家法规、企业标准及制度、人员素质及培训、技术设备保证等方面，展示了铁路行车安全保障体系构成和现状，为后续项目的学习打下良好的基础。

知识目标

1. 熟悉铁路行车安全保障体系的基本概念，了解影响铁路行车安全的基本因素。
2. 对我国路运输已经形成的铁路行车保障安全法律体系、铁路行车安全技术保障体系、行车安全教育与专业技能培训体系、铁路行车安全监察体系有一个系统的认知。
3. 了解《铁路法》《刑法》《安全生产法》等法律的立法原则，领会《铁路安全管理条例》《铁路交通事故应急救援和调查处理条例》等行政法规的精神实质，掌握《技规》《行规》等铁路运输规程、规则的原则、使用范围和主要内容。
4. 了解铁路行车安全技术保障体系的主要内容和方式。
5. 了解安全教育的意义、内容、形式，掌握专业技能培训的内容。
6. 了解铁路运输安全监察工作的程序、安全监察人员的职责，站段安全工作的主要内容。
7. 能够理解我国铁路行车安全保障体系发展情况。

能力目标

1. 能够以系统工程的角度，认识铁路行车安全保障体系。
2. 能够分析影响铁路行车安全的基本因素，初步掌握铁路行车安全保障体系框架下安全工作的基本方法。
3. 能够理解国家、企业有关铁路行车安全法规，会运用各种铁路行车安全法规指导铁路行车组织工作。
4. 掌握利用各种技术手段保障铁路行车安全的方法。
5. 掌握铁路行车三级教育体系，明确每个阶段教育和培训的目标。

6. 了解铁路行车安全监察机构的设置及安全监察人员的工作职责，学会处理铁路行车安全监督通知书等文件。

素质目标

1. 树立依法办事、遵章守纪的规章意识。
2. 能够结合理论知识发现、解决现实问题，强化实践创新能力，培养工匠精神。
3. 能够自觉接受安全教育和专业培训，主动学习和提升自我。
4. 树立安全监察工作公平公正的理念，培养在安全监察工作中坚决执行党的路线、方针、政策和国家法律的自觉性，维护行车安全法规的严肃性。
5. 坚定理想信念、厚植家国情怀，形成强国有我，勇担重任的坚韧品质。

任务 3.1　铁路行车安全法律法规体系认知

3.1.1　拟完成的任务

案例分析：×年×月×日×时×分，×次旅客列车在行至×站时，与停在站内×道的×次旅客列车发生尾部冲突，造成死亡 126 人，重伤 48 人，轻伤 182 人，机车报废 1 辆，客车报废 11 辆、大破 3 辆、中破 1 辆、小破 1 辆，损坏线路 415 m，直接经济损失价值人民币 415 万余元。经调查，该站信号工违章操作二极管封连装置，致使信号机错误显示是导致事故的直接原因。

想一想：
1. 发生此类事故应依照哪个法规进行事故等级认定？
2. 由哪个部门组织开展事故调查？
3. 涉及事故的相关人员需要负哪些法律责任？

3.1.2　任务目的

1. 掌握各级各类法律法规、规章制度的适用范围以及主要内容；
2. 学会运用规章条例解决实际问题；
3. 培养学生的规章意识和安全责任意识。

3.1.3　相关配套知识

在社会主义市场经济形势下，铁路要实现安全生产、优质服务，提高社会效益和经济效益，必须有一整套法律和规章制度。安全生产法律和规章制度一般可分为国家法律、行政规章和操作规程三大类。下面着重介绍与铁路运输安全生产有关的法规、规程、规则与管理制度。

新中国成立以来，特别是改革开放以来，我国铁路运输事业取得了很大的发展，铁路运输管理正在走向法制化、规范化的管理轨道。这期间，国家先后制定了大量管理铁路运输的法律规范，这些法律法规和行政规章的颁布实施，对保障铁路运输安全，强化运输生产管理，维护运输生产秩序起到积极的作用。尤其是 1990 年 9 月 7 日由第七届全国人大常委会第十五次会议通过，自 1991 年 5 月 1 日起开始施行的《铁路法》等基本法，2004 年 12 月 22 日国务院第 74 次常务会议通过，自 2005 年 4 月 1 日起施行的《铁路运输安全保护条例》，于 2013 年 7 月 24 日国务院第 18 次常务会议通过，自 2014 年 1 月 1 日起实施的新的《铁路安全管理条例》，表明铁路运输部门的法规体系已经建立起来了。

我国现行的铁路运输法规体系的基本框架是：以宪法为基础、铁路运输法律为龙头、铁路运输行政法规为骨干、铁路运输企业规章为补充的纵横相结合的系统。

1. 全国人大常务委员会制定的有关铁路运输安全的法律

1）铁路法

《铁路法》（2015 年 4 月 24 日）是我国管理铁路的第一部大法，是进行铁路运输和建设的基本法律，铁路运输的一切法律、规章都应以它为基础，且其内容不得与之相违背。整体内容包括总则、铁路运输营业、铁路建设、铁路安全与保护、法律责任、附则六个章节。其中有关"铁路安全与保护"方面的法律问题有：

① 铁路运输设施的安全保障。
② 铁路公安和地方公安的职责划分。
③ 铁路的电力供应。
④ 铁路线路两侧山坡土地的水土整治。
⑤ 铁路路基的防护和妨碍行车瞭望因素的排除。
⑥ 道口防护和通行，维护铁路行车安全和站车秩序的各项行政措施。
⑦ 铁路客货运输的卫生检疫、铁路行车事故的处理以及重要桥隧的守护等。

《铁路法》针对危害铁路运输安全的违法行为，规定了相应的行政责任、刑事责任和民事责任。铁路运输部门凡属违反安全运输原则，造成人身伤亡或货物损失的，均须追究法律责任。

《铁路法》的贯彻实施，对安全生产起了积极的作用。在社会主义市场经济的新形势下，必须使用法律法规来管理和规范企业的安全生产。因此，大力推进安全生产法制建设，完善安全生产法律、法规体系势在必行。

2）刑法

铁路运营初期，管理方式比较落后，发展的速度远远不能满足日益增长的社会需求，乘车难、运货难的状况十分突出，一些铁路职工法制观念淡薄，对维护铁路运输生产秩序、保障铁路运输安全的重要性认识不足，有的甚至严重不负责任，违反规章制度，致使发生铁路运营事故，造成人员伤亡、财产损失，造成十分恶劣的社会影响，妨碍铁路运输事业的发展。为此，1990 年 9 月 7 日通过的《铁路法》对铁路运输、铁路建设、铁路安全与保护等作了规定，其中第七十一条规定："铁路职工玩忽职守、违反规章制度造成铁路运营事故的，滥用职权、利用办理运输业务之便谋取私利的，给予行政处分；情节严重、构成犯罪的，依照刑法有关规定追究刑事责任。"

1997 年修订刑法时，为了保障铁路运营的安全，将 1990 年《铁路法》第七十一条规定的铁路职工责任事故犯罪行为纳入刑法，并作为单独的犯罪规定了刑罚。《刑法》（2021 年 3 月 1 日）中与行车安全管理、行车事故处理和法律责任相关的部分条文（摘录）如下：

① 危害公共安全罪（第一百一十六条）。破坏火车、汽车、电车、船只、航空器，足以使火车、汽车、电车、船只、航空器发生倾覆、毁坏危险，尚未造成严重后果的，处三

年以上十年以下有期徒刑。

② 危害公共安全罪（第一百一十七条）。破坏轨道、桥梁、隧道、公路、机场、航道、灯塔、标志或者进行其他破坏活动，足以使火车、汽车、电车、船只、航空器发生倾覆、毁坏危险，尚未造成严重后果的，处三年以上十年以下有期徒刑。

③ 危害公共安全罪（第一百一十八条）。破坏电力、燃气或者其他易燃易爆设备，危害公共安全，尚未造成严重后果的，处三年以上十年以下有期徒刑。

过失犯前款罪的：处三年以上七年以下有期徒刑；情节较轻的，处三年以下有期徒刑或者拘役。

④ 危害公共安全罪（第一百一十九条）。破坏交通工具、交通设施、电力设备、燃气设备、易燃易爆设备，造成严重后果的，处十年以上有期徒刑、无期徒刑或者死刑。

过失犯前款罪的，处三年以上七年以下有期徒刑；情节较轻的，处三年以下有期徒刑或者拘役。

⑤ 危害公共安全罪（第一百三十二条）。铁路职工违反规章制度，致使发生铁路运营安全事故，造成严重后果的，处三年以下有期徒刑或者拘役；造成特别严重后果的，处三年以上七年以下有期徒刑。

⑥ 危害公共安全罪（第一百三十三条）。违反交通运输管理法规，因而发生重大事故，致人重伤、死亡或者使公私财产遭受重大损失的，处三年以下有期徒刑或者拘役；交通运输肇事后逃逸或者有其他特别恶劣情节的，处三年以上七年以下有期徒刑；因逃逸致人死亡的，处七年以上有期徒刑。

⑦ 危害公共安全罪（第一百三十四条）。在生产、作业中违反有关安全管理的规定，因而发生重大伤亡事故或者造成其他严重后果的，处三年以下有期徒刑或者拘役；情节特别恶劣的，处三年以上七年以下有期徒刑。

强令他人违章冒险作业，或者明知存在重大事故隐患而不排除，仍冒险组织作业，因而发生重大伤亡事故或者造成其他严重后果的，处五年以下有期徒刑或者拘役；情节特别恶劣的，处五年以上有期徒刑。

3）中华人民共和国安全生产法

铁路运输的运营管理属于安全生产活动，铁路运输企业包括在《中华人民共和国安全生产法》（2021年9月1日，简称《安全生产法》）的规范之内，依法维护铁路企业的运输生产和正常的经营管理活动同样是《安全生产法》的保护范围。掌握《安全生产法》的立法精神，按照法律要求规范运营，健全安全生产监督机制是铁路企业依法管理的前提，按照《安全生产法》的要求规范运作是铁路企业依法管理的基础，健全安全生产监督机制是铁路企业依法管理的保障。

《安全生产法》由中华人民共和国第九届全国人民代表大会常务委员会第二十八次会议于2002年6月29日通过，自2002年11月1日起施行。

① 总则。强调了安全生产管理，坚持安全第一、预防为主的方针，指出生产经营单位的主要负责人对本单位的安全生产工作全面负责。

② 生产经营单位的安全生产保障。

③ 从业人员的安全生产权利义务。

④ 安全生产的监督管理。

⑤ 生产安全事故的应急救援与调查处理。

⑥ 法律责任。
⑦ 附则。

2. 国务院制定或经国务院批准而由交通行政部门发布实施的行政法规

按照国家《宪法》的规定，国务院有权根据有关交通运输法律和行政管理的需要，制定各类交通运输方面的行政法规，以保证交通运输行政管理活动能够顺利进行。这方面的法规在交通运输法规体系中占有很重要的位置。保障铁路运输安全的法规主要有以下几种。

1）生产安全事故报告与调查处理条例

《生产安全事故报告与调查处理条例》是经2007年3月28日国务院第172次常务会议通过，2007年4月9日公布，自2007年6月1日起施行。

（1）总则。

总则指出该条例的制定是为了规范生产安全事故的报告和调查处理，落实生产安全事故责任追究制度，防止和减少生产安全事故，根据《安全生产法》和有关法律而制定的。该条例根据生产安全事故造成的人员伤亡或者直接经济损失，把生产安全事故划分为特别重大事故、重大事故、较大事故和一般事故四类。

（2）事故报告。

本条例指出：事故发生后，事故现场有关人员应当立即向本单位负责人报告；单位负责人接到报告后，应当于1小时内向事故发生地县级以上人民政府安全生产监督管理部门和负有安全生产监督管理职责的有关部门报告。对特别重大、重大事故要逐级上报至国务院安全生产监督管理部门和负有安全生产监督管理职责的有关部门；较大事故逐级上报至省、自治区、直辖市人民政府安全生产监督管理部门和负有安全生产监督管理职责的有关部门；一般事故上报至设区的市级人民政府安全生产监督管理部门和负有安全生产监督管理职责的有关部门。

（3）事故调查。

特别重大事故由国务院或者国务院授权有关部门组织事故调查组进行调查。

重大事故、较大事故、一般事故分别由事故发生地省级人民政府、设区的市级人民政府、县级人民政府负责调查。省级人民政府、设区的市级人民政府、县级人民政府可以直接组织事故调查组进行调查，也可以授权或者委托有关部门组织事故调查组进行调查。

未造成人员伤亡的一般事故，县级人民政府也可以委托事故发生单位组织事故调查组进行调查。

（4）事故处理。

重大事故、较大事故、一般事故，负责事故调查的人民政府应当自收到事故调查报告之日起15天内做出批复；特别重大事故，30天内做出批复，特殊情况下，批复时间可以适当延长，但延长的时间最长不超过30天。

有关机关应当按照人民政府的批复，依照法律、行政法规规定的权限和程序，对事故发生单位和有关人员进行行政处罚，对负有事故责任的国家工作人员进行处分。

事故发生单位应当按照负责事故调查的人民政府的批复，对本单位负有事故责任的人员进行处理。

负有事故责任的人员涉嫌犯罪的，依法追究刑事责任。

（5）法律责任。

在事故发生后，事故发生单位主要负责人不立即组织事故抢救、迟报漏报事故或者在事故调查处理期间擅离职守的,处上一年年收入40%至80%的罚款;属于国家工作人员的,并依法给予处分;构成犯罪的,依法追究刑事责任。

事故发生单位及其有关人员谎报、瞒报事故;伪造、故意破坏事故现场;转移、隐匿资金、财产;销毁有关证据、资料;拒绝接受调查或者拒绝提供有关情况和资料;在事故调查中作伪证或者指使他人作伪证;事故发生后逃匿的,对事故发生单位处100万元以上500万元以下罚款;对主要负责人、直接负责的主管人员和其他直接责任人员处上一年年收入60%至100%的罚款;属于国家工作人员的,并依法给予处分;构成违反治安管理行为的,由公安机关依法给予治安管理处罚;构成犯罪的,依法追究刑事责任。

(6)附则。

规定了本条例的公布、实施时间等项目。

2)铁路安全管理条例

《铁路安全管理条例》(2014年1月1日)是为了加强铁路安全管理,保障铁路运输安全和畅通,保护人身安全和财产安全而制定的法规,2013年7月24日由国务院第18次常务会议通过,自2014年1月1日起施行。该条例明确了铁路安全管理体制,涵盖了铁路建设质量安全、铁路专用设备质量安全、铁路线路安全、铁路运营安全等铁路安全生产的主要领域和重要管理制度,是铁路安全管理的综合性法规。

(1)总则。

制定的目的、依据、方针、适用范围、安全管理部门和职责等内容。

(2)铁路建设质量安全。

在总结铁路建设实践经验的基础上,针对保障铁路建设质量安全的关键环节和主要问题作出了相关规定。

(3)铁路专用设备质量安全。

主要对铁路机车车辆的设计、制造、使用、维修等环节提出了相关要求;对生产铁路道岔及其转辙设备、铁路信号控制软件和控制设备、铁路通信设备、铁路牵引供电设备的企业进行了相应规范;对用于铁路运输的安全检测、监控、防护设施设备,集装箱和集装化用具等运输器具,专用装卸机械、索具、篷布、装载加固材料或者装置,以及运输包装、货物装载加固等应符合的标准进行了规范。

(4)铁路线路安全。

鉴于铁路线路安全保护区在实际划定时可能遇到的各种复杂情况,划定了铁路线路安全保护区的范围,并对不同情况下的划定程序和权限作出了具体说明。对保护区内外的机构、管理内容和方式,警示、保护标志等也作出了相应规定。

(5)铁路运营安全。

明确了铁路运营企业、从业人员所遵守的安全管理规定,运营中所使用的设施设备所符合的行业要求,以及影响铁路运营的其他企业所应提供的安全保障等。

(6)监督检查。

提出了对铁路监管部门的要求和对其他部门的安全生产协调机制等。

(7)法律责任。

(8)附则。

3）铁路交通事故应急救援和调查处理条例

充分考虑铁路交通事故调查处理的特点和现阶段国务院有关部门职责分工的情况，对铁路交通事故的调查处理程序作了以下五个方面的规定。

（1）总则。

该《铁路交通事故应急救援和调查处理条例》（2012年11月9日）的目的、依据、适用范围、原则等。

（2）事故等级。

根据事故造成的人员伤亡、直接经济损失、列车脱轨辆数、中断铁路行车时间等情形，事故等级分为特别重大事故、重大事故、较大事故和一般事故，并且明确了不同事故等级认定的具体内容。

（3）事故报告。

明确了接收事故报告的机构，以及事故报告的具体内容。

（4）事故应急救援。

明确了事故应急救援的处置机构，对应急处置措施提出了要求。

（5）事故调查处理。

对组织事故调查组的主体和参加部门、事故调查的期限、事故认定书的制作期限和效力等方面进行了规定。

（6）事故赔偿。

对造成事故的责任主体进行了认定，明确了赔偿责任。

（7）法律责任。

（8）附则。

3. 安全生产规程、规则和作业标准

1）确保行车安全的规程、规则

（1）铁路技术管理规程

《铁路技术管理规程》（2014年11月1日，简称《技规》），是我国铁路技术管理的基本规章。《技规》是铁路各部门、各单位制定各种规程、规范、规则、细则、标准和办法的基本依据，其编制对铁路的基本建设、运输生产和安全管理都起着重要作用。主要包括总则、技术设备、行车组织、信号显示、附录五个方面的内容。

① 总则。明确了铁路运输的地位、特点、规程的适用范围、原则等。

② 技术设备。包括基本要求，线路、桥梁及隧道，信号、通信，铁路信息系统，车站及枢纽，机车车辆，供电，给水，房屋建筑，铁路用地九个章节。规定了国家铁路的基本建设、产品制造、验收交接、使用管理及保养维修方面的基本要求和标准。

③ 行车组织。高速铁路部分包括基本要求，编组列车，调度指挥，列车运行，限速管理，调车工作，施工维修，灾害天气行车，设备故障行车，非正常行车组织和救援十个章节。普速铁路部分包括基本要求，编组列车、调车工作、行车闭塞和列车运行五个章节。规定了各部门、各单位、各工种在从事铁路运输生产时，必须遵循的基本原则、责任范围、工作方法、作业程序和相互关系。

④ 信号显示。包括基本要求，固定信号，移动信号及手信号，信号表示器及标志，听觉信号五个章节。规定了信号的显示方式、使用方法和执行要求。

⑤ 附录。包括有附图，附件，缩写词对照表，计量单位符号，词语释义等。规定了铁路建筑限界和机车车辆限界，有关行车凭证和表格的式样，缩写含义、计量单位说明及专业词语释义等。

（2）《普速铁路行车组织规则》和《高速铁路行车组织细则》。

《普速铁路行车组织规则》（2018年4月1日，简称《行规》）、《高速铁路行车组织细则》（2018年4月1日，简称《行细》），是各个铁路局根据《技规》的规定，结合本局行车设备的实际情况和广大职工生产实践经验制定的补充规定。路局管内的行车工作除应认真执行《技规》及部颁有关规定外均须按《行规》和《行细》执行。路局管内各部门、各单位制定的细则、措施、标准等均不得违反本规则，并要保证安全和有利于提高效率。

（3）车站行车工作细则。

《车站行车工作细则》简称《站细》，是车站行车工作组织的基本法规。它是贯彻执行《技规》《行规》、加强车站技术管理、保证安全生产的重要技术文件，是组织路内外各有关部门协同配合作业的基础，是车站编制、执行日常作业计划，组织接发列车、调车和各项技术作业以及有关技术设备使用的基本法规，是组织查定与执行车站各项技术作业程序、时间标准，计算车站通过能力及改编能力，日常运输生产分析、总结，以及铁路局下达年、月度技术指标任务的重要依据。

（4）铁路交通事故调查处理规则。

《铁路交通事故调查处理规则》（2000年7月1日，简称《事规》），是根据《铁路交通事故应急救援和调查处理条例》制定的调查和处理铁路行车事故的基本依据，对铁路行车事故的调查处理、定性、定责和统计分析具有鲜明的法规性和权威性，包括总则、事故等级、事故报告、事故应急救援、事故调查处理、事故赔偿、法律责任、附则八个章节，规范铁路交通事故调查处理，减少人员伤亡和财产损失，保障铁路运输安全和畅通。

（5）铁路交通事故应急救援规则。

《铁路交通事故应急救援规则》（2007年9月1日），是根据《铁路交通事故应急救援和调查处理条例》及国家有关规定制定的。包括总则、救援报告、紧急处置、救援响应、现场救援、善后处理、罚则、附录八章内容。从事故发生单位或现场人员的逐级报告，事故相关人员的应急处理，救援组织的救援响应，事故现场的救援组织，以及事故的善后处理等方面进行了较为详细的规定，指导和规范铁路交通事故发生时应急救援工作的开展。

（6）电气化铁路有关人员电气安全规则。

《电气化铁路有关人员电气安全规则》（2013年4月1日）是原铁道部为强化电气化铁路运输安全管理，确保电气化铁路运输安全和人身安全而制定的。

2）与行车安全密切相关的作业标准

（1）铁路接发列车作业。

《铁路接发列车作业》（2020年12月21日）是国家铁路局发布的铁道行业标准（TB/T 30001—2020），是根据《技规》和不同的信号、闭塞、联锁设备类型和接发列车作业中的经验、问题，对原铁道部发布的作业标准（TB/T 1500.1～1500.8—2009）进行修改后制定的。新标准为适应高速铁路运营和发展，统一了高速铁路调度集中区段车站操作方式下的接发列车作业标准，在保障接发列车安全，提高现场作业效率，满足现场实际需要等方面进行了修订。为国家铁路、地方铁路、专用铁路的接发列车作业安全提供了保障。

(2)铁路调车作业。

《铁路调车作业》(2020年12月21日)是国家铁路局发布的铁道行业标准(TB/T 30002—2020),是根据《技规》规定、调车设备类型和调车作业中的经验与问题,对原有国家技术监督局发布的国家标准(GB/T 7178.1-7178.10—2006)修订而成的。规定了铁路调车作业的基本要求、准备作业、自动化驼峰作业、半自动化驼峰作业、简易驼峰作业、平面牵出线作业、编组列车作业、列车摘挂作业、取送车辆作业、停留车作业。适用于国家铁路、地方铁路、专用铁路及铁路专用线的调车作业。

(3)铁路车机联控作业。

《铁路车机联控作业》(2020年12月21日)是国家铁路局发布的铁道行业标准(TB/T 30003—2020),是根据《技规》规定,列车运行过程中,车务、机务等行车有关人员使用列车无线调度通信设备,联络、提示行车安全信息、确认行车要求过程中总结的经验与问题,对原有国家技术监督局发布的国家标准(GB/T 7178.1-7178.10—2006)修订而成的。规定了列车运行过程中涉及的联控使用设备、作业人员、作业程序及用语。

(4)铁路车站行车作业人身安全规定。

《铁路车站行车作业人身安全规定》(TG/CW 224—2020)(2020年9月1日)是中国国家铁路集团有限公司在《铁路车站行车作业人身安全标准》(TB 1699—1985)的基础上,为强化铁路车站行车人员人身安全控制,根据《技规》等有关规定,结合现场设备及作业组织变化而制定的。主要包括行车作业人身安全通用规定,接发列车作业人身安全规定,调车作业人身安全规定,清扫(扳道)作业人身安全规定等。

任务3.2 铁路行车安全技术保障体系认知

3.2.1 拟完成的任务

案例分析:×年×月×日凌晨,×市迎来了入冬的第一场大雪。×站持续高度关注管内天气变化,提前预警管内寒潮、大风和雨雪天气,车站站领导全部深入现场盯控、指挥作业。当日1:00和2:30,该站连续发布大风和降雪Ⅲ级应急响应命令,管内19个车间(站)的干部职工,以雪为令、闻令而动,第一时间开展站场除冰扫雪工作,有效确保了行车安全畅通。

想一想:
1. 不同天气状况会对铁路行车带来什么样的影响?请举例说明。
2. 铁路沿线车站如何预判天气状况?
3. 应对不良天气影响,我们应当采取怎样的防范措施?

3.2.2 任务目的

1. 体会铁路工作环境的复杂性和应对环境确保行车安全的重要性;
2. 针对现实问题提出思考和解决方案;
3. 培养学生不怕吃苦,勇于担当的劳动精神和责任意识。

3.2.3 相关配套知识

1. 铁路行车安全技术保障体系的构成

中国铁路进入以高铁为标志的高速发展时期，铁路安全管理方法已从传统的行政手段、经济手段以及常规的安全监督检查模式，发展到现在的法制手段、科技手段和文化手段等现代化手段，以及系统工程安全管理理论及先进的信息技术、数据通信传输技术、现代控制与传感器技术、材料科学等安全技术实现的安全综合保障系统，保障铁路运输生产安全包括对人员、行车设备、环境等安全主体的检测监控、安全避险、安全防护、灾害防控及应急救援。

铁路行车安全技术保障体系正是保障铁路安全运行、预防和避免事故发生、减少事故造成的损失的一个复杂的大系统。研究和探索铁路安全规律，建立健全铁路行车安全技术保障体系，是确保铁路持续、科学、健康发展的必由途径。

1）铁路行车安全技术保障体系的构建

铁路运输企业的安全技术保障主要围绕安全事故、突发事件的预防、应急应对能力展开，具体表现为在正常生产状态下积累的组织、资源、预案和信息等应急要素的基础上，对可能发生突发事件的重点环节和部位进行监测预警，在非正常生产状态下，迅速作出反应，密切监控突发事件的发展演化，快速科学决策，进行统一指挥和管理，整合内外部资源，妥善处置突发事件，最大限度地减少人员伤亡和财产损失。关键体现在监测预警技术、决策指挥技术和应急处置技术三个方面，如图3-1所示。

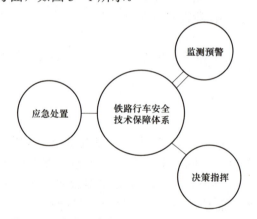

图3-1 铁路运输企业安全技术保障的关键技术

监测预警是指为了有效预防突发事件的发生，并努力使突发事件所造成的损失最小化，而对可能发生突发事件的重点环节和部位进行实时观察，在突发事件发生前，根据以往总结的规律或观测到的可能性前兆，发出紧急信号，报告危险情况，以避免突发事件在不知情或准备不足的情况下发生。监测预警的主要工作有突发事件的危险源排查、危险源监测、信息处理分析、风险评估和有效的预警发布。铁路运输企业应该树立"防大于救"的观念，加强突发事件监测预警能力建设，要求在突发事件演变的不同阶段，在可能产生突发事件的关键部位和关键环节上设置警情指标，对可能发生突发事件的各种要素及其所呈现出来的信号和征兆，随时进行严密的动态监测，对其发展趋势和可能发生的事件类型及其危害程度作出科学合理的评估，并向行车指挥人员发出警报。

决策指挥是指在铁路发生突发事件或事故后，在监测预警信息的基础上，明确决策问题和决策目标，分析评价各种应急方案并选择适用的方案，协调组织，调配资源，实施应急方案，跟踪检验并调整方案，直至事件得到控制的动态过程。决策指挥是突发事件应急管理过程中的核心和中枢，是突发事件应对工作中最为重要的环节，负责决策制定、组织协调、资源调配以及信息沟通反馈，决定处置方案的实施和变动，召集应急专家商讨对策，处理下级对支援工作的请求，协调地区指挥中心的行动。

应急处置是指如何确定应急决策方案，并按照现场应急指挥部的指挥协调指令，迅速聚集到应急处置现场，通过各种方式指挥协调、调动和运用各种应急工具设备和应急物资，通过部门和单位间的联勤协作，实施并达到应急方案的目标。应急处置是一项突发性、抢时间的工作，是一项综合性系统工程。

根据以上关键技术要求，为保障铁路运营安全，铁路行车安全技术保障体系的构成主要分为安全监测与预警系统、安全应急决策与指挥系统和安全应急救援和减灾系统。

2）铁路行车安全技术保障体系的实现

铁路行车安全技术保障体系是以信息技术为手段、管理为核心的对各类铁路行车事故实现事前预防、事发救援、事后保障的多层次安全保障体系，它基于铁路系统现有的各类信息技术与通信手段来实现对行车安全各类影响因素的监测、处理、管理与控制，以确保整个铁路行车系统的安全有序。

铁路行车安全技术保障体系按照技术规划可划分为三个层次，即管理层、信息层、执行层，其技术结构模型图如图3-2所示。

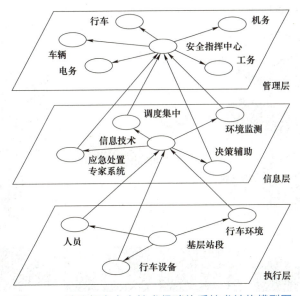

图3-2 铁路行车安全技术保障体系技术结构模型图

2. 铁路安全监测与预警系统

我国幅员辽阔，地质丰富，地震、风暴、洪水、冰雪灾害、冻雨、泥石流、滑坡、沙尘暴等各种自然灾害每年此起彼伏。而自然灾害或突发事件、异物侵限、轨温、地质沉陷等均对列车运行安全不断地提出挑战。随着我国铁路建设的高速发展，高速铁路列车运行时速普遍达到 200 km 以上，最高运行时速达到 350 km，在列车高速运行的铁路线路上，微小的灾害也可能导致危害国家财产和旅客生命安全的重大事故。

【例 3-1】×年×月×日×时×分，受强降雨影响，位于铁路上的一铁路老桥被洪水冲垮，导致×次货物列车在行至×线上行线×km×m 处发生脱轨事故，造成机车和机次 1~23 节车辆脱轨，中断上行线行车 27 h 19 min。该事故无人员伤亡，直接经济损失总计 682.818 9 万元。

2004 年 12 月 23 日，在国务院组织召开的关于重大基础设施和生命线工程试点方案工作会议上，将铁路列为四个试点单位之一。随着铁路几次大面积提速和高速铁路的蓬勃发展，铁路防灾安全监控预警系统逐渐完善起来。

铁路安全监测与预警系统保证铁路行车安全，对危及列车运行安全的自然灾害（风、雨、雪、地震等）、异物侵限、突发事件等进行实时监测，采集、汇总各类监测设备的监测信息，实现监测信息的分步获取、集中管理、综合运用，全面掌握灾害动态，提供及时准确的灾害报警和预警功能，依据灾害严重程度立即采取相应的紧急处置措施，防止或减轻因灾害引发的损失，避免次生灾害发生，并为调整运行计划、下达行车管制、抢险救援、维修等工作提供数据基础依据，是现代化铁路运输系统中不可缺少的重要技术保障。

1) 系统构成

铁路安全监测与预警系统由中国国家铁路集团有限公司防灾安全管理和各铁路运输企业防灾安全监控两级系统构成，并与调度指挥、应急救援、行车安全监控、客运服务、综合维修、牵引供电、列车控制、中国气象科学数据共享服务网和国家强震监测网相关系统进行信息交换和共享，如图 3-3 所示。

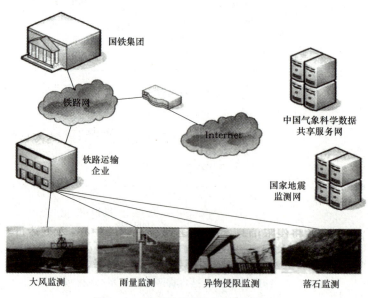

图 3-3　铁路防灾监测系统结构图

① 风、雨、雪、地震及异物侵限现场监测点经由相邻 GSM-R 基站、车站通信机械室通过 2 MB/s 专线通道接入铁路计算机网络，实现与中国国家铁路集团有限公司和铁路运输企业的网络连通。

② 中国国家铁路集团有限公司环境监测与灾害预警系统和各铁路运输企业的环境监测与灾害预警系统分别接入本地生产局域网。

中国气象科学数据共享服务网和国家强震监测网通过 Internet 接入铁路安全信息平台，实现与中国国家铁路集团有限公司和铁路运输企业的网络连通。

2）系统功能

中国国家铁路集团有限公司铁路安全监测与预警系统构建全路防灾安全管理统一平台，提供防灾安全的宏观管理、信息共享、决策支持分析。主要功能包括全路监测网布局，报警阈值设置紧急处置措施，监测设备选型、运用情况和应急预案管理等，并提供相关基础数据、监测数据等共享和交换，掌握灾害监测报警和设备运用状态，对各铁路运输企业防灾安全监控系统的运行情况进行监督和指导，通过对全路灾害监测数据分析，为铁路防灾安全监控系统建设提供决策支持服务。

铁路安全监测与预警系统由沿线现场监测点（风、雨、雪、地震灾害及异物侵限监测设备）、监控单元、监控中心和相关系统接口四部分构成，提供自然灾害及突发事件的实时监测、报警和预警功能，实现灾害报警紧急处置，最大限度地减少因灾害导致的损失，防止次生灾害发生。同时，通过对已有灾害监测和报警数据的统计分析，为进一步完善系统设计，优化系统功能提供数据支撑作用。

（1）实时监控子系统。

实时监控风、雨、雪、地震、异物侵限等报警及监测设备状态信息，提供报警和预警功能，记录处理结果。

（2）综合查询子系统。

提供风速风向仪、雨量计、雪量计、强震仪、感震柜、双电缆传感器、监控单元、服务器、交换机等设备检测和自身状态信息的查询。

（3）统计分析子系统。

通过对监测数据、报警信息及设备状态数据进行统计分析，生成打印各类报表。

（4）设备管理子系统。

建立系统风速风向仪、雨量计、雪量计、强震仪、感震柜、双电缆传感器、监控单元、服务器、交换机等设备台账，掌握设备运行状态，组织维修和保养。

（5）紧急处置子系统。

提供风、雨、雪、地震等灾害报警阈值和报警级别，并制定各种报警级别所采取的相应紧急处置措施。

（6）系统管理与维护子系统。

提供系统运行的支撑，包括基础字典管理、检测数据接收与校验、与其他系统信息交换、系统参数配置和安全管理、系统运行状态监控、数据转储与备份等。

3）主要子系统

（1）异物侵限监测子系统。

外部异物如铁路线路、站台两侧的危树、轻飘垃圾、彩钢瓦等，侵入铁路线路可能会挂断、烧坏铁路供电设备，轻则中断铁路行车，造成列车故障或晚点，重则直接危及行车安全和旅客的生命财产安全。

【例 3-2】×年×月×日×时×分，京广铁路×站至×站间接触网上挂有风筝，影响京广线行车 51 min。

【例 3-3】×年×月×日×时×分，某次旅客列车行至花莲大清水隧道时，一辆在边坡上施工的工程车，因不明原因滑落至铁轨，撞向该旅客列车后接着又撞进隧道内，造成列车出轨事故。事故造成 49 人死亡，近 200 人受轻重伤。

异物侵限监测子系统（如图 3-4 所示）主要用于公铁、铁铁立交及其他危险路段落物坠落的监测报警，具体原则如下：

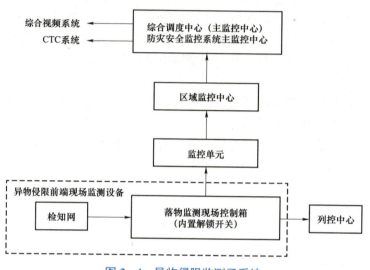

图 3-4 异物侵限监测子系统

① 上跨铁路公路桥，监测公路桥上掉下的汽车、自行车和货物等较大物体。
② 隧道口，监测隧道上方掉下的石块和树木等较大物体。
③ 高速公路与铁路并行处，监测从公路上冲入的汽车。
④ 铁路正线线路穿越山区可能发生崩塌、落石等地段，监测正线两侧及上下行线路间是否存在异物侵入铁路限界。

异物侵限监测系统是目前异物侵限防灾系统研究、发展的主要形式，一旦发生异物侵限，系统应能及时发出报警，并将侵限信息实时传送到行车调度中心，为下达行车控制、维修管理等指令提供依据，有效避免重大行车事故发生。

目前异物侵限监测技术主要有双电缆传感器、光缆传感器、红外线、微波和视频监控等。

（2）地震监测子系统。

对铁路运输工作而言，在过去列车低速运行的条件下，抗震工作主要关注基础设施，如桥梁、隧道、路基等的抗震能力。但当列车运行速度超过 200 km/h 以后，哪怕是较小震级（里氏 4 级左右）的地震，即使不会对线路结构造成损害，也极有可能会导致列车在高速运行中脱轨，所造成的危害是灾难性的。

地震灾害分为：原生灾害、次生灾害和诱发灾害三种。强震发生时，铁路可能产生的地震灾害分析见表 3-1。

表 3-1　强震引发铁路可能产生的灾害分析

原生灾害	状态	引发次生灾害或诱发灾害	状态
OD1	直接脱轨	SD1	引起后续和迎面列车事故
OD2	破坏铁路线路、道岔或桥梁	SD2	引起接近列车事故
OD3	破坏上位铁路桥危及高速铁路	SD3	引起临近列车事故
OD4	破坏重点建筑物	SD4	引起临近列车或候车旅客事故
OD5	破坏接触网、变电所建筑物及设备	SD5	人身伤害、短路、火灾等
OD6	区间长时间停车停电	ID1	车厢内旅客闷热、寒冷、焦虑

由于 SD1（引起后续和迎面列车事故）、SD2（引起接近列车事故）、SD3（引起临近列车事故）发生概率最大，因此，强震监控功能是地震监控系统最重要、最基本的功能，称为灾害应急处置，也是系统实现防灾减灾的第一要素。

地震监测及紧急处置系统对铁路沿线地震活动进行实时连续监测，当地震发生时，通过地震监测系统对纵波和横波的识别、震级推算、震中距、方位等判断，再计算出震灾影响区段，通过调度命令限速、紧急制动等手段降低列车运行速度，最大限度地保障生命财产安全。同时，继续监测后续的地震动加速度，以向运营调度提供停车后恢复运营的列车运行管制依据，从而减轻因地震引发的灾害损失并防止因地震引发的次生灾害损失。

（3）滑坡、泥石流监测子系统。

滑坡、泥石流是山区铁路运输线所遇到的最大的自然灾害，常导致铁路断道、淤埋线路、列车脱轨等重大安全事故。

【例 3-4】×年×月×日夜，成昆铁路×区段遭遇大暴雨，洪水肆虐，山体溜坍、钢轨空悬。水毁路段 17 处，共 47 km，直接损失 20 多亿元。K355 附近洪水冲毁路堤致钢轨悬空 200 多 m，6 000 方泥石掩埋线路，16 趟旅客列车被及时拦停，其中 4 趟受阻严重，约 5 000 名旅客滞留崇山峻岭间。

为确保雨季山区铁路的运输安全，减少因滑坡、泥石流造成的损失，采用新技术、新设备监测泥石流灾害规律提高防灾水平必不可少。目前铁路滑坡、泥石流监测系统主要采用位移监测、雨量监测预警、次声波监测预警、泥位监测预警和雷达等其他监测手段五个预警层次的技术。

① 位移监测。

滑坡监测最主要的是其变形的监测。国内外针对滑坡变形监测应用各种各样的测量手段和仪器，但总的方法分为简易测量法、大地测量法（常规测量）、埋设仪表法、陆地摄影测量法和全球定位系统等方法。根据滑体的特性和变形破坏机制以及所处不同的变形阶段等，合理运用不同的监测方法或手段，达到最佳的监测效果。

② 雨量监测预警。

根据雨量的大小预测泥石流是否会发生或发生的可能性大小，即某地的降雨量达到某个值的时候，就可能引发泥石流，预警系统就会发出预警，并且根据不同雨量大小发出不同级别的预警。雨量临界值的确定在雨量预警系统中最为关键。要根据不同的地质构造和周边实际情况来确定，通常积累的基础观测资料越齐全，确定的临界值就越准确。

③ 次声波监测预警。

泥石流发生的瞬间，从发生源地会发出特殊的声波——泥石流次声波，以约 344 m/s 的速度、以空气为介质向四周发射，它远大于泥石流的运动速度，强度基本不衰减。在一定范围内一旦有泥石流发生，立即被次声波监测仪发现，为避灾赢得宝贵时间。

④ 泥位监测预警。

泥石流已汇集形成后，判断泥石流规模大小的预警。该预警系统由超声波泥位计等一起构成，泥位计安装在预计泥石流经过的山沟处。假若前面两个预警系统均"判断失误"，在泥石流已经发生的情况下，达到一定大小的泥石流经过超声波泥位计监测断面时，泥位监测预警计便通过系统发出预警信号。

⑤ 雷达等其他监测。

区域性的泥石流、滑坡的调查与监测主要采用综合分析已有监测资料，特别是群测群防资料的方式，获取泥石流、滑坡危险区的信息，并辅以遥感监测方法。

上述五个预警系统通过计算机和现代通信技术连成一个整体，根据需要还可与水利部门的监控终端连接，实现预警的实时监控。预警耗时从雨量达到设定值或声波达到设定值到发出信号只需瞬间，算上工作人员反应时间也只需数秒。

（4）防风预警子系统。

我国各地经常发生强对流风暴，铁路运营中曾经出现过数次风力过强导致车辆侧翻、行车中断的事故，威胁乘客生命安全，造成重大财产损失。

【例 3-5】每年新疆、西藏及沿海各省也频发风暴（台风）影响列车运行安全。×年×月×日×分，从乌鲁木齐市开往新疆南部城市阿克苏的×次列车行至吐鲁番地区（现吐鲁番市）×线×区段时，因大风致 9~19 位车辆脱轨侧翻。造成 3 人死亡 2 人重伤 32 人轻伤，该线被迫中断。据测风仪记录，列车脱轨地点瞬间风力达到 13 级。

目前对强风的监测，是在铁路沿线设立监测点，安装风速、风向传感器和采集单元，实时采集风速、风向数据，数据超出报警值发出报警；用户确认报警信息和现场情况后，及时采取应对措施，如减速、停车或躲避等。防风预警系统用户一般为铁路调度人员，如果能够对强风尤其是强侧风做到预警，即在强风影响线路正常行车前预先警告，给调度人员留出决策时间，确定合理、适度的对策，对于预防灾害、保证行车安全和效率会起到非常好的作用。

（5）铁路综合视频监控系统。

铁路综合视频监控系统作为通信系统的重要组成部分，在车站公共区、车站线路、区间线路、沿线通信信号机房、变电所、开闭所、电力分配所、车站咽喉区、公跨铁立交桥、高架桥路段的维修梯和路基地段设置了视频采集点、提供监视终端给铁路局内各相关部门使用。该系统采用先进的数字、网络技术，将四电（通信、信号、电力、供电）、线路、客服及防灾四类视频监控系统统一接入视频监控系统平台中，实现了多系统综合接入、多业务统一管理，集中存储，集中分析。

4）预警信息的处理和发布

铁路安全监测与预警系统通过自动的应急信息采集系统，及时分析、及时预警，收集大量的数据，通过提取有用信息，形成应急信息，并对这些应急信息进行处理，建立和完善应急信息平台，使得基于网络技术和管理信息系统的应急知识管理有了坚实的基础。

铁路安全监测与预警系统采用各种先进的软硬件技术，通过铁路应急预警信息共享平台，利用 Web Service 接口和企业服务总线完成路内外信息的传输和转换，实现动态预警信息快速共享和交互，使路外的预警信息能通畅地进入路局，并使路局的应急预警及处置信息及时对外公布，以正确导向社会舆论并获得社会帮助。

在监测预警阶段，信息要素的应用主体在接处警信息处理和应急信息发布两方面。接处警信息处理是指对突发事件的接警和处警信息进行管理，利用先进成熟的信号采集、传输、继电控制、网络通信和数据存储等技术，对危及铁路运行安全的各类突发事故、自然灾害和侵袭灾害等进行监测报警和输出控制，提供经处理后的灾害预警、限速、停运等信息，对接处警的过程进行记录，为后续调查分析提供原始数据。应急信息发布是指对突发事件信息进行统一管理（行车调度员可依据防灾安全监控系统发出的实时报警、预警信息，指挥列车安全运行；工务部门可按照防灾安全监控系统提供的相关灾害信息，开展基础设施的巡检、抢险及维修养护工作，确保列车运行安全正点、高效舒适），并可通过多种手段向受灾影响人提供及时准确的警报信息，向社会大众提供权威一致的事件信息，为减少灾害损失，满足公众知情权和稳定社会情绪提供重要手段。

3. 铁路安全应急决策信息系统

随着铁路改革的不断深化，新技术、新装备的广泛应用，铁路信息化建设的全面开展，车、机、工、电、辆各系统、各工种的生产组织、安全管理、应急指挥、经营管理等方面正悄然地发生着变化。如何适应技术装备水平的提升，充分利用先进技术装备确保安全生产，通过信息化建设实现管理创新，来提升企业经营管理水平，摆到了各级管理人员面前。

安全应急决策信息系统，是协助应急指挥人员实现快速、智能化应急决策指挥的信息化手段，也实现了平时状态的日常安全生产管理工作。安全应急决策信息系统可以提供铁路应急信息报告、实时图像传输、网上会商、应急资源管理、应急预案管理、应急指挥联动、预测预警、总结评估及辅助决策等功能，为决策者及时、科学地处理突发应急事件提供信息化保障。

铁路运输企业不但应建设合理的铁路安全与应急的决策指挥信息化平台，还应该建立对应的应急指挥场所，并调整运输企业与站段的相关机构职能，提高运输站段生产调度、安全监控、应急处置和经营管理效能，逐步实现运输站段管理结构扁平化，安全生产信息化、现代化。

1）系统构建思想

利用计算机网络技术，整合、开发功能全面的安全信息管理平台，采用先进的事故诊断、智能辅助决策支持技术，建立铁路行车安全智能辅助决策系统，开展安全状况的风险评估、安全危害诊断预警，以及安全事故的抢险救灾辅助决策，实现铁路行车安全的现代化管理，使安全管理从传统的事后追踪变为事前的预防控制，从而提高铁路安全管理水平，减少铁路安全事故，降低事故伤亡。铁路信息资源整合的标准规范如下。

① 建立综合安全信息管理平台。对铁路安全监察信息系统的监测信息、日常安全报表和车务、客运、货运、机务、工务、电务、车辆等系统监测信息进行整合分析。

② 在对铁路行车安全风险和危机的原因、发展规律、控制对策及预警体系研究的基础上，

运用安全科学和事故预警管理的理论和方法，建立铁路行车安全风险评估、隐患诊断、事故预警体系。

③ 建立安全事故案例数据库。提供事故分析的方法，根据现有的各类安全数据以及实时监控的各类安全信息，建立诊断模型，分析行车安全影响因素，并自动总结归纳及学习各类专家的诊断知识，不断扩充专家知识库，为事故诊断提供专家知识，提高诊断效率。

④ 建立自然灾害抢险救援辅助决策系统，对应急预案进行系统管理，采用 RS/GPS/GIS 对重点地区进行自然灾害监测，为抢险救援提供辅助决策支持。

2）系统主要功能

现代信息技术为应急处置提供了优良的技术平台，通过应急信息管理，应急处置人员在信息沟通和应急处置上找到了更高效的途径，提高了应急能力。铁路安全应急决策指挥系统的应急处置信息管理主要包括铁路局与现场通信指挥、数据采集交汇、辅助决策支持、多机构间协调和应急资源调度。

（1）指挥中心与现场通信。

指挥中心与现场通信是指建立多层次应急通信保障体系，以公众有线网、无线网为基础，发挥各部门专有的无线联系系统作用，构建综合通信调度系统，有效解决各种系统互连互通问题，保证即使出现极端情况，也至少有一种联系相关部门的通信手段。一旦发生突发事件，根据预案的启动等级，各职能部门负责人赶赴铁路局或站段应急指挥中心，通过各职能部门设立的安全生产指挥中心与现场连线，从现场视频图像资料中了解现场突发事件的处置情况，为应急领导小组的决策提供依据；决策命令下达后，再通过应急指挥中心的通信平台将命令传递至现场，使应急现场及时调整救援方案。这种自下而上实现信息的逐级上报，自上而下实现命令的逐级下达，上下级之间纵向传递的过程，在应急组织上实现了信息沟通的灵活性。

（2）数据采集交汇。

数据采集交汇是指通过现场监测监控系统、传感器网络系统、手持 GPS 等移动式信息设备等，快速采集现场信息，为指挥人员提供实时现场信息和决策依据。建立突发事件信息采集平台，自动或人工接收、处理、存储相关部门和站段与突发事件相关的各种情报资料和技术监测数据，并根据预先制定的预案进行对比和预测，达到早预警、早通报要求。系统包括数据上报、资源管理、统计分析报表、风险源管理和综合查询等功能。

（3）辅助决策支持。

辅助决策支持是指综合应用各类信息，通过灾害后果模拟分析、人员疏散模拟，将突发事件发生和发展的轨迹进行演示，并通过应急救援力量配置分析，计算应急资源的需求缺口，确定应急组织的结构和运行机制，通过应急预案查询、应急案例库调用和专家库咨询等技术手段，提供紧急事件指挥决策方案，为事件指挥人员提供决策支持。建立统一突发事件多媒体知识库，汇集预案、案例、资源数据、文件法规、电子地图等资料，建立专家资源库；以视频会议系统和政务网络为基础，实现静态知识与动态智力的有机集成，全面提高对突发事件态势评估和决策的水平。系统包括领导应急终端、综合接触事件、地理信息、预案管理、大屏显示和视频会议等功能。

（4）多机构间协调。

多机构间协调是指在突发事件应急管理过程中，往往涉及多个部门、多个地区的大量指挥人员、应急救援队伍和应急物资等。应急信息管理应该为多机构间的协调提供信息平台，为制定事件管理的政策和优先策略，组织后勤支持和资源跟踪，进行资源调配决策、协调事件相关信息发布等提供信息支持和协同工作平台，确保各机构间组织协调的顺畅。

（5）应急资源调度。

应急资源调度是指在应急处理的过程中，针对事件处理过程中资源需求的信息，根据应急资源管理模块所提供的各种应急资源信息，结合铁路局运输能力等情况，进行应急资源的优化调度和追踪管理，如警力的调度，救灾物资、设施和资金的调度，对事件现场的疏导和部署等。

3）各职能子系统

（1）运输子系统。

运输子系统信息实时性强、信息资源共享度高、自动化分析预警程度高，突出全过程控制和一体化管理。实时监控、分析、处理各类信息，实现运输安全生产集中统一指挥。运输子系统功能包括生产组织（包括列车追踪、行车调度、装卸车）、运输生产信息、施工组织与管理、应急指挥、综合信息分析等。

（2）工务子系统。

工务 GIS 平台，集成了实时警报、实时雨量、防洪信息、施工信息、线路视频、线路基础资料、PWMIS 等信息，实现集中管理和安全生产监控，并通过权限控制功能实现局、段、车间、工区分层、分权、分责管理。

（3）电务子系统。

电务子系统包括中心和站段两级，集成了电务设备管理、微机监测、应急指挥、流程闭环管理和重点卡控、图纸电子化等功能。

（4）机务子系统。

机务子系统集成了应急指挥、经营管理以及对司乘人员和机车运行管理等功能，从而构成机务段安全生产指挥中心平台。按中心和机务段两级实现机车运用管理、安全管理、人员管理、设备质量管理和自动分析等功能。

（5）车辆子系统。

车辆子系统按中心、段两级集成客车信息（KMIS、5T、动车信息、段修生产系统、运用客车质量管理、客技站安全生产卡控系统、客列检生产指挥系统等）、货车信息（HMIS、YM1S、EMIS、场际互控、定检修车质量管理等）、安全监控、应急指挥、综合管理等信息系统。分级实现客、货车运行状态实时监控，动车、客车、货车检修、运用及管理信息汇总、统计、分析、查询，生产进度、质量、安全控制等信息监控，动车、客车、货车运用状态监控，段、车间（所）运用远程图像和语音监控、远程指挥和生产调度、视讯会议、事故追忆及分析、事故救援等。

铁路安全应急指挥系统的实现通过管理技术上的创新，提高了职工标准化作业的自觉性，提高了运输生产信息的实时性和运输指挥的有效性。通过管理手段信息化和信息集成，实现了管理的精细化、应急指挥的可视性、实效性和资源的综合利用。通过整合管理机构、职能，体现运输安全管理"分层、分权、分责"的原则，充分发挥运输安全生产指挥系统的最大效能，实现信息资源共享。

任务 3.3　铁路行车安全教育与技能培训体系认知

3.3.1　拟完成的任务

《技规》（普速铁路部分）

第 240 条　行车有关人员，在任职、提职、改职前，必须按照铁路职业技能培训规范要求，进行拟任岗位资格性培训，并经职业技能鉴定和考试考核，取得相应职业资格证书和岗位培训合格证书后，方可任职。

在任职期间，须按照铁路职业技能培训规范等规定，定期参加岗位适应性培训和业务考试，考试不合格的，不得继续履职。

第 242 条　对行车有关人员，应进行日常安全生产知识和劳动纪律的教育、考核，并有计划地组织好在职人员的日常政治和技术业务学习。

想一想：
1. 为什么要进行岗位资格性培训？
2. 岗位适应性培训包括哪些内容？

3.3.2　任务目的

1. 理解铁路行车安全教育的意义；
2. 认识铁路行车安全教育与技能培训的内容；
3. 强化规章学习、终身学习的观念。

3.3.3　相关配套知识

建立健全行车安全教育与专业技能培训体系，对提高铁路职工的安全意识，掌握安全生产的技能，预防行车事故和人身伤亡的发生，有着十分重要的意义和作用。

1. 行车安全三级教育

铁路运输系统对刚参加工作的新工人和新调入行车有关工种岗位的人员要进行入路教育、车间教育和岗位教育，并经过安全考试，专业技能鉴定合格后，方能上岗。

1）入路教育

一般由基层站段安全教育科室负责。主要介绍铁路运输的特点，讲解行车安全的重要性和行车安全知识，学习《技规》《行规》《站细》等规章内容，参观站场设备，观看一些典型事故警示教育片，使新工人对本站段的设备和行车安全情况有所了解。

2）车间教育

新职工（含新转入行车岗位的人员）分配到车间或段管车站以后，由车间或段管站负责进行安全教育，主要内容包括：本部门行车设备和行车安全情况，劳动纪律、作业标准、作业纪律、作业环境以及行车安全存在的主要问题和应注意的事项。

3）岗位教育

新职工（含新转行车岗位人员）进入生产岗位前由车间或段管站指定专门人员负责师傅带徒弟，并进行岗位职责范围、操作规程和行车、人身安全知识等方面的教育，使其尽快熟悉和掌握本岗位的安全操作技能。

经过三级教育的人员，站段教育或人劳部门应将教育的内容、时间、主讲人姓名记入职工本人的安全教育卡（表3-2），以备查考，当工作调动时随其他关系一并转至新单位。

表3-2 安全教育卡

姓名		性别		年龄		参加工作时间	
工种		本工种工龄		所在部门			
教育培训记录							
年	月	日	教育培训内容			本人签名	主讲签名

2. 专业技术教育

铁路运输系统历来对行车、机务等部门技术复杂、操作规程严格、直接关系到人民生命财产安全的主要工种，如列车调度员、机车乘务员、车站值班员、调车长等，建立"先培训，后上岗"的就业准入制度。对具备行车工作人员素质并通过职业技能鉴定和考试考核的人员颁发《铁路岗位培训合格证书》（资格性培训合格证），如图3-5所示。

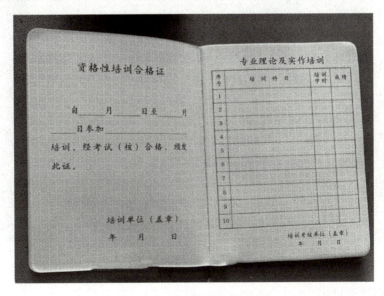

图3-5 资格性培训合格证

中国国家铁路集团有限公司和各铁路局建立了不同培养层次的职工教育培训基地，对铁路行车主要工种每两年应进行一次不少于10天的脱产专业技能适应性培训和操作演练。职工经过专业技术培训、教育、考试后，站段教育或人劳部门应将有关内容填入《铁路岗位培训合格证书》（适应性培训考核记录），如图3-6所示。

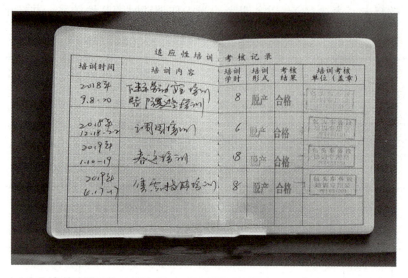

图3-6 适应性培训考核记录

铁路专业技术人员接受继续教育情况需记录在《专业技术人员继续教育证书》中，所登记的内容作为对铁路职工业务考核、聘任、晋升和流动的重要依据和必备条件，如图3-7所示。

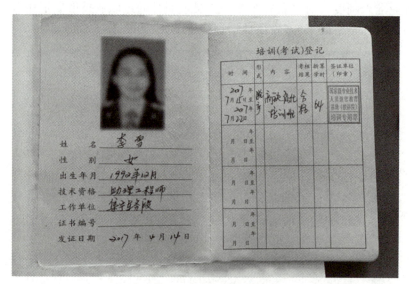

图3-7 专业技术人员继续教育证书

3. 岗位技能达标培训

新录用人员进入铁路运输企业后，并不意味着可以终身在这个岗位上工作。随着科技进步、设备更新、操作规程改变，必须通过职工教育、岗位练兵，不断提高操作技能，才能适应铁路技术发展和岗位技能标准的要求。

职工素质的高低直接影响行车安全。一些基层站段十分重视职工培训，提高职工素质，特别是行车主要工种人员岗位技能达标培训使他们不仅能适应正常情况下的行车工作，而且能适应施工、停电、设备故障等特殊条件下进行的接发列车和调车工作，并能根据具体情况采取应急措施，从而保障了行车安全与人身安全。主要做法如下。

1）狠抓基本功训练

基本功训练要做到站站有练功房，月月有安排，全员参加，几年、几十年如一日，常抓不懈。

2）典型引路

定期在岗位间开展比武竞赛，奖优罚劣；定期进行业务考试，成绩纳入本人技术档案；对考试题进行复验，巩固学习成绩；职工、班组、车站制订争先创优保安全计划，提出奋斗目标。

3）拉开分配档次，重奖安全业务尖子

实行工人技术等级，进行职业技能鉴定，建立以岗位工资为主的分配制度，完善落实工人技师和高级技师津贴制度，激发职工岗位练功、参加培训、经常学习技术业务的积极性。站段设立安全技术比武竞赛专项奖金，重奖安全标兵、技术能手等业务尖子。

4）培训方法灵活多样

坚持脱产专业培训与业余学习、岗位练兵相结合，班前提问与抽查考试相结合，理论考试与实作考核相结合，岗位对口比武竞赛与观摩学习交流相结合，集中培训与送教上门相结合，采取灵活多样的培训方法。

4. 安全教育

1）安全教育的内容

根据铁路运输的特点，行车安全教育的内容一般包括安全第一、预防为主、综合治理的思想教育，有针对性、季节性的行车安全、人身安全知识教育，新技术、新设备安全操作教育和典型事故案例安全教育。

铁路各级安全管理机构、专业管理部门，经常将典型的事故通报各单位，编发事故案例汇编，要求全体或本系统职工学习，吸取事故教训，事故案例学习是基层站段日常安全培训及"三新"人员（即新员工、晋职人员、转岗人员）必学的内容。利用其他站段的行车事故案例，结合本站段安全情况实际，对职工进行安全教育，吸取教训，预防同类事故发生。传达事故通报时，决不可把事故当故事讲，决不可轻描淡写、无的放矢。

2）安全教育的形式

安全教育的形式可以多种多样，有的站段每年定期开展安全月、百日安全活动；有的站段组织安全展览、安全教育陈列室；有的站段召开安全经验交流会、安全现场会、安全知识讲座；有的利用音像、图片、黑板报、广播等形式；有的利用职工中典型的人和事，在表彰、奖励先进或批评、惩处违章违纪、事故责任人的同时，对职工进行教育，使"安全第一，预防为主，综合治理"的方针深入人心。

任务 3.4 铁路行车安全监察体系认知

3.4.1 拟完成的任务

国家铁路局认真贯彻党中央、国务院决策部署，坚持以人民为中心思想，紧密结合今年全国铁路春运和疫情防控面临的形势，周密部署安排，落实国务院安委会岁末年初安全生产重大隐患专项整治和督导检查工作要求，深入开展铁路春运监督检查工作。

国家铁路局党组成员、总工程师、安全总监带队组成 7 个春运督查组，各地区铁路监督管理局分别成立春运检查组，围绕疫情防控、旅客运输安全、货物运输安全、旅客运输服务质量、行车设备质量安全、专用设备及工程质量、新开通高铁安全、铁路沿线安全环境治理 8 个方面重点工作，深入重点地区、重点车站、重点列车，采取明察暗访、添乘检查等多种方式，扎实开展春运督导检查。督促企业落实主体责任，加大春运安全隐患排查力度，提升客运服务质量，把春运安全、疫情防控和服务保障各项措施落到实处，切实保障人民群众安全、健康、便捷、舒心出行。

想一想：

1. 国家铁路局参与铁路生产安全事故调查处理，指导、监督铁路行政执法工作的部门是？
2. 试述监督管理机构设置的意义。

3.4.2 任务目的

1. 了解国家铁路局、中国国家铁路集团有限公司行车安全监察机构的设置及安全监察人员的工作职责；
2. 了解铁路运输安全监察工作的内容和主要开展方式；
3. 树立安全监察工作公平公正的理念，培养学生在安全监察工作中坚决执行党的路线、方针、政策和国家法律的自觉性，维护行车安全法规的严肃性。

3.4.3 相关配套知识

从铁路运输安全生产角度看，建立健全运输安全法规与监督检查其执行情况同等重要。我国铁路早在 1950 年 5 月就设立了行车安全总监察室，负责有关行车安全工作的计划、行车安全规章制度的贯彻执行及事故发生时的调查处理。同年 9 月，在全路行车安全会议上，确定了监察工作的业务方针、性质和行车事故处理程序与方法，为各级监察机构配备了专职监察人员。几十年来，我国铁路安全监察工作在安全管理中发挥了重要作用，取得了显著成绩。随着铁路"两个根本转变"和现代化建设步伐的日益加快，加强行车安全监察工作显得越来越重要。

1. 行车安全监察组织机构

2019 年，中国铁路总公司改制成立中国国家铁路集团有限公司，内设安全监督管理司，安全监督管理特派员办事处（6 个）：沈阳办事处、北京办事处、武汉办事处、上海办事处、成都办事处、兰州办事处。

各级行车安全监察机构除设领导人员外，按车务、机务、车辆、工务、电务、供电、客货运等专业配备监察，同时配备负责路外、劳动安全、综合分析、教育等方面的业务的监察人员。

2. 各级行车安全监察机构的任务和职权

铁路安全监察机构的任务是：贯彻"安全第一，预防为主，综合治理"的方针，对行车安全工作实行严格的监察，维护行车安全法规，保证安全正点、优质高效地完成运输任务。

铁路局行车安全监察机构对铁路局行车有关单位人员执行行车安全法规的情况有权进行监督，发现有违反行车安全法规的情况，应如实地提出意见、加以纠正；如果有关领导不给予正确解决，则有权向上级行车安全监察机构报告，请求处理。

各级行车安全监察机构和行车安全监察人员具有以下职权。

① 发现作业上违反行车安全法规时，有权加以纠正；对危及行车安全者，有权立即制止，必要时可临时停止其工作并责成有关单位议处；对不适合担当行车工作的人员，有权责成有关部门予以调整。

② 对危及行车安全的技术设备，有权向有关部门提出意见，要求限期解决；情况严重确有发生严重事故可能时，有权采取临时扣留、封闭措施，并责成有关单位紧急处理。

③ 发现有关规程、规范、规则、细则、办法、设计文件和施工方案违反《技规》和其他行车安全法规时，有权通知有关单位予以纠正，必要时可停止其实施。

④ 调查处理事故中，确定性质和责任上有分歧意见时，由各级行车安全监察机构提出结论性意见。

⑤ 有权建议对违反行车安全法规或发生行车事故的责任人员和领导干部给予处分；建议对在安全生产工作中做出成绩和防止事故的有功人员给予表彰和奖励。

在上述职权中，由于对事故的定性和定责事关重大，行车安全监察机构提出结论性意见时，应积极慎重对待铁路局的意见。如果对领导的决定有不同意见，可以向上级行车安全监察机构反映，请示予以复查处理；若上级行车安全监察机构发现下级单位或下级行车安全监察机构对事故性质和责任的确定不符合规定、处理不当，有权加以纠正。

行车安全监察人员在行使职权时，对所发现的问题除向当事人进行帮助教育外，必要时应将存在的问题，填写"行车安全监察通知书"（一式三份，格式见图3-8），交当事人所属

×铁安监通（　　）第　　号

_____:

经检查发现下列不安全问题，须立即采取措施进行克服，并于　月　日前将改进情况报本安全监察室核备。

发现问题：	
改　进　意　见	改　进　情　况
安全监察 （公章）　　　　　　（签章） 　　　　　　　　　　年　月　日	单位负责人 （公章）　　　　　　（签章） 　　　　　　　　　　年　月　日

图 3-8　行车安全监察通知书

单位领导两份提出具体要求和改进意见；对于严重隐患和比较重大的问题，由行车安全监察机构向有关单位领导下发"行车安全监察指令书"（一式三份），送有关单位两份，限期改进。行车安全监察指令书与行车安全监察通知书的格式基本相同，但填发的权限不同；通知书是在检查发现一般问题时，由行车安全监察人员签发；指令书是发现严重隐患和比较重大的安全问题时，需由行车安全监察室主任（副主任）签发。有关单位领导接到"通知书"和"指令书"后必须认真对待，及时研究改进，并将改进情况填记在"通知书"或"指令书"中，回复填发单位。必要时填发单位应派人进行复查。

各级领导要大力支持行车安全监察人员的工作，保证行车安全监察人员正常地行使职权、履行职责，做好监察工作。任何人不得妨碍行车安全监察人员行使职权。如发现对行车安全监察人员有打击报复行为者，必须严肃处理。要保证行车安全监察人员必要的工作条件，以使行车安全监察人员顺利开展工作，及时迅速地了解事故情况，积极有效地组织抢修、救援工作，准确果断地确定事故性质和责任，因此，除为行车安全监察人员提供交通、通信、食宿等条件外，并配备必要的检测仪表、工具、用品和其他备品，逐步采用先进的检测手段。行车安全监察部门有权参加或召集有关安全会议，查阅有关部门和单位的案卷、记录、表报，借用必要的工具及仪器，要求指派适当人员协助工作等。

3. 行车安全监察人员的素质要求和工作准则

行车安全监察是原则性、政策性、科学性和权威性很强的安全管理工作，各级行车安全监察机构按规定职责范围所做的一切工作都关系到消除事故隐患，预防事故发生，切实保护国家、企业、职工利益的大问题。其工作成效主要取决于安全监察队伍的整体素质和工作作风，因此，提高行车安全监察人员的素质是各级行车安全监察工作的重要前提和保证。

《行车安全监察工作规则》规定："各级行车安全监察人员必须身体健康，具有较高的政治思想水平，熟练的技术业务素质，丰富的实际工作经验，中专以上文化程度，较强的独立工作能力。"随着安全科学管理要求和安全技术装备现代化程度的不断提高，面对复杂的社会环境影响，各级安全监察人员应不断提高自身素质，增强使命感，掌握铁路科技新知识，以适应形势发展需要。

为了认真执行《行车安全监察工作规则》，各级行车安全监察人员必须遵守以下工作准则。
① 坚决执行党的路线、方针、政策和国家的法令，维护行车安全法规的严肃性。
② 预防为主，防患于未然。
③ 执法严明，刚正不阿。
④ 秉公办事，不弄虚作假。
⑤ 坚持原则，遵守法规。
⑥ 积极钻研业务，技术上精益求精。

4. 站段安全科室的工作职责

① 检查监督站段各部门、各车间执行安全生产方针、政策、法令、规章制度及上级领导的有关指示的情况。
② 参与制定站段的安全规章制度、细则、办法和各种作业标准，并检查执行情况。参与审查、制订站段施工方案和安全措施，并监督实施。
③ 监督检查站段内各种行车设备、防火防爆设备、机械动力设备及压力容器等的维修保养情况和使用安全。发现有危及行车安全等问题时，及时向有关部门反映。

④ 监督检查行车人员的培训教育、任职提职、技术考核鉴定和身体检查。
⑤ 参加调查分析站段发生的一般行车事故、人身和路外伤亡事故、设备事故和严重事故苗子，对事故提出定性、定责意见，在处理事故时要做到"三不放过"，即事故原因不明、责任不清不放过，没有安全防范措施不放过，事故责任者和群众没有受到教育不放过。
⑥ 经常深入地方厂矿企业、居民村落进行保护铁路运输设施和防止路外伤亡的宣传工作。
⑦ 深入车间、班组调查研究，检查职工执行规章和各项作业标准的情况，及时发现问题和事故隐患，并提出整改和防范措施。
⑧ 指导班组安全员的工作，定期培训安全员，总结、推广班组安全生产工作经验。
⑨ 负责站段安全生产的全面管理工作，对站段安全生产情况进行定期和专题分析，根据不同时期特点和要求，及时采取预防性的安全措施，确保安全生产。

任务 3.5　我国铁路行车安全保障体系发展情况

3.5.1　拟完成的任务

铁路行车安全保障体系如图 3-9 所示。

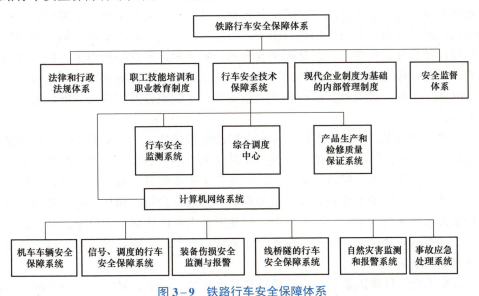

图 3-9　铁路行车安全保障体系

想一想：
1. 对照铁路行车安全保障体系结构，请举例说明每项子系统的内容。
2. 查阅相关资料，讲讲你了解的技保系统。
3. 你认为该保障体系中有哪些需要改进的地方？为什么？

3.5.2　任务目的

1. 理解铁路行车安全系统是一个多因素相互作用的动态系统；

2. 学会分析影响行车安全的基本因素；
3. 树立系统的安全生产观念。

3.5.3 相关配套知识

1. 建立行车安全保障体系的必要性

当铁路行车速度较低时，无论是人还是设备都有比较充裕的能力应付事故或突发的偶然事件，依靠设备的技术条件、维修保养标准与限度以及人的操作规范和行为指南，就可以基本保障铁路系统的安全运转。然而，随着列车运行速度的提高、行车密度的增大，系统中所蕴含的不安全因素越来越多。同时，同一类型事故对不同行车速度和行车密度的路网造成的损失大不相同，如侵入物撞击对高速列车的影响较之对常规列车的影响就大得多，而且与高速度相伴而来的是行车密度的大大增加，区段与区段间、站点与站点间的相关性增加，任一站段的事故、停车、运缓都势必影响到其他区间列车的运行。因此，对于现代化铁路的安全而言，除单个列车、区间设备本身的质量和安全外，更着重于整个路网的安全性。随着我国铁路既有线的大面积提速及高速铁路的兴建，保障行车安全的思想、方式、手段必然由局部安全转向整体安全，安全参数的监控由点式静态观测转向连续式动态监测，信息的传输和分析由以人为主向计算机为主的现代化手段转变，建立统一的行车安全保障体系已呈必然趋势。

2. 影响行车安全的因素（人—机—环境—管理）

铁路行车系统是一个在时间、空间上分布很广的开放的动态系统，铁路行车安全影响因素错综复杂，涉及面大。从系统的观点出发，与行车安全有关的因素可以划分为四类：人、机器、环境以及管理。其中，人既是影响安全的一种因素，又是防护对象；机器既是影响安全的因素，又是保障安全的物质基础；环境既可能是影响安全的灾害因素，又可能是应予保护的社会财富。因此，必须对其进行合理的组织管理才能充分发挥各自效能，最大限度地保障行车安全。

在人—机—环境系统中只有人可以向安全问题提出挑战，一个掌握足够技能和装备的人能够发现并纠正系统故障，并且使其恢复到正常状态。不幸的是，绝大多数事故的发生均与人的不安全行为有关。为了保障行车安全，必须注重职业教育，强化岗位培训，提高工人的技术技能。然而，由于受生理和心理状态的影响，人的行为状态和技能的发挥会有较大的起伏，若仅靠人或以人为主来保障行车安全，即便所有人员均达到培训要求，从长远来看，行车安全并不能得到充分保证。欲使行车安全达到较高水平，必须依靠技术先进、质量优异的运输设备和技术装备。

影响行车安全的环境因素包括自然环境和社会环境。洪水、暴雨、风沙、泥石流以及地震等自然灾害是影响铁路行车安全的重要自然环境，为了降低其危害需建立灾害环境的预警、预报系统及灾后救援和修复系统。而社会环境主要是指通过组织管理所营造的系统内部的协调关系和通过法律、行政法规构筑的系统外部环境。

3. 行车安全保障体系的构成

1）行车人员安全保障体系

铁路行车安全保障工作涉及车、机、工、电、辆等各部门，是一项需要协调配合，相互联动的庞大体系。铁路工作人员通过操纵、控制、监督、管理相应设施设备共同完成行车组织工作，并受自然环境和社会环境的共同影响产生交流信息，需要对各种不良天气与设备故障等突发问题作出正确、及时的应急处置。因此，行车人员的安全意识是行车安全保障体系发挥作用的前提和基础。

行车人员的安全保障要从选拔和教育培训入手。在选拔、录用和升职时，针对"三新"人员能够从多方面测定、分析候选人员的各种能力水平，比如心理素质、性格特征、思想品质、技术业务水平、身体状况等是否适应本岗位行车工作的要求，消除各种事故潜在隐患。在日常工作中，须不断对行车人员进行安全教育，牢固树立安全责任意识，进而培养良好的安全动机。可以结合人身安全教育、事故案例和事故预防分析来开展工作，定期召开安全分析例会，对导致事故的各种直接原因和间接原因及其相互间的内在联系深入分析，使行车人员牢固树立"安全第一"的思想。同时，强化岗位技能培训、岗位实操技能水平、作业标准执行情况直接影响着行车安全。配合比武练功、"三实"演练、"送教上门"等多元培训方式，切实提高行车人员"学标、执标、贯标"能力，保证现场作业符合规范，安全生产。最后，还应结合特殊时期、特殊阶段开展专项培训。如"防寒过冬""汛期防洪""劳动安全"培训等，对安全教育和岗位培训进行良好的补充。

2）设施设备安全保障体系

铁路行车设施设备包括移动设备和固定设备，设施设备保障系统的功能是以铁路行车安全、畅通为目标，按照"以设备保安全"的思路，通过监测控制技术及时准确地采集铁路线路及列车运行安全信息，并结合计算机及网络技术，对铁路行车安全相关的各种因素进行全方位监控，再采用一定的安全可靠性模型处理，或是将收集到的安全信息利用数据挖掘手段进行深层次的分析，对安全信息做到及时反馈，使得铁路行车安全有序可控。按照移动设备和固定设备的划分，建立起包括"地对车、车对地、地对地、车对车"四个相互匹配环节的闭路循环监测子系统。一般说来，"地对车"监测子系统包括货物列车超限、超偏载检测、红外线轴温监测、车轮踏面擦伤检测等；"车对地"监测子系统包括轨道动态检测单元（晃车仪）、机车信号记录仪、综合检测车等；"地对地"监测子系统包括车站微机联锁监测、道岔状态监测、轨道电路监测、牵引供电监测、道口安全监测、桥梁和隧道监测等；"车对车"监测子系统包括列尾装置监测、列车运行监控记录装置、机车轴温监测、机车故障监测、列车运行品质动态监测、旅客列车车载安全监测等。铁路行车安全保障体系信息流程图如图3-10所示。

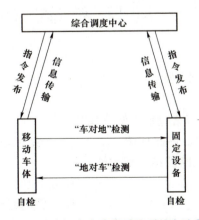

图3-10 铁路行车安全保障体系信息流程图

3）环境安全保障体系

环境安全保障体系主要针对自然环境及异物侵限对行车安全的影响进行监控和报警，目前我国在普速铁路线路上采用的铁路防灾安全监控系统以及高速铁路线路上应用的铁路自然灾害及异物侵限监测系统，均对测铁路沿线风、雨、雪、洪水等自然灾害，隧道、桥梁、变电所等固定设施，以及突发事故的安全监控与报警提供了强有力的支撑，是各级安全指挥中心获取现场情况的重要手段，也为调度指挥工作提供了强有力的支撑。

4）安全基础管理体系

事故致因理论研究中强调，人的不安全行为以及物的不安全状态是致使事故发生的直接因素，而管理失误是导致事故的根本原因。安全管理体系是通过建立相应的规章与管理机制来避免人的不安全行为与物的不安全状态的同时出现，减少现场失误，从而预防事故的发生。

在安全基础管理的过程中，首先要整章建制，一是从工作实际出发结合先进工作经验，建立健全各级各类有关行车安全条例、规定、规章、标准等文件，细化实施和管理制度。根据法律法规修改、新技术引入、作业方法变更等情况及时调整、修改，保证所有在用规章、制度、标准的唯一性、权威性和有效性，为安全管理提供有效依据。二是建立健全安全预防预测、分析预警机制，将责任落实到具体岗位上，有预见性、系统性和决策性地抓好安全工作的指挥、协调和督查。三是建立适应运输生产组织改变的安全管理制度，进一步规范季度安委会、月度安全生产例会、事故分析会等会议和安全重大问题领导督查、专业部门督办制度；四是建立重大危险源、劳动安全重大伤害源和重大行车事故隐患档案库，运用计算机技术实施网上监控。五是健全完善事故和突发事件救援快速反应机制，形成以各专业的救援网点为基础，标准化救援队为核心，高科技装备为技术支撑，严密的应急预案为保证的救援快速反应机制。

在健全安全基础管理的前提下，保障行车安全重在有效地执行和实施。各级干部要强化过程监督和动态监控，进一步修订完善路局安全管理逐级负责制及考核办法，建立起各级、各层面层次严明、职责明晰、考核有据的逐级负责制责任落实体系，切实抓好路局领导安全逐级负责制述职、处室主要领导述责制度的实施。要严格履责行为的激励、约束和考核，依靠技术手段和奖励机制保证各级规章制度落实到工作中。

项 目 考 核

1. 理论考核

完成以下理论考核，满分 40 分。

1）单选题

（1）影响行车安全的环境因素包括自然环境和（   ）。
　　A. 社会环境　　　B. 网路环境　　　C. 车站环境　　　D. 系统环境

（2）（   ）是我国管理铁路的第一部大法。
　　A.《铁路法》　　　　　　　　　B.《刑法》
　　C.《宪法》　　　　　　　　　　D.《铁路运输安全管理条例》

（3）（   ）是国家铁路技术管理的基本规章。
　　A.《条例》　　　B.《技规》　　　C.《行规》　　　D.《站细》

（4）为了明确组织事故调查组的主体和参加部门，事故调车期限等规定，应该查询（　　）。
　　A.《铁路交通事故应急救援和调查处理条例》
　　B.《铁路技术管理规程》
　　C.《铁路法》
　　D.《安全生产法》
（5）（　　）是车站行车工作组织的基本规章。
　　A.《条例》　　　B.《技规》　　　C.《行规》　　　D.《站细》
（6）入路教育一般由（　　）安全教育科室负责。
　　A. 路局　　　　B. 站段　　　　C. 车间　　　　D. 其他
（7）由车间或段管站指定专门人员负责师傅带徒弟，进行岗位职责范围、操作规程和行车、人身安全知识等方面的教育是（　　）。
　　A. 入路教育　　B. 车间教育　　C. 岗位教育　　D."三新"教育
（8）对具备行车工作人员素质并通过职业技能鉴定和考试考核的人员颁发（　　）。
　　A. 铁路岗位培训合格证书　　　　B. 铁路岗位适应性培训合格证书
　　C. 专业技术人员继续教育证书　　D."三实"演练合格证书
（9）行车安全监察人员在行使职权时，对所发现的问题除向当事人进行帮助教育外，必要时应将存在的问题，填写（　　）。
　　A. 行车安全监察通知书　　　　B. 行车安全监察指令书
　　C. 问题整改通知书　　　　　　D. 行车安全监察建议书
（10）建立健全各级各类有关行车安全条例、规定、规章、标准等文件，细化实施和管理制度属于（　　）。
　　A. 行车人员安全保障体系　　　B. 设施设备安全保障体系
　　C. 环境安全保障体系　　　　　D. 安全基础管理体系

2）判断题

（1）影响行车安全的因素有：人、机、环境、管理。
（2）《铁路法》规定铁路运输部门凡属违反安全运输原则，造成人身伤亡或货物损失的均须追究法律责任。
（3）《技规》是确保行车安全的规程、规则之一。
（4）《事规》是调车和处理铁路交通事故的基本依据。
（5）《站细》是车站行车工作组织的基本法规。
（6）高速铁路行车安全保障体系的核心应具备系统性、综合性、高效性的特征。
（7）铁路运输系统对刚参加工作的新工人要进行入路教育、车间教育和岗位教育，并经过安全考试，专业技能鉴定合格后，方能上岗。
（8）铁路运输系统对新调入行车有关工种岗位的人员要进行入路教育、车间教育和岗位教育，并经过安全考试，专业技能鉴定合格后，方能上岗。
（9）各级行车安全监察机构和行车安全监察人员发现作业上违反行车安全法规时，有权加以纠正。
（10）各级行车安全监察机构和行车安全监察人员对危及行车安全者，有权立即制止。

2. 实践考核

完成以下实践考核，满分 40 分。

（1）×年×月×日×时×分，受强降雨影响，×铁路上的一铁路老桥被洪水冲垮，导致桥上通过的×次货物列车在行至该线上行线 K×m+×m 处发生脱轨事故，造成机车和机次 1~23 节车辆脱轨，中断上行线行车 27 小时 19 分。该事故无人员伤亡，直接经济损失总计 682.818 9 万元。

请从铁路行车安全保障体系出发，谈一谈如何避免此类事故的发生。

（2）查询国外铁路行车安全保障体系的构成及主要内容，对比我国铁路行车安全管理现状，辨析其优缺点。

3. 素质考核

素质考核满分 20 分，其中出勤情况 5 分，课堂表现 10 分，任务完成情况 5 分。

项目 4

铁路行车事故预防

项目介绍

安全是一个永恒的主题。"以人为本、安全第一"是铁路发展的重要理念,运输生产中存在的隐患、发生的各种事故(除一些不可抗力因素外),归根结底都是由于人的安全意识和责任意识淡薄、安全责任落实不到位导致的,所以要牢固树立安全责任意识,贯彻"安全第一、预防为主、综合治理"的安全生产指导方针,深刻领会并掌握各种规章、标准的安全基本规定。

接发列车和调车工作是铁路运输最重要的行车工作,了解常见事故的分类,查找事故原因,找出预防对策是培养学生安全意识的重中之重。设备施工条件下行车属于非正常行车,铁路行车事故多发于此,熟悉特定情况下的安全规定和行车办法,为学生以后从事铁路行车工作打下坚实的基础。

本项目从铁路行车作业通用人身安全开始,研究常见人身伤亡事故发生的原因,提出保障安全作业的措施;通过对行车常见事故原因的分析,总结接发列车和调车作业中惯性事故的预防对策;学习施工条件下的安全规定和行车办法,以及铁路线路上有列车停留时的安全行车管理办法,完善行车事故预防体系。

知识目标

1. 了解铁路行车作业通用人身安全标准;
2. 了解设备施工条件下的行车安全预防重点,学会接发列车、调车工作惯性事故的预防方法,做到任何时间、任何情况下都把人身和行车安全放在首位;
3. 掌握施工条件下安全行车和线路上有停留车时的安全管理办法。

能力目标

1. 掌握施工期间的特定行车办法,保障作业安全;
2. 具有预防人身事故和各种惯性事故的能力。

素质目标

1. 具备"以人为本"的基本理念,对自身、旅客、职工的安全负责。
2. 树立风险意识,主动思考,辨识危险源,做到"我懂安全"。
3. 举一反三,抓好各项安全措施的落实,确保各项安全措施落到实处,夯实安全管理基础,稳定安全生产。

任务 4.1 铁路行车安全基本认知

4.1.1 拟完成的任务

×年×月×日，×工务段×线路车间巡道工×某，在当班巡道期间违章扒乘通过的 10818 次上行货物列车，以车代步，前往换牌地点换牌，行至上行线 K775+350 m 处跳车，被车轮轧伤左脚，经医院救治，对其左小腿以下截肢，造成职工责任重伤事故。

分析：1. 导致这起事故的原因有哪些？
2. 在现场巡道作业的过程中，应该怎么做才能有效预防事故的发生？
3. 查阅资料，了解和人身安全相关的事故案例。

4.1.2 任务目的

1. 了解人身安全标准，掌握接发列车、调车作业中防止人身伤亡事故的方法；
2. 掌握电气化铁路区段安全行车办法，使学生具备保护自身、班组人员人身安全的能力；
3. 具有良好的心态、稳定的心理素质，遇事镇定；严格遵章守纪，树立把人身安全放在首位的思想意识。

4.1.3 相关配套知识

行车部门在办理接发列车和调车作业过程中，发生行车事故频率较高、件数较多。同时，由于作业人员违反规章制度、违反操作规程、违反劳动纪律及其他原因，造成人身伤亡、设备损坏，影响正常行车或危及行车安全的事件屡屡发生。

一旦发生列车冲突、脱轨等事故，极易造成人员伤亡和财产损失，造成严重后果。研究和探讨行车部门的人身安全问题发生的原因和规律，采取切实可行的措施，可以最大限度地防止人身伤亡事故的发生，有效筑牢安全底线。

1. 通用标准

根据《铁路安全管理条例》《技规》《铁路车站行车作业人身安全标准》的规定，车站接发列车、调车有关行车人员应遵守以下人身安全通用标准。

1）班前班中

（1）接班前须充分休息。

工作时间原则上以现行各种班制、乘务交路规定的工作时间为依据，铁路运输是一部大联动机，24 小时不间断运转，只有接班前充分休息，才能保持生理、心理健康，体力充沛、精神饱满、动作准确，严格按照两纪一化的要求进行作业。因此，班前充分休息是保证行车安全和人身安全的重要条件。

（2）班前、班中严禁饮酒。

各种酒类中分别含有 3%～65% 的乙醇。大量的乙醇可使人手脚震颤、行动笨拙、反应迟钝、自言自语、步履蹒跚，而紧张繁忙的行车工作，要求头脑清醒、精力充沛、精神集中、动作准确。因此，车站行车人员一定要严格执行《技规》的规定，班前、班中不得饮酒，如有违反，应立即停止其工作。

（3）着装。

按规定着装，佩戴易于识别的证章和安全防护用品。

行车人员作业中要穿着铁路统一发放的服装，接发列车人员要佩戴易于识别的大檐帽和臂章，手制动人员须佩戴安全带；调车人员作业中不得穿硬底鞋或拖鞋。规定着装和佩戴防护用品，是保障从业人员安全与健康的辅助性、预防性措施，可以在作业过程中免遭或者减轻事故造成的伤害。

2）顺着线路走时

① 顺着线路行走时应走在两线路中间。站内正线、到发线、调车线中心线间距一般都在 5 m 以上，在两线中间行走比较安全。严禁在道心、枕木头上行走。因为在道心、轨枕头上行走时，轨枕和道心不平，要经常低头看脚下，很少看前方和留意后方，特别是有溜放和推送的车组时，因声音较小，有时听不到来车的声音，易被刮撞。

② 不准脚踏钢轨轨面、道岔连杆和尖轨，不准在钢轨面、道岔连接杆、道岔尖轨上行走。踏上轨面时不能保证人体重心稳定，静止时容易滑动和崴脚，在扳动道岔时更容易把人带倒或把脚夹住。

③ 注意邻线机车、车辆和货物装载状态。在两线路中间行走时，除注意脚下障碍物外，还要特别注意两邻线机车车辆的动向、货物装载状态、篷布捆绑情况，防止被机车车辆、突出的货物、松动的绳索碰伤或刮伤，作业人员所携带的工具不得侵入机车车辆限界。一线有机车车辆运行时，不能盲目向另一线躲避，防止邻线来车被撞伤。当相邻两线均有机车车辆运行时，应站在两线中间位置，等机车车辆过后再走。

3）横越线路

（1）横越线路要"一站、二看、三通过"。

"一站"，一定要站住，并要站在不侵入机车、车辆限界的安全处。"二看"，要左看、右看、上看、下看。看左右有无机车、车辆驶来，看脚下有无绊脚的障碍物，包括地沟等。看清后，再准备横越，即"三通过"。这项规定在作业不紧张时容易做到，作业紧张时，容易被忽视。特别是在边作业边行走时（如冬季扫雪、清扫道岔等），更要严格执行。

（2）横越停有机车车辆和列车的线路时，严禁钻车。

先确认机车车辆及列车暂不移动，然后在罐车通过台或两车连接的车钩上越过，勿碰开车钩，以防列车出发时造成列车分离事故。

《铁路安全管理条例》规定，发现有人钻车，由铁路公安进行教育并处罚款。

（3）严禁在行进中的机车车辆前面抢越。

在行进中的机车车辆前面抢越时，一旦发生绊倒等意外情况，机车或溜行车辆制动不及，后果十分严重。

另外，不准在钢轨上、车底下、轨枕头、道心里坐卧或站立，并严禁扒乘机车、车辆，以车代步。

2. 接发列车作业人身安全

① 应熟知站内一切行车设备，并随时注意使用情况，如遇设备发生异状或变化时，应及时通知有关人员，并采取安全措施。

② 接发列车时，必须站在《站细》规定地点，随时注意邻线机车、车辆动态，以便于和列车乘务人员联系。

③ 向机车交递凭证时，须面向来车方向，交后迅速回到安全位置。

④ 折叠式授受机竖起后，必须插好插销，用完后及时恢复位置。接车时，应站在授受机来车方向的前方。

3. 调车作业人身安全

调车作业对象是移动的机车车辆，其人身安全相对来说具有较大的危险性，应特别加以注意。必须熟知调车区的技术设备和作业方法，以及线路两侧建筑物和设备的状态及限界距离，以防刮倒、碰伤。调车作业中严禁吸烟。

（1）上下车必须遵守的规定。

① 上车车速不得超过 15 km/h，下车车速不得超过 20 km/h，在站台上上车、下车车速均不得超过 10 km/h。

② 在路肩窄、路基高的线路上和高度超过 1.1 m 的站台上作业时，必须停车上下。登乘电力和内燃机车作业时，必须在机车停稳后再上下车（设有便于上下车脚蹬的调车机车除外）。

③ 上下车应注意脚蹬、车梯、扶手、平车和砂石车的侧板、机车脚蹬板的牢固状态。

④ 不准迎面上车和反面上车。

⑤ 上下车应选择合适的地点，注意地面障碍物。

（2）在机车车辆走行中禁止的行为。

① 在车钩上、平车和砂石车的侧端板或端板支架上坐立。

② 在棚车顶或装载超出车帮的货物上站立或行走。

③ 手抓篷布或捆绑货物的绳索，脚踏轴箱或平车鱼腹形侧梁。

④ 在车梯上探身过远或经站台时站在低于站台的车梯上。

⑤ 在装载易于窜动货物的车辆间和货物空隙间站立或坐卧。

⑥ 骑坐车帮或跨越车辆（使用对口闸除外）。

⑦ 两人站在同一闸台、车梯或机车一侧同一踏板上。

⑧ 进入线路提钩、摘管或调整钩位。

（3）摘解车辆、调整钩位时的人身安全。

① 带风作业时，必须执行"一关前（关闭靠近机车一侧折角塞门）、二关后（关闭另一侧折角塞门）、三摘风管、四提钩"的作业程序。

② 摘接制动软管、调整钩位、处理钩销时，必须等车辆停妥并得到调车长的回示，昼间由调车长防护，夜间必须向调车长显示停车信号。

③ 调整钩位、处理钩销时不要探身到两车钩之间。对平车、砂石车、罐车、客车及特种车辆，应特别注意端板支架、缓冲器、风挡和货物装载状态。

④ 溜放车辆作业应站在车梯上，一手抓牢车梯，一手提钩，不准用脚提钩或跟车边跑边提钩（驼峰调车除外），严禁在车列走行中抢越线路到反面提钩。

（4）手闸、铁鞋制动时的人身安全。

① 使用手闸制动时，必须挂好安全带，做到"上车先挂钩，下车先摘钩"，无法使用安全带的车辆，如平车、砂石车、罐车、守车等，作业时必须选好站立地点。

② 严禁使用折角塞门放风制动。

③ 使用铁鞋制动时，应背向来车方向，严禁徒手使用铁鞋，并注意车辆和货物装载状况、邻线机车车辆动态，严禁带铁鞋叉上车。

④ 使用折叠式手闸，须在停车时竖起闸杆，确认方套落下，月牙板关好，插销插上后方可使用。

（5）手推调车和取送车时的人身安全。

① 手推调车必须在线路两侧进行，并注意脚下有无障碍物。

② 去专用线或货物线调车作业，须事先指派专人检查线路上有无障碍物、大门开启状态及线路两侧货物堆放情况。事先派人检查有困难时，应在《站细》中规定检查确认办法。

4. 电气化区段的人身安全工作

在电气化线路上，接触网的各导线及其相连接的部件经常带有高压电。为保证人身安全，车站值班员在工作中要认真做好安全检查、教育和宣传工作，防止触电事故发生。

（1）在接触网带电情况下的规定。

① 为保证人身安全，除牵引供电专业按照规定作业外，禁止任何人员携带长杆、导线等高长物件在与接触网带电部分 2 m 以内作业，与回流线、架空地线、保护线保持 1 m 以上距离，距离不足时，接触网带电部分须停电。

② 禁止直接或间接与接触网的各导线及相邻部件接触（专业人员按规定作业除外）。

③ 禁止乘坐在机车、车辆的车顶或装载高于敞车侧板的货物上，并不准有临时部件（插上树枝、铁线头翘起等）超出机车、车辆限界。

④ 禁止用水管冲洗机车、车辆（包括客车），往牲畜车上浇水，给敞车上第三层牲畜添喂饲料，在客车或棚车顶上作业，如打烟筒、开闭罐车的罐盖和冷藏车的冰箱盖。

⑤ 使用手闸制动时，身体各部和所持信号及其他物件必须距接触网带电部分不少于 2 m。禁止登上棚车，在中间站或区间禁止登上敞车行走或使用手闸制动，也不能在高于手制动机踏板台的敞车或平车货物上拧闸。

⑥ 站内接触网带电检修时车站值班员除应按有关规定办理外，并应做到：

a. 尽量不使列车通过带电检修接触网。

b. 配合接触网工区派往行车室的防护人员，作好安全防护。

c. 在检修作业时间内，如需使用该线路，要提前通知防护人员，待确认检修作业确已停止，有碍行车的人员和工具确已撤离后方可使用。

⑦ 不准站在机车车辆顶上转动水鹤臂管。

（2）在接触网停电情况下的规定。

① 确认好接触网的停电范围和分段绝缘器的位置，按列车运行图及接触网停电检查的天窗时间，掌握好承认闭塞的时机。

② 列车能够滑行进站时，机车要在接触网断电标志外方降下受电弓，以防将区间接触网上高压电带进站内危及接触网检修人员的安全。

③ 不能影响接触网检修人员的正常工作。

④ 采用补机推送列车出站时，将列车推送至有电区后，电力机车才能升起受电弓继续运行，站内不允许升弓。

（3）操作隔离开关时应遵守的规定。

① 须有二人在场，其中一人监护、一人操作。站内接触网隔离开关操作人员可由车站助理值班员、货运员或装卸工担任，监护人员应由车站值班员或助理值班员担任。

② 操作隔离开关前，操作人员必须戴好安全帽，穿好绝缘靴，戴好绝缘手套，在确

认隔离开关及其传动装置正常、接地线良好、线路上确无电力机车作业的情况下，方可按规定程序操作。

发现隔离开关有不良状态时，既不准操作，也不准操作人员自行修理，应立即报告接触网工区或电力调度员派人前来修理。

③ 严禁接触网带负荷（货物线内有电力机车取流用电）操作隔离开关。因为隔离开关没有消弧装置，也没有断流能力。带负荷操作会产生断路弧火，烧坏设备，电伤操作人员。

④ 操作隔离开关要准确、迅速，一次开闭到底，中途不得停顿或发生冲击。操作过程中，人体未穿戴绝缘物的部分不得与支柱及其机构接触，以防触电。

雷电期间，禁止操作隔离开关。

⑤ 操作隔离开关使用的绝缘靴和绝缘手套要存放在阴凉干燥、不落灰尘的容器内，保持其绝缘性能的良好。每隔 6 个月送供电段检查试验绝缘性能一次。每次使用前要仔细检查有无破损，并进行简略漏气试验。禁止使用破损、绝缘性能不良的绝缘手套与绝缘靴。

⑥ 接触网隔离开关不得随意开闭，传动机构必须加锁，钥匙应指定专人保管。中间站货物线隔离开关钥匙要固定存放在车站运转室（行车室），由车站值班员负责保管。使用时，需经车站值班员准许，亲自或指派助理值班员前往监护，用后立即收回钥匙。

站内有数台隔离开关时，每台隔离开关的钥匙要注明开关号码，相邻支柱隔离开关钥匙不得通用，以免错用钥匙错开隔离开关，危及行车和作业人员安全。

4.1.4　知识拓展

1. 禁止行为

《铁路安全管理条例》第七十七条　禁止实施下列危害铁路安全的行为：

（一）非法拦截列车、阻断铁路运输；

（二）扰乱铁路运输指挥调度机构以及车站、列车的正常秩序；

（三）在铁路线路上放置、遗弃障碍物；

（四）击打列车；

（五）擅自移动铁路线路上的机车车辆，或者擅自开启列车车门、违规操纵列车紧急制动设备；

（六）拆盗、损毁或者擅自移动铁路设施设备、机车车辆配件、标桩、防护设施和安全标志；

（七）在铁路线路上行走、坐卧或者在未设道口、人行过道的铁路线路上通过；

（八）擅自进入铁路线路封闭区域或者在未设置行人通道的铁路桥梁、隧道通行；

（九）擅自开启、关闭列车的货车阀、盖或者破坏施封状态；

（十）擅自开启列车中的集装箱箱门，破坏箱体、阀、盖或者施封状态；

（十一）擅自松动、拆解、移动列车中的货物装载加固材料、装置和设备；

（十二）钻车、扒车、跳车；

（十三）从列车上抛扔杂物；

（十四）在动车组列车上吸烟或者在其他列车的禁烟区域吸烟；

（十五）强行登乘或者以拒绝下车等方式强占列车；

（十六）冲击、堵塞、占用进出站通道或者候车区、站台。

2. 电务作业安全注意事项

我国电气化铁路采用单相工频交流制供电，架设在铁路线路上空的接触网带有 25 kV 的高压电，电务作业时必须正确使用各种绝缘防护用品，一般检修作业时要穿防护鞋，并站在绝缘胶垫上工作。凡影响牵引电流通过的各项作业，还必须先带高压绝缘手套、使用带有绝缘的工具、站在绝缘胶垫上方可作业。使用的高压绝缘用品必须定期进行试验，不合格的严禁使用。

3. 事故案例

案例一：违章操作隔离开关触电死亡事故

（1）事故概况。

20××年 11 月 15 日夜，×机务段整备车间受电弓检查组在对 0046 号机车入 8 道整备线进行登顶整备作业时，由于受电弓检查员张×将 3 道隔离开关误认为 8 道隔离开关进行了断开并与同班受电弓检查员叶×× 在没有确认分闸、接地线及登顶股道的情况下盲目登顶作业，致使两人先后被接触网高压电击伤，事发后一名人员死亡、另一名人员重伤。

（2）事故原因。

一是错办停电股道、盲目登顶，现场作业混乱。隔离开关操作员在当班作业中擅自离开岗位，没有亲自操作隔离开关并对现场登顶作业人员进行全过程监护；二是登顶作业人员违反规定，在无人监护的情况下自行操作隔离开关，错办停电股道；登顶作业人员简化登顶作业程序，未确认停电股道及登顶作业机车型号，未按规定进行升弓验电，盲目登顶作业。

案例二：违反人身作业安全标准导致人身伤亡事故

（1）事故概况。

×年×月×日 9 时，线路工徐某作为巡轨负责人和防护员，带领 2 名劳务工担当候月线郑庄—端氏间下行线 K123+420 m 处巡轨作业，2 名劳务工沿下行线路前行，徐某后行。9:32，2 人行至 K125+450 m 处，郑庄—端氏间反方向运行的上行 26574 次货物列车将沿着线路轨枕头行走的徐某碰撞摔倒，头部被路肩石砟碰伤，送医院抢救无效死亡。

（2）原因分析。

① 事故的直接原因。

作为巡轨负责人和防护人的线路工徐某，在巡轨作业中，没有尽职尽责，没有非正常行车情况下的安全自保意识，作业中习惯性违章，盲目在线路轨枕头行走侵入限界，严重违反了路局《防止机车车辆人身伤害安全措施》第 17 条"沿线路行走时，严禁走道心、轨枕头和侵入限界"的规定，对这起事故负有主要责任。

② 事故的间接原因。

×线路车间日常管理不到位，"安全第一"的思想树立不牢，对路局集团有限公司下发的《防止机车车辆人身伤害安全措施》学习贯彻不够，安全盯控不到位。车间干部对上线作业人员作业区段的有关行车组织、反方向运行等情况不清，没有制定针对非正常行车情况下作业人员的人身安全教育、提示、预想等防范措施，对上线作业人员的人身安全重视不够，班前安全预想和日常安全教育走过场。×工务机械段对施工作业多的车间、班组和防护员的人身安全教育、培训流于形式，对这起事故负有重要的管理责任。

③ 事故责任认定。

事故责任者为×工务机械段。

④ 吸取的教训和警示教育。

日常人身安全管理有漏洞。施工作业重行车安全，轻人身安全卡控，没有对施工前、施工中的人身安全细节、重点和难点进行认真分析，忽视了施工作业中可能出现的人身安全失控环节、隐患和漏洞。由于管理性违章，简化班前安全预想程序，导致职工惯性违章问题屡禁不止。

职教部门日常没有把非正常情况下行车人身安全作为安全教育培训和考试的重点，导致巡轨作业的徐某只知对西向下行来车方向巡检，没有注意反方向上行来车的意识；有关科室在日管的施工组织和安全措施制定中缺少非正常情况下行车确保人身安全的具体措施。

案例三：横越线路，被撞身亡

（1）事故概况。

2007年×月×日，×工务机械段岔枕大修车间换岔四班按计划在×线坡底下车站下行线3号、5号、9号道岔及站内3道进行卸料作业，请求封锁坡底下站3道及下行线3号、5号、9号道岔1h（计划时间23点至0点）。22时25分左右，西头防护员翟×从×线K27+899 m监护道口进入线路，背对列车沿上行线左侧由西向东行走，22时37分，当行走至×线上行K27+705 m处（曲线半径800 m）横越线路时，被上行客车T210次撞伤，被立即组织送往×职工医院救治，26日0时55分因伤情过重抢救无效死亡，构成职工死亡事故。

（2）事故原因。

违反了当时的《安规》第3.2.2条规定：步行上下班时，区间应在路肩或路旁行走；在双线区间，应面迎列车方向；通过桥梁、道口或横越线路时，应做到"一停、二看、三通过"，严禁来车时抢越。

案例四：×年×月×日——违章行走道心，被撞身亡

（1）事故概况。

×年1月×日×时×分，×铁路局×供电段×电力车间×网工区，接到处理管内京九线乐化车站21号接触网支柱倾斜故障的通知，该工区作业人员乘接触网作业车到达该站，其中4名接触网工下车后，携带照明灯具和检修工具前往故障现场途中，违章沿京九线上行道心行走，行至该站北端上行道岔区K1442+310 m处，1人发现来车跳下，其他3人被后方驶来的南昌—宁波的2532次旅客列车以110 km/h速度碰撞，当场死亡，构成铁路交通责任较大事故。

（2）原因分析。

该起事故充分暴露事故单位在安全管理和职工"两纪"方面存在的突出问题。一是新任职的接触网工安全意识淡薄，前往故障现场途中违章在线路上行走；二是作为施工作业负责人的该工区工长，在布置抢修准备工作后，没有对作业人员进行分工，布置安全注意事项和设置防护人员；三是该工长和驻站联络员乘汽车先行到达故障现场和车站，出现作业负责人与作业人员分离，驻站联络员也未与现场防护员建立起安全防护体系，造成管理失控；四是该段未按规定对新入职人员签订"师徒合同"，弱化了对新入职人员的安全保护、安全管理和作业监护。

案例五：×站货运员4.20人身伤亡事故

（1）事故概况。

×年×月×日×点×分×站机械区货运员陈×当班脱岗，钻车造成人身伤亡事故。

（2）原因分析。

班中脱岗，擅离工作岗位，抢越正在调车中的车列并钻车，造成此次事故。

（3）预防措施。

① 单岗货运员严禁脱岗，如确需离开工作岗位范围，须向值班员请假。

② 车站要对单岗位作业人员加强夜间巡视，也可通过电话进行检查，并制定单岗作业人员人身安全卡控措施。

③ 严格执行《作业人员劳动安全控制措施》中"严格遵守劳动纪律和作业标准。工作中要坚守工作岗位，严禁脱岗、串岗、私自替班或换班，不得做与工作无关的事情""横越停有机车、车辆的线路时，必须先确认机车、车辆暂不移动，然后在距该机车、车辆 5 米以外绕行通过。严禁抢越线路""严禁钻车"。

任务 4.2　接发列车作业惯性事故的预防

4.2.1　拟完成的任务

×年×月×日×时×分，×站值班员与×站办理 88178 次列车闭塞排列进路时，将通过进路始终端排反，致使上行进站信号机至下行Ⅱ道出站信号机间出现白光带，进站信号机不能开放，×时×分 88178 次列车凭引导手信号进站，造成本列运行时分超过图定运行时间，构成耽误列车一般铁路交通 D 类事故。

思考：1. 导致这起事故的原因是什么？

2. 为确保安全行车，值班员在办理接发车作业过程中，应该注意哪些方面？

4.2.2　任务目的

1. 了解接发列车事故的种类，分析发生接发列车惯性事故的主要原因，掌握防止接发列车惯性事故的方法；

2. 具备预防接发列车事故的能力；

3. 严格执行"两纪一化"，强化"安全重于泰山"的责任意识，筑牢安全思想防线，做到"我要安全"。

4.2.3　相关配套知识

车站在办理接车、发车和列车通过作业程序中发生的一切行车事故，称为接发列车事故，经常发生的接发列车事故称为接发列车惯性事故。

1. 接发列车惯性事故的种类

1）向占用区间发出列车

占用区间是指：

① 区间内已进入列车。

② 区间已被列车取得占用的许可（包括准许时间内未收回的出站、跟踪调车凭证）。

③ 封锁的区间。按《技规》规定，为满足救援、施工等特殊需要，使用调度命令发出的列车除外（《技规》第 330、374、382 条）。

④ 区间内有停留或溜入的机车、车辆、动车、重型轨道车、施工作业车辆。

⑤ 发出进入正线的列车而区间内道岔向岔线开通。

⑥ 邻线已进入禁止在区间交会的列车。

列车前端越过出站信号机或警冲标即可按向占用区间发出列车论处。

办理越出站界调车后，没有取消手续，也没有办理列车闭塞手续，就用该调车手续将列车开出，亦按向占用区间发出列车论处。

2）向占用线路接入列车

占用线路是指已办理进路的线路或停有机车车辆的线路或已经封锁的线路。

列车前端进入进站（进路）信号机或站界标即可按向占用线路接入列车论处。在站内无空闲线路的特殊情况下，接入为排除故障、事故救援、疏解车辆等所需要的救援（《技规》第357条）列车、不挂车的单机、动车及重型轨道车除外。上述列车均应在进站信号机外停车，由接车人员向司机通知事由后，以调车手信号旗（灯）将列车领入站内。

3）未准备好进路接发列车

未准备好进路是指：

① 进路上的道岔未扳、错扳、临时扳动或错误转动。

② 进路上有轻型车辆（包括拖车）、小车及其他能造成脱轨的障碍物（不包括路外其他交通车辆）。

③ 邻线的机车、车辆、动车、重型轨道车（包括拖车）越出警冲标。

④ 违反禁止办理相对方向同时接车和同方向同时发接列车的规定而办理同时接车或发接列车。

⑤ 超限列车（包括挂有超限车辆的列车）、客运列车由于错误办理造成进入非固定股道。

接入停车或通过的列车，列车前端进入进站（进路）信号机或站界标以及发出的列车起动均按未准备好进路接发列车计算。

设有进路信号机的车站，分段接发列车时，按分段列算。如果每段都发生问题，每段都定一件事故；如果一次准备的全通路，算一个进路，定一件事故。

凡由于信号联锁条件错误或有关人员违章作业，致使信号错误升级显示进行信号或强行开放进行信号运行，造成耽误列车或列车已按错误显示的进行信号运行，虽未造成后果，均定为事故。

4）未办或错办闭塞发出列车

未办或错办闭塞发出列车是指未和邻站、线路所、车场办理闭塞手续，或办理闭塞的区间和列车运行的区间不一致。列车前端越过出站信号机（包括线路所通过信号机）或警冲标即构成。客运列车，错办闭塞的区间虽与列车的运行区间一致，亦按本项论。

没有调度命令，擅自改变或错办列车运行经路，亦按本项论。

未按规定办理手续而越出站界调车时，按本项论。

5）列车冒进信号或越过警冲标

列车冒进信号或越过警冲标是指列车前端任何一部分越过固定信号显示的停车信号。停车列车越过警冲标或轧上线路脱轨器（是指用于接发列车起隔开作用的脱轨器）时亦算。双线区间反方向运行，列车冒进站界标，亦按本项论。

在制动距离内，由于误碰、错办或维修设备，致使临时变更信号显示，信号关闭或临时

灭灯，造成列车冒进信号时，不论联锁条件是否解锁，亦按本项论。

在制动距离内信号自动关闭或临时灭灯，在进路联锁不解锁的情况下，列车冒进信号时，不按本项论。

6）错办或未及时办理信号导致列车停车

错办或未及时办理信号导致列车停车是指：

① 因办理不及时或忘办、错办信号使列车在站外或站内停车时。

② 禁止同时接车的车站或不准同时接入站内的列车，误使两列车均在站外停车时。

③ 接发列车人员未及时或错误显示手信号，使列车停车时。

7）错误办理行车凭证发车或耽误列车

错误办理行车凭证发车或耽误列车系指与邻站已办妥闭塞手续，但由于未交、错交、未拿、错拿、错填、漏填行车凭证，自动、半自动闭塞区间未开放出站（进路）信号机发车或耽误列车。

行车凭证交与司机或运转车长显示发车手信号后（车站直接发车为发车人员显示发车手信号后），发现行车凭证错误，亦为错误办理行车凭证发车。

填写的行车凭证，错填、漏填电话记录号码、车次、区间、地点时，列行车事故，其他项目漏填、错填时，不列行车事故。

自动闭塞、自动站间闭塞、半自动闭塞区间未开放出站（进路）信号机，列车起动后发觉，停车未越过信号机或警冲标时，列一般 D 类事故，如果越过信号机显示的停车信号或警冲标时，算一般 C 类事故。

2. 发生接发列车惯性事故的主要原因

1）离岗、打盹或做与接发列车作业无关的事情

接发列车作业人员擅离职守、打盹睡觉、看书看报、闲谈打闹，都直接影响作业人员的注意力，造成误听、误传车次或股道，忘办、错办闭塞或信号，忘扳、错扳道岔等后果，一旦各种原因叠加，就很可能造成事故。

2）办理闭塞没有确认区间空闲

行车闭塞设备在正常情况下，可以保证在同一时间、同一区间内只有一个列车占用。但在设备发生故障或有些特殊情况下有可能产生区间空闲的假象，特别是电话闭塞完全靠作业人员控制。办理闭塞前如不确认区间空闲，就有可能向占用区间发出列车，发生严重的行车事故。

3）不按规定检查确认接发列车进路

不按规定检查确认接发列车进路是造成接发列车事故的重要原因，特别是在无轨道电路的车站或停电、施工等无联锁状态下接发列车，如果不按规定认真检查接发列车进路，极易发生未准备好进路接发列车的行车事故。

4）不认真核对行车凭证

行车凭证是列车占用区间的依据，非正常情况下办理接发列车时，如果漏填、错填、未交、错交、未拿、错拿行车凭证，轻则耽误列车，影响正常运行，重则造成向占用区间发出列车等严重后果。

5）错办或未及时办理信号

及时、正确地开放信号是保证行车安全和不间断地接发列车的一项重要工作。信号开放

不正确或不及时，会造成列车晚点或机外停车，甚至造成向占用线接车或向占用区间发车等严重后果。

  6）取消、变更接发列车进路联络不彻底

  车站在办理接发列车时，原则上不许变更接发列车进路，但如果遇到特殊情况必须变更发车进路时，应先通知发车人员取消发车后再变更；原规定为通过的旅客列车，由正线变为到发线时，应经列车调度员准许事先预告司机，降低列车进站速度，这样才能保证行车安全。

  7）抢钩作业

  在准备接发列车进路时，不按规定停止影响列车进路的调车作业。而抢钩作业除直接造成列车晚点外，因抢钩作业容易简化作业过程，匆忙中极易造成行车事故，特别在没有隔开设备的线路上危险性更大。

  3. 接发列车惯性事故的预防

  为了保证安全地、不间断地接发列车，必须认真贯彻执行《接发列车作业标准》，抓早抓实、层层设防，把事故减少到最低限度。

  1）办理闭塞时必须确认区间空闲

  车站值班员在办理闭塞时，为防止向占用区间发出列车，必须认真做好以下工作。

  （1）检查确认前一列车是否完整到达。

  在半自动闭塞、无轨道电路、无联锁状态下接车时，车站值班员必须听取扳道员前一列车全部到达的报告。助理值班员应认真确认列车尾部标志，防止区间遗留车辆。

  （2）通过闭塞设备确认区间空闲。

  自动闭塞区段根据控制台上的信号表示灯、接近、远离及道岔区光带进行确认。半自动闭塞区段根据闭塞机上邻站发出列车到达的闭塞表示灯确认。电话闭塞根据车站行车日志、电话记录登记簿列车到达的电话记录号码确认，并与揭挂的表示牌进行核对。

  （3）检查确认有关记录情况。

  在确认区间空闲时，还要认真核对轻型车辆使用书、行车设备检查登记簿、调度命令等有关记录。

  2）认真检查确认接发列车进路

  车站值班员布置接发列车进路时，必须向有关人员讲清接发列车的车次和占用线路。车站一端连接两个以上方向或双线反方向接发列车时还应特别说明。为防止有关人员误听、错听，受令人应按规定复诵。此外，在准备接发列车进路时，还应重点检查确认以下事项。

  （1）确认接车线路空闲。

  ① 设备检查，即利用控制台上的线路占用光带或表示灯检查确认。

  ② 目视检查，即天气良好时，车站值班员（助理值班员）或扳道员现场目视检查线路空闲。

  ③ 分段检查，即在夜间或昼间天气不良、曲线半径过小和施工停电联锁设备失效的情况下，车站值班员（助理值班员）或扳道员按划分地段分别检查确认。

  ④ 辅助检查，即从占用线路揭示板核对确认。

  ⑤ 确认进路上的道岔位置正确。

  扳道员或信号员在准备接发列车进路时，必须严格执行"一看、二扳（按）、三确认、四显示（呼唤）"制度。特别是在无联锁或联锁失效时，扳道员和引导员不仅要确认道岔位置正确，还要确认对向道岔和邻线上的防护道岔是否加锁，由始端至末端逐个道岔检查确认后，方可向值班员报告接发列车进路准备妥当。

(2) 确认占用区间凭证填写正确。

这里所说的占用区间行车凭证主要指书面凭证，包括路票、绿色和红色许可证或通知书，以及作为行车凭证的调度命令。占用区间行车凭证填写完后，必须经过两人互检或一人两次检查，重点核对电话记录号码或调度命令号码、区间、车次和地点，做到准确无误。

(3) 确认影响进路的调车作业已经停止。

在准备接发客运列车进路时，能进入接发列车进路线路而没有隔开设备或脱轨器时，不准进行调车作业。特别是在开行快速旅客列车的区段，更应严格遵守，甚至要提前停止影响进路的调车作业，绝对禁止抢钩作业。接发超限列车，线间距不足 5 m 时，还应停止邻线上的调车作业；接发非超限列车但邻线调动超限车辆时，也应停止调车作业。

上述事项检查确认完毕后方可开放信号机或交付行车凭证指示发车。

3）正确掌握开闭信号的时机

信号开闭时机的把握直接影响到行车安全和设备运用效率。"早开晚关"，虽然对列车运行安全有利，但降低了设备的运用效率；"晚开早关"将会造成列车机外停车或进路提前解锁，危及列车运行安全。

在非集中联锁的车站，信号关闭过早，会使进路上的有关道岔提前解锁，敌对信号开放；过晚关闭信号，道岔不能解锁，其他进路不能及时准备。因此，必须按《站细》规定，正确掌握开闭信号的时机。

(1) 开放进站信号机的时机。

开放进站信号机的时机是列车运行到预告信号机之前，司机能确认信号显示的地点的时刻。这也是开放进站信号机的最晚时机。遇有特殊情况，需要变更接车进路时，应在保证列车在进站信号机外不停车、不减速的情况下方可关闭进站信号机，变更进路。电气集中联锁的车站，应在列车进入预告信号机之前，方可变更接车进路。

(2) 开放出站信号机的时机。

开放出站信号机的时机应根据出站信号机开放后至列车起动前办理的全部作业所需时间而定，主要包括车站助理值班员确认出站信号、显示发车指示信号的时间，运转车长确认发车指示信号、显示发车信号的时间，司机确认发车信号、起动列车的时间。

(3) 关闭信号机的时机。

到达列车全部进入接车线警冲标内方后，方可关闭进站（进路）信号机；出发（通过）列车全部越过最外方道岔，方可关闭出站信号机；列车全部越过线路所通过信号机后，方可关闭该信号机；列车头部越过引导信号后方可关闭引导信号或按规定收回引导手信号。

自动闭塞区段及集中联锁的车站，因设有轨道电路，信号机自动关闭。半自动闭塞的出站信号机，列车进入出站方向轨道电路区段时，信号机也自动关闭。但是，出站信号机手柄必须在列车全部出站后方可恢复，以免进路上的道岔提前解锁。

4）接发列车必须立岗监督

接发列车立岗制度是保证列车和人身安全，防止接发列车惯性事故的一项重要措施，必须认真执行。

接车时，列车接近车站时，根据扳道员或信号员"×次接近"的报告，助理值班员应提前出动到《站细》规定地点立岗接车。认真检查进路上有无障碍物和行人，监督列车进站走行，货物装载情况，发现异状及时向车站值班员报告；如果遇到危及行车、人身安全的紧急情况，应显示停车信号或用无线列调电话通知司机停车。

发车前，发车人员确认发车进路准备妥当，行车凭证交付完毕，出发信号机开放正确，旅客乘降完了，行包装卸结束，列检防护信号撤除，方可指示发车或发车。发车时，发车人员和出站方向扳道员应于列车起动后，手持信号在规定地点立岗监督列车出站。

凡是不能从设备上确认列车进路和出站情况的车站，接发列车人员应及时向车站值班员报告列车进、出站情况。认真检查确认列车尾部标志。

5）开通区间不能简化作业过程

开通区间是接发列车作业的最后一个作业程序，也是下一次作业的准备。绝不能因为列车已经接入或发出而简化作业过程，否则就会埋下事故隐患。

列车接入或发出之后，车站值班员必须亲自或通过助理值班员或扳道员确认列车是否全部到达警冲标内方或全部开出车站，及时解锁进路，关闭信号机或收回行车凭证，办理闭塞机复原，并与邻站办理区间开通手续。

4. 车机联控

车机联控是以列车安全为对象，以防止列车"冒进信号""错办进路"等惯性事故为重点，以加强列车运行中的动态控制，强化行车各部门的"结合部"作业为目的，以落实基本作业制度为前提的重要安全措施。车机联控是指车务、机务等人员使用列车无线调度通信设备，按照规定进行联络，提示安全行车信息，确保行车安全的互控措施.

车机联控的主要设备包括车站电台、机车电台、便携电台及通信记录装置等。车机联控实施两种制度，即指路行车和问路行车。普速列车和货运列车执行问路行车；动车组、城际高速动车组等高速列车执行指路行车。

1）铁路局集团公司车机联控组织

① 在中国国家铁路集团有限公司安全监督管理局的领导下，各铁路局集团公司成立车机联控领导小组，由分管安全的副局长任组长，运输、机务、电务、财务、劳资、工务、供水、供电、基建、房建、计统处长为组员。

② 铁路局集团公司安全监察室下设车机联控办公室，由安全监察室副主任兼任车机联控办公室主任，配备不少于 3 名监察为车机联控办公室专职人员。运输、机务、电务处指定专人配合车机联控办公室负责本部门的日常车机联控工作。

③ 各直属站、车务、机务、电务、列车段成立车机联控小组，配齐专职人员负责本单位的车机联控工作。

2）车机联控模式及注意事项

车机联控一般采用列车司机（副司机）、车站值班员（助理值班员）、运转车长利用列车无线调度电话，实行呼唤应答的"全呼全控"模式。车机联控必须"站站列列呼唤应答"，使用普通话，做到用语准确、吐字清晰、程序规范、声音洪亮。执行车机联控时，必须先按住话柄按键再通话，防止电台发送的用语不全，需重复进行车机联控时，应间隔 5 秒以上。

3）车机联控标准

《车机联控标准》（TB/T 3059—2009）明确了车机联控的基本概念，规定了车机联控作业的设备、人员、信息、用语和作业标准等要求。

4）车机联控

车机联控是铁路运输结合部理论的具体运用，是强化系统管理的有效途径，有利于提高安全的可靠性、运输能力、服务质量、工作效率与管理水平，并及时反馈信息实行联合控制，督促作业人员严格执行作业标准，形成安全稳定的局面，减少和避免人为的失误，防止行车事故的发生。

车机联控加强了列车在运行过程中的动态控制，可以及时反映线路、信号、供电设备的情况，尤其在防止道口事故、水害事故、折角塞门关闭等方面起到了不可替代的作用。

4.2.4 知识拓展

1.《技规》（普速铁路部分）相关规定

第 330 条　单线区间的车站，经以闭塞电话、列车调度电话或其他电话呼唤 5 分钟无人应答时，由列车调度员查明该站及其相邻区间确无列车（包括单机、大型养路机械及重型轨道车）后，可发布调度命令，封锁相邻区间，按封锁区间办法向不应答站发出列车。

该列车应在不应答站的进站信号机外停车，判明不应答原因及准备好进路后，再行进站。司机或车站值班员应将经过情况报告列车调度员。

第 357 条　在站内无空闲线路的特殊情况下，只准许接入为排除故障、事故救援、疏解车辆等所需要的救援列车、不挂车的单机及重型轨道车。上述列车均应在进站信号机外停车，由接车人员向司机通知事由后，以调车手信号旗（灯）将列车领入站内。

第 374 条　车站值班员接到司机或工务、电务、供电等人员的救援请求后，应立即报告列车调度员。需封锁区间派出救援列车时，列车调度员应向有关车站发布命令封锁区间，并派出救援列车。

向封锁区间发出救援列车时，不办理行车闭塞手续，以列车调度员的命令，作为进入封锁区间的许可。

当列车调度电话不通时，应由接到救援请求的车站值班员根据救援请求办理，救援列车以车站值班员的命令，作为进入封锁区间的许可。

司机接到救援命令后，必须认真确认。命令不清、停车位置不明确时，不准动车。

救援列车进入封锁区间后，在接近被救援列车或车列 2 千米时，要严格控制速度，同时，使用列车无线调度通信设备与请求救援的机车司机进行联系，或以在瞭望距离内能够随时停车的速度运行，最高不得超过 20 千米/时，在防护人员处或压上响墩后停车，联系确认，并按要求进行作业。

第 382 条　向施工封锁区间开行路用列车时，列车进入封锁区间的行车凭证为调度命令。该命令中应包括列车车次、停车地点、到达车站的时刻等有关事项，需限速运行时在命令中一并注明。

向施工封锁区间开行路用列车，原则上每端只准进入一列，如超过时，其安全措施及运行办法由铁路局集团公司规定。

2. 进路

进路是指在站内，列车、调车机车或车列由一个地点到另一个地点所运行的经路。进路包括列车进路和调车进路，其中列车进路又包括接车进路、发车进路和通过进路三种。

按作业性质，进路大体上可分为列车进路和调车进路两类。列车进路又可划为接车进路、发车进路、通过进路和转场进路。凡是列车进站所经由的路径叫作列车接车进路；列车由车站发往区间所经由的进路叫作发车进路；列车由车站通过所经过的正线接车进路和正线同方向发车进路组成的进路，叫作通过进路；列车由车站的某一车场开往另一车场时所经由的进路称为转场进路。如果按方向来区分，调车进路又可分为调车接车方向的进路和调车发车方向的调车进路。

3. 接发车事故案例

案例一：电话闭塞未准备好进路发出列车铁路交通事故

（1）事故概况。

×年×月×日×站因临时停电停止基本闭塞法改用电话闭塞法用路票发车。16时47分，车站办理4617次货物列车6道发车时，未将进路上26号道岔开通就盲目发车，造成将4617次开进专用线，进入专用线线路350 m，构成未准备好进路接发列车铁路交通事故。

（2）原因分析。

负责手摇道岔的值班员和进路检查员违反接发列车作业标准的第二部分有关规定，简化作业过程，在非正常情况下准备发车进路时，未开通进路上的全部道岔，就臆测在正常使用时与24号联动的26号岔也已开通，而实际当时26号岔正处于开通专用线的位置，进路检查员对发车进路上的道岔未作全部检查、确认，就盲目汇报进路确认好了。

（3）采取措施。

① 要求有关单位认真吸取教训，举一反三，彻底扭转安全生产的不利因素；

② 杜绝隐瞒事故的不良风气，发生事故后按相关程序报告，以便迅速采取补救措施，减少事故损失；

③ 要认真贯彻落实各项安全措施，特别是对施工期间相邻站的安全控制和组织措施的落实。

案例二：未及时开放信号导致列车机外停车，构成铁路交通事故

（1）事故概况。

×年×月×日，动车组NYJ4010B机车担当客车×次（编组6辆，总重366 t，计长18.2 m）牵引任务。客车接近×站时进站信号机显示红灯，7时22分25秒司机使用常用制动停车，客车停于×站外K35+485 m处，7时22分38秒进站信号开放，7时24分开车，站外停车2分。

（2）原因分析。

×车站值班员7时13分接到K×次×站开车通知后，精力不集中，作业程序漏项，未按规定及时办理接发列车进路开放进站信号，7时22分列车压上×站接近轨后才布置进路开放信号，造成列车机外停车。

（3）防范措施。

① 认真吸取事故教训，制定针对性措施，认真进行对标检查落实。充分发挥节日期间干部包保作用，认真开展一次接发列车对标专项检查指导，强化干部责任包保和职工标准化作业的落实，对安全薄弱环节、关键时段重点作业环节进行过程控制，切实发挥中心站管理和干部包保现场作业控制检查指导作用。

② 要加强节日期间职工的思想教育，使职工充分认识到运输安全的重要性，上岗后精力集中，严格落实各项作业标准，确保节日期间运输生产安全。

③ 中间站站长、站长助理要加强关键时段、关键岗位、关键作业环节的检查，严格落实"三到现场"制度，接发旅客列车必须进行过程控制，确保旅客列车全程受控。

④ 车务系统要加强对车站值班员接发车时，监控显示器进路信号情况的检查，严格落实接发车作业标准。

案例三：解保车辆抱闸，耽误列车出发，导致铁路交通事故

（1）事故概况。

×年×月×日×时×分，×站始发的44130次货运列车运行到×站通过时，助理值班员发现列车前部车辆冒烟，通知司机停车检查。9时列车停于×站—×站间K189+711 m处，经司机检查发现机后第8位车辆人力制动机未松开，处理后于9时07分开车，区间停车7分钟，耽误列车行进，构成铁路交通一般D类事故。

（2）原因分析。

① ×月×日×时×分×站对44130次（37辆重车）进行保留作业时，站长助理未对拧紧人力制动机的车辆进行标记，对采取的防溜措施心中无数，责任心差，在解保作业中未松开第8位车辆人力制动机，导致车辆带闸运行，这是造成此次事故的直接原因。

② 站长助理在保留作业时对上行方向车辆拧紧了8辆车的人力制动机，但误记为拧紧了7辆车的人力制动机，并通知车站值班员在占线板上标记上行方向7辆车人力制动机拧紧。

③ ×时×分车站对44130次进行解保作业，站长助理和助理值班员共同撤除防溜措施时，依然认为是上行方向拧紧了7辆车的人力制动机，没有对整列车体进行检查确认，致使机后第8位车辆的人力制动机未撤除，造成44130次带闸开车。

④ 车站值班员对解保作业前的安全预想不到位，在作业中没有起到联控互控作用，没有提醒作业人员对所有车辆进行检查。

（3）采取措施。

① 在车站有列车保留、解保及调车等关键作业时，站长必须第一时间到现场参加或监督指导作业，保证作业安全。

② 车站要进一步做好安全信息反馈、传递工作，各站产生安全信息后要按规定程序做好汇报和反馈，对不按规定反馈、传递信息，瞒报、谎报信息的责任人，车务段将进行严肃处理。

③ 车站做好本站安全大检查工作铺排，按照检查重点内容，逐条逐项做好排查工作，对检查发现的问题，认真进行整改，确保问题整改到位，保证安全大检查活动取得实效。

案例四：电话闭塞时未准备好进路，导致铁路交通事故

（1）事故概况。

×年×月×日0时47分，×站值班员在接入70018次货物列车时，发现二分区红光带（工务施工影响）无法办理通过，即通知电务人员检修，并请示调度改用电话闭塞法行车。同时使用列车调度无线通信设备呼叫司机降低速度，注意通过时接路票。但是值班员忘记准备进路，也未派人检查和确认进路情况，盲目将填好的路票交助理值班员并且接车递交路票。助理值班员未按无联锁条件接发列车作业标准监督、检查和确认进路是否良好，盲目递交路票，70018次通过×站时，室内挤岔铃响，才知道3号道岔被挤坏，构成未准备好进路接发列车的行车事故。

（2）原因分析。

在改变闭塞方法接发列车时，值班员、助理值班员均未能按标准作业程序进行进路状况

检查确认。值班员与助理值班员之间的互控作用失效，是造成这次铁路交通事故的直接原因。

（3）采取措施。

① 停止基本闭塞法接发列车时，车站领导必须按要求到场监督作业，消除事故隐患。

② 无联锁接发列车作业时，各作业人员必须严格执行作业标准，特别是发车时，必须在进路准备完了并得到检查确认的报告后方可填写路票。

③ 担当助理值班员职务的临时加岗人员，在作业中须严格执行作业标准，在递交路票前必须与发车端扳道员对道，确认进路正确后方可递交。

案例五：电话闭塞时未按规定转换道岔导致铁路交通事故

（1）事故概况。

×年×月×日，根据月运输方案安排，×站×时×分至×时×分进行电源年检，全站信、联、闭设备停用，改为电话闭塞法行车，手摇道岔准备进路，×电务段×信号工区准时开始施工，但13号等多组道岔没有按施工要求打开遮断器。×时×分×次特别旅客快车在×站开车，经过13号道岔时该道岔转辙机转动，车站在准备进路时13号道岔钩锁器未钩紧而且未按规定加锁，13号道岔转向开通安全线，造成客车进入安全线脱轨，客车大破3辆，中破4辆，小破3辆，旅客死亡1人，重伤1人，轻伤12人，直接经济损失109万元，影响本列行车中断1小时32分，构成行车事故。

（2）原因分析。

① ×站在信、联、闭设备停用时，直接违反《技规》第359条"在无联锁的线路上接发列车时，车站值班员除严格按接发列车手续办理外，并应将进路上有关对向道岔及邻线上的防护道岔加锁"的规定，未将13号对向道岔的钩锁器钩紧和加锁，使该钩锁器失去了锁闭道岔的作用，以致在通电后控制台出现了红、白光带解锁时，造成13号道岔动作，致使列车脱轨。

② 当日13号道岔一直开通兰新正线，道岔处于反位，直接违反了《技规》第238条"引向安全线、避难线的道岔，为安全线、避难线开通的位置"的规定。

《技规》第238条 道岔除使用、清扫、检查或修理时外，均须保持定位。

道岔的定位规定如下：

1. 单线车站正线进站道岔，为由车站两端向不同线路开通的位置；

2. 双线车站正线进站道岔，为该正线开通的位置；

3. 区间内正线道岔及站内正线上其他道岔（引向安全线、避难线的除外），为正线开通的位置；

4. 引向安全线、避难线的道岔，为安全线、避难线开通的位置；

5. 到发线上的中岔，为到发线开通的位置；

6. 其他由车站负责管理的道岔，由车站规定。

车站道岔的定位，应在《站细》内记明。

集中操纵的道岔及不办理接发列车的非集中操纵的道岔可不保持定位（到发线上的中岔和引向安全线、避难线的道岔除外）。

段管线道岔的定位，由各段自行规定。

（3）采取措施。

① 深入进行"安全第一，预防为主"教育，以此事故为鉴，举一反三。

② 发动群众开展"四查",强化安全意识,严格管理,整顿两纪,整顿作风。
③ 切实抓好基本规章制度的落实,从干部抓起,落实安全逐级负责制。
④ 把好安全重点环节,狠抓安全关键,防止类似事故再次发生。
⑤ 进一步强化技术业务培训,努力提高干部、工人素质,适应安全生产需要。

任务 4.3 调车作业惯性事故的预防

4.3.1 拟完成的任务

×年×月×日×时×分,×站利用到达 83810 次列车本务 $DF_{4D}4258$ 机车进行调车作业,在第 2 钩"专 2-52"推进作业时,由于机车乘务员调速不及时,车列接近车挡"三车"距离时超速运行,造成车列首位车辆与车挡发生冲撞,构成铁路交通一般 D 类事故。

思考: 1. 在尽头线调车时,对于速度有什么要求?要保持几米的安全距离?

2. 分析调车长、车站值班员、车站站长在此次事故中存在的问题。

4.3.2 任务目的

1. 了解发生调车作业惯性事故的常见原因,掌握调车作业惯性事故的预防方法;
2. 具备预防调车作业惯性事故的能力;
3. 培养学生严谨认真、对工作高度负责的精神。

4.3.3 相关配套知识

调车工作是铁路运输生产的重要组成部分,是车站运输工作的一项技术性非常强、要求较高而又复杂的工作,同时调车工作也是实现列车编组计划的重要环节。在调车作业中发生的事故,叫作调车事故。调车事故中频率较高的事故,称为调车作业惯性事故。

一般说来调车作业惯性事故分为"冲、脱、挤、溜"四种类型,即冲突、脱轨、挤道岔、机车车辆溜逸。

1. 发生调车作业惯性事故的常见原因

1) 调车作业计划不清或传达不彻底

调车作业计划是调车组、扳道组、信号员及调车机车乘务组统一的行动计划,如果调车作业计划本身不清,易造成调车进路排错,机车车辆进入异线,作业方法错误,不该溜放的车辆溜放;调车作业计划不清或传达不彻底,易造成调车组、扳道组或信号员及调机司机行动不一致,极易发生事故。

2) 作业前检查不彻底,准备不充分

调车作业前,必须按规定提前排风,摘解风管,核对计划,确认进路,检查线路、道岔和停留车辆情况,手闸制动时要选闸、试闸,铁鞋制动时要准备足够、良好的铁鞋。

3) 忘扳、错扳、抢扳道岔

在非集中控制区,忘扳、错扳和抢扳道岔,会直接造成事故;在集中联锁区,信号员误排进路,调车长和调车机车司机不认真确认信号,极易造成冲突、脱轨和挤岔事故。

4）调车手信号显示不标准

调车手信号显示不标准有三种情况：一是未按规定的要求显示信号；二是错过了显示信号的时机；三是错误地显示信号。上述情况都有可能导致事故的发生。

5）溜放作业速度掌握不当或提钩时机不当

实现溜放作业安全的关键是正确掌握好溜放速度，正确把握提钩时机，保证溜放车组适当的间隔距离。如果溜放速度过快，会给制动工作造成困难；如果溜放速度过慢，易造成"堵门"，影响后面车组的溜放。提钩过早，容易造成车组间隔距离不够给扳道和制动作业造成困难，容易造成尾追冲突；提钩时机过晚，又会发生提不开钩，直接影响作业效率。特别在计划不清、联系不彻底时随意提钩，后果更为严重。

6）制动不当

目前，我国铁路调车作业采用的制动工具有手闸、铁鞋、减速器、减速顶、制动小车等。但绝大多数车站的主要制动工具是铁鞋和手闸，就是在机械化驼峰作业中，也要辅以铁鞋和手闸制动。此处所说的制动不当，主要是指铁鞋和手闸制动不当。制动不当的表现有：

（1）选闸、选鞋不当。

选闸、选鞋不当造成手闸制动不灵、"飞鞋"，容易发生调车冲突。

（2）观速不准、调速不当。

溜放作业观速不准，调速不当，特别是手闸制动采用"一把闸"的错误操作方法，以及单车溜放时不执行"双基本"，都容易发生事故。

（3）漏钩。

调车作业中一旦漏钩，车组无人制动，特别是在线路两端同时作业时，极易造成严重后果。

7）"推黑车"或推进车辆不试拉

推进作业时，车组前端无人领车叫作"推黑车"。"推黑车"时，由于机车乘务员无法确认线路和停留车情况，极易造成撞车和挤岔事故。推进车辆不试拉，一旦车辆中有假连结，制动或停车时车辆脱钩发生溜逸，也容易发生撞车、脱轨、挤岔和溜逸等事故。

8）没按规定采取防溜措施

调车作业在线路上停放车辆时，如不按规定采取防溜措施，极易发生车辆溜逸事故，一旦车辆溜入区间后果不堪设想。

2. 调车作业惯性事故的预防措施

调车作业按其目的可分为解体、编组、取送、摘挂和其他调车五种作业形式；按设备状况可分为牵出线调车和驼峰调车两大类。不同目的和设备的调车作业，预防惯性事故的措施不尽相同。

1）正确及时地编制和布置调车作业计划

（1）编制调车作业计划。

编制调车作业计划必须在确保安全的前提下，充分考虑调车效率，做到"四有"（有调车机车名称，有编解或摘挂车次，有作业起止时分，有编制人员姓名、日期）、五全［作业顺序、股道、经由线路，作业方法，摘挂车数（10辆以上有车号），代号车标志，注意事项等内容齐全］。一批作业超过3钩或变更计划超过3钩时，应使用调车作业通知单；中间站利用本务机车调车时，不论钩数多少，均应使用附有示意图的调车作业通知单。

（2）布置调车作业计划。

调车作业计划要正确及时布置，调车领导人要将调车作业计划亲自传达给调车指挥人，由于设备原因，亲自交接计划确有困难时，布置调车计划的办法，按《站细》规定办理。调车指挥人亲自传达给参加调车作业的司机、连结员和制动员。扳道长向扳道员传达，铁鞋组长向铁鞋制动员传达。调车指挥人必须确认有关人员均已了解调车作业计划后方可开始作业。

（3）变更调车作业计划。

在需要变更调车作业计划时，要用书面形式重新按程序下达。变更计划时，调车领导人必须停止调车作业，将变更内容重新传达给每名作业人员，确认无误后方可作业，只变更钩数、辆数、股道时，可不通知司机。

2）做好调车作业前的准备工作

（1）提前排风、摘管、松闸。

有关作业人员要提前出场，排净副风缸的风，以免车辆在溜放过程中发生余风制动。按调车作业钩计划要求摘解风管，做到不错、不漏。并按规定检查提钩位置车辆的钩销链是否完好，发现钩销链脱开时，要用铁丝绑牢，检查车辆闸链，松开拧紧的手闸。

（2）认真检查线路、道岔、停留车情况。

一是检查调车作业的线路上有无障碍物，二是检查停留车位置，三是检查防溜措施，四是检查确认道岔开通位置，五是检查"道沿"距离。检查确认无误后方可作业。

（3）手制动机制动要认真选闸、试闸。

车列停留时按照"一看、二拧、三蹬、四松"的方法检查手制动机；车列牵出时，按照"一听、二看、三感受"的方法检查手制动机。主要做到"六选、六不选"，即选前不选后、选大不选小、选重不选空、选高不选低、选双不选单、选标不选杂。

（4）铁鞋制动要选好铁鞋。

按照调车作业计划要求，提前上岗做好准备工作。根据计划钩数、辆数，预计每一钩车的上鞋位置和数量，准备足够数量的铁鞋，并全面检查铁鞋和鞋叉，不能使用的应提前更换，并将铁鞋排放在预计下鞋地点的轨枕头上。

3）正确及时地显示信号

调车作业主要是通过信号来指挥的，同时，手信号还用于调车作业人员相互间的联系。因此，调车作业人员不但要熟悉信号显示内容，还必须熟练掌握显示方法，做到"灯正圈圆、横平竖直、正确及时"。

（1）正确选择显示信号的位置。

调车指挥人员应站在易于瞭望、能确认前方进路又能使司机看见信号的位置上显示信号。推送调车时，应尽可能选派连结员或有经验的制动员在最前面的车辆上显示信号，调车长在靠近机车的位置上中转信号，严禁"推黑车"。在牵出线上溜放作业时，调车长应在连结员与司机之间的位置上显示信号，既能使司机及时确认信号，又能监督连结员摘解车辆，同时还可以瞭望扳道员准备进路和信号显示情况。

（2）正确显示连挂信号。

在推进车辆连挂作业时，为了使司机及时了解调车车列与停留车之间的距离，调车指挥人员必须向司机显示"十、五、三车"距离信号，以做到平稳连挂。调车指挥人员显示信号后，没有听到司机鸣示回示信号时，要立即显示停车信号。为了避免司机误认信号，在显示"十、五、三车"距离信号时，不应再显示减速信号。遇有天气不良、照明不足或地形地物影响，调车指挥人员看不清停留车位置时，应派人在停留车前显示停留车位置信号，以便调车指挥人正确及时地显示"十、五、三车"距离信号。推送车辆前应指挥司机进行试拉。

（3）严格执行"要道还道"制度。

在非集中联锁的线路上进行调车作业时，为防止挤道岔或误入异线，在机车乘务员、调车人员和扳道员之间通过信号显示建立的调车进路的准备检查、通报进路开通的联系制度叫作"要道还道"制度。单机或牵引运行时由司机鸣笛要道，推进运行时由车列前端的调车人员以手信号或口笛要道，扳道员按"一看、二扳、三确认、四显示"的作业程序，确认进路准备妥当后，先显示股道号码信号，然后显示开通信号进行还道。在连续溜放和驼峰解散车列时，第一钩必须执行"要道还道"制度。此外，每批计划的第一钩，溜放作业的开始钩和加减钩，停放爆炸品的线路调车时，变更计划或进路，非固定调车区调车时，也要执行"要道还道"制度。当集中联锁的道岔施工、停电或其他原因改为就地操纵时，也要执行"要道还道"制度。在此情况下，驼峰采取单钩溜放法调车时，提钩人员没见到道岔开通信号不得提钩。调车机车由集中区去非集中区或由非集中区去集中区时，由于各站情况不同，须按《站细》规定执行。

4）溜放作业要认真掌握速度、车组间隔和提钩时机

在溜放作业中，要严格遵守禁止溜放的车辆、线路、作业项目和其他规定，同时重点掌握速度、车组间隔和提钩时机三个关键点。

（1）正确掌握速度。

在溜放作业中，调车指挥人员应根据当时的气候条件，线路停留车位置的远近和大小车组的排列，作业人员的技术水平等情况，及时调整溜放速度。例如，车列的头几钩都是小组车，溜放后机车带的车辆还很多，这时速度就不宜过大；相反，车列的头几钩都是大组车，溜放后车列所剩车数不多时，则溜放大组车的速度可适当加大。遇有顶风、降雪等气候条件时应适当提速度，如遇雨雾、顺风等气候条件时，由于轨面较滑，溜放速度应适当降低。

（2）正确掌握车组间隔。

在溜放作业时，除要掌握好溜放速度外，还要正确掌握溜放车组的技术间隔。间隔过大，会影响效率，间隔太小会给扳道造成困难，危及安全。如图4-1所示，两车组溜放的技术间隔是从前行车组离开分路道岔尖轨跟部起，至道岔扳妥，后行车组刚好运行到该分路道岔尖轨尖端处止。如果小于这个间隔，道岔来不及转换，将造成两车组进入同一股道，甚至道岔"四开"，造成脱轨。在现场实际溜放作业中，一般目测前后车组在分歧道岔处要有两辆车的距离，即为正确的车组技术间隔。

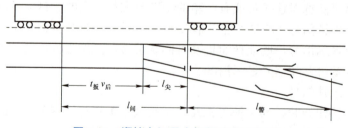

图4-1 溜放车组最小间隔距离示意图

（3）正确掌握提钩时机。

驼峰调车应本着"宁可峰上慢，不叫峰下乱"的原则掌握提钩时机。具体应做到"六不提"，即前钩不脱后钩不提，没有信号不提，车组间隔不够不提，计划不清不提，禁止过峰车辆不提，前手闸、后铁鞋时前手闸未过分歧道岔警冲标后车组不提。平面溜放调车的"六不提"是在驼峰调车的前四不提的基础上，增加"未得到手闸制动员试闸良好信号不提；禁溜车不提"。

5）制动作业做到准确观速、正确调速、制动得当

（1）准确观速。

观速主要有看速、数数计速、步行测速三种方法。看速即调车人员在车上看轨枕来判断车辆的走行速度。如调车线每节钢轨长 12.5 m，下铺 18 根轨枕，能较慢数清轨枕根数时，速度约为 4 km/h；能较快数清轨枕根数时，速度约在 7 km/h；能看清但数不清轨枕根数时，速度约为 10 km/h；看不清轨枕根数时，速度约在 15 km/h。数数计速就是根据车辆走过的相对固定距离（电线杆、钢轨等）用自己数数的方法来确定车辆的速度。步行测速即根据人慢行、快行、跑步等确定车辆走行的方法。正确运用以上方法，就能准确测速。

（2）正确调速。

正确调速的做法是在溜放车组还没有溜到停留车位置前，就把溜放车组调整到需要的速度。

手闸制动时，调速的方法是急拧闸盘后立即松开，连续几次就可以调到需要的速度。这样做既不造成过早停车，又可获得较强的制动力。铁鞋制动时，调速的方法主要采用"一轨双基本"。理由是：在一根钢轨上前后安放两只鞋，制动员可根据车组速度随时调整基本鞋的位置，速度小时可撤下一只，速度大时有可能将第一只铁鞋打掉，后一只铁鞋可以起到保护作用，达到制动目的。

（3）制动得当。

人力制动要根据天气、坡道、弯道、车辆空重、车组大小等因素的影响，在正确调速的基础上按规定尽可能使车组停在预定的地点。一般做法是：对单个车组和小组车，坚持使用"一车三鞋双基本，远摆近推"；对中组车采用"远下基本近掏挡"；对大组车采取"让头拦尾，集中下鞋"的方法，达到目的制动的要求。

6）按规定认真采取防溜措施

编组站、区段站在到发线、调车线以外的线路上停留车辆，不进行调车作业时，应连接在一起，拧紧两端车辆人力制动机或安放铁鞋（或止轮器）。在中间站停留车辆时，无论停留的线路是否有坡道，均应按规定采取防溜措施。摘车时，须等车列停妥后拧紧人力制动机，安放铁鞋或止轮器和防溜枕木，牢靠固定后，方可提钩。挂车时应首先检查防溜措施状况，确认无误后才能挂车。未挂妥之前不得撤除防溜措施。

动车组无动力停留时，有停放制动装置的动车组，由司机负责将动车组处于停放制动状态；无停放制动装置或在坡度为 20‰ 以上的区间无动力停留时，由司机通知随车机械师进行防溜，防溜时使用止轮器牢靠固定。

4.3.4 知识拓展

1. 案例分析

案例一：×站调车脱轨，一般 D 类铁路交通事故

（1）事情经过。

×月×日×时×分，$DF_{4D}5715$ 机车在×站进行 40904 次列车编挂调车作业，6 道推进 14 辆时，轧上移动脱轨器，车辆脱轨，14 时 05 分起复完毕，构成一般 D 类铁路交通事故。

（2）原因分析。

① 调车作业人员在调车作业过程中没有按照现行《技规》290 条、291 条规定，确认进路、检查线路、道岔及停留车等情况；在推进车辆调车作业时，没有认真确认前方进路，在调车指挥人确认前方进路有困难时，也没有按照规定指派调车组其他人员确认前方进路，盲目臆测调车作业，是造成事故的主要原因。

② 车站值班员在编制"调车作业通知单"时未按照《站细》规定填写调车作业计划的内容和要求，下达的"调车作业通知单"记事栏没有将 6 道有车这一重要内容进行引记；向调车作业人员布置调车计划时没有将 6 道有始发列车技术检查作业这一重要内容传达给调车作业人员；在推进调车作业进入有车线时车站值班员未与调车作业人员进行联控，调车安全措施没有得到落实，是造成事故的重要原因。

③ 连结员在推进 6 道作业时，发现前方危及人身和行车安全，没有发出紧急停车信号，错过防止事故的最后时机，扩大了事态。

（3）防范措施。

① 要认真吸取事故教训，举一反三，统筹抓好各项工作。在重点盯住接发车作业和施工作业安全的同时，要加强安全基础管理，加大惯性违章的整治。

② 要针对当前发生的问题，结合季节性安全隐患分析总结本部门安全工作的薄弱点，制定切实可行的安全措施，着重从干部履职、提高管控能力、实现现场作业的有效控制方面做工作，使各级管理人员真正能沉下心，发现和解决安全生产的关键问题。

③ 要针对此次事故暴露的问题，开展一次调车专项检查，从调车安全管理制度措施的制定完善、干部现场检查考核量化标准、调车作业标准落实等方面逐条逐项进行排查，彻底解决有检查无标准、无考核，以及结合部长期存在的问题。

案例二：关于×站调车闯蓝灯严重安全隐患事故

（1）事故概况。

×年×月×日×时×分，×站利用 $DF_{8B}0241$ 机车进行调车作业，作业计划为："Ⅰ道东、5+59、Ⅰ道测量、5-59、5+59、6+18、5-18、1-59、Ⅱ道走行、1+59"。当作业到第 4 钩"5-59"时，调车列越过关闭的 D4 信号机进入 5 道，造成 X1 至 D4 间调车进路遗留绿光带，值班员发现后解锁进路，连续 2 次错误使用道岔区段"故障解"，均未能解锁成功，之后使用"总人解"才将进路解锁。

（2）原因分析。

① 连结员违反《技规》第 291 条"调车作业时，调车人员必须正确及时地显示信号"及《行规》第 65 条"在设有调车信号机的线路上调车作业时，必须严格按照调车信号机的显示进行"等规定，未认真确认 D4 信号机的显示状态，盲目作业。

② 车站值班员对 9 月 21 日站场 5、6 道进行联锁改造后，调车作业标准不掌握，未能正确排列调车进路，未认真监视车列运行状态。

（3）采取措施。

① 各相关单位要充分认识此类问题的严重性和潜在隐患，深刻吸取教训，举一反三，引以为戒，牢固树立安全责任意识，严格执行标准化作业，认真落实现场作业安全卡控制度。

② 车务系统要针对此类问题，深刻反思，立即开展一次接发列车和调车作业标准化专项整治活动，杜绝值班员错排进路和调车作业顶红灯或闯蓝灯严重安全隐患的发生。

③ 立即开展一次针对站改后新设备的操作方法、应急处置等基本业务技能的培训，提高职工业务素质和操作技能。

案例三：×供电段（×年×月×日）轨道车挤岔事故

（1）事故概况。

×年 2 月 23 日，×供电段×接触网工区作业车组 189205＋P189233（司机：易某、任某），在宝成线巨亭—灭火沟区间天窗作业完毕后，19 时 00 分到达阳平关东站 6 道停车。19 时 17 分在转线调车作业时，司机误认 5 道 DF_7 5403#D1 机车转场作业信号，越过关闭的 XVI 调车信号机，挤坏 34 号道岔。经工、电部门抢修，于 20 时 10 分恢复设备正常使用。构成一般 D 类事故。

（2）事故发生经过。

2 月 23 日×接触网工区执行 2－02#第一种工作票，在巨亭—灭火沟区间 61#～76#支柱间（K260＋080 m～K261+015 m）进行调整拉出值、腕臂涂漆作业，作业组人员 25 人，作业车配合。施工负责人：张某，发票人：宋某。调度命令 74087 号，天窗作业时间 16 时 40 分至 17 时 40 分。电调命令 85518 号，停电时间 16 时 43 分至 17 时 37 分。

天窗作业完毕后，17 时 45 分到巨亭站，18 时 42 分开 56001 次。18 时 48 分到灭火沟车站，18 时 57 分到阳平关东站 6 道停车，待转场作业。19 时 13 分动车，19 时 14 分越过关闭的 XVI 调车信号机，挤坏 34 号道岔停车。

（3）原因分析。

事故发生后，段值班领导党委书记虞某、段长助理宋某及相关科室值班人员立即赶到段调度室指挥，安排阳平关供电车间干部 3 人、阳平关接触网工区 29 人、阳平关配电工区 9 人，共计 41 人紧急出动参加事故抢修。随后段长助理薛某立即带领有关人员先期赶赴现场，段长金某在咸阳西用电话指挥，抢修结束后金某、宋某于 24 日 7 点赶到阳平关组织进行扩大分析。认为造成本次事故的直接原因为：

189205 作业车司机易某、助手任某臆测行事，将车站给 5 道机车调车作业信号误认为本车调车信号，盲目擅自动车，不确认信号及道岔进路，造成本次挤岔事故的发生。

（4）责任分析及教训。

① 司乘人员严重违章作业。189205 作业车司机易某、助手任某未严格执行《技规》第 362 条第 2 款规定，即司机必须确认占用区间行车凭证及发车信号或发车表示器正确后，方可起动列车的规定。在出站信号未给的情况下，误认信号、盲目动车；同时违反《轨道车管理规则》第 30 条第 4 款的规定，即动车前，司机和副司机必须对行车凭证、各种行车信号及线路开通情况共同确认复核，执行要道还道制度的规定。司机和副司机未严格执行确认信号、

道岔进路，是造成本次事故的主要原因，负主要责任。

② 接触网监控人员严重失职。当日作业车监护人雷某、工作领导人张某在车辆运行至阳平关东站停留后，未认真履行作业车监护人职责，对司乘人员误认信号、擅自动车，以及不确认道岔和进路的严重违章违纪行为未及时发现和制止，安全互控、他控作用失效，对本次事故的发生负次要责任。部分职工在东站等点时擅自走回工区，工作领导人未安排负责人进行监控，存在劳动安全隐患。

③ 车辆安全运用管理存有漏洞。阳平关接触网作业车使用的运监装置没有设置灭火沟线路所经由宝成线路运行监控数据记载模式，段各级主管干部日常检查均未发现这一问题，致使安全监控作用没能得到有效发挥，阳平关车间主管副主任、指导司机对本次事故的发生负重要管理责任。

④ 现场干部作风严重不实。阳平关车间支部书记赵某作为阳网的包保干部，对段明确要求春运结束后工区前三个停电作业必须跟班监控的重点工作安排未落实，未能参加本日班组的停电作业，安全管理的关键环节未能得到有效控制，负主要包保责任。

⑤ 班组车辆管理混乱。阳平关接触网工区工长张某，对作业车车辆日常管理不严，对司乘人员两纪管理不善、考核不严，车辆安全卡控表流于形式，对本次事故的发生负直接管理责任。

⑥ 安全基础管理薄弱。阳平关车间主任张某，日常安全管理重点不清，车间、班组安全管理混乱，致使当日现场各项作业未能按照要求落实，安全失控；同时，当日作业结束，参加作业人员在车辆到达阳平关东站后，有18人提前步行返回工区，且未设负责人，存在人身安全隐患，对本次事故负管理责任。

⑦ 段专业管理严重漏洞。动力设备科人员分工不合理，业务分工一条线，专业管理存在严重漏洞，致使段调车百日安全专项活动开展不力、效果不好，对本次事故负专业管理责任。

⑧ 职工教育脱离实际，司乘人员素质亟待提高。主管职工教育培训的职能科室职教科，对轨道车司乘人员现场标准化作业培训、事故演练少，对司乘人员在日常运记专项培训流于形式，没有效果和针对性，对本次事故负专业管理责任。

⑨ 主管领导工作开展不力。段分管轨道车段长助理宋某、段分管安全段长助理薛某，对车辆系统安全管理工作日常检查督促不到位，百日调车作业安全专项整治活动流于形式，对本次事故分别负专业管理责任和安全管理责任。

⑩ 狠抓安全关键不到位。段长金某安全管理能力不强，安全关键把握不准，职工两纪松弛，致使安全管理存在的惯性问题没有彻底得到根本扭转，负管理责任。段党委书记虞某对职工教育不到位，致使职工岗位责任心不强、政治素质不高，对本次事故负管理责任。

2. 基本铁鞋的使用方法

所谓基本鞋就是事先安放在钢轨上的铁鞋，其主要作用是制动。

1）单一安放基本鞋（单轨单基本）

只在一根钢轨上安放一只基本鞋，发生倾斜，也能使阻力增大，故其制动力大。

2）一轨双放基本鞋（单轨双基本）

即在一根钢轨上，前后各安放一只铁鞋（相距 5 m 左右），目的是根据车组接近铁鞋时的速度大小，灵活调整基本鞋位置。速度小时，可撤掉前一只铁鞋，速度大时撤掉后一只铁鞋，有时为了防止速度过大铁鞋被车轮打掉，后一只铁鞋也可不撤，以便一只铁鞋被打掉时，后一只铁鞋仍可以起制动作用。这种方法安全可靠,制动力大。

3)双轨各放基本鞋(双轨双基本)

即在两根钢轨上平行或交错各放一只基本鞋,这种安放方法的缺点是不便于调整鞋的位置,制动后撤鞋需跨线,制动员劳动强度大,故现场用得少。

3. 辅助鞋的使用方法

辅助鞋是指车组在溜放过程中,用铁鞋叉子将铁鞋放在同一辆车两个台车之间(大档下鞋)或相邻车辆前后两台车之间(小档下鞋)的钢轨上。

辅助鞋的作用如下。

① 减速并使车组停在预订地点(目的制动)。

② 在溜放车组将要停妥前,安放一只辅助鞋,可使溜行车组产生一个阻力,便于撤出铁鞋。

任务 4.4　设备施工条件下的行车安全

4.4.1　拟完成的任务

×年 11 月 26 日 8 时 11 分,广铁(集团)公司张家界工务段吉首线路车间周家寨工区 7 名职工,在焦柳线周家寨车站 1 道进行"天窗"点外的点油和整外观作业,当时天气大雾,能见度不足 10 m。8 时 19 分,驻站联络员通知现场负责人并兼职防护员的工区工长谢××,13019 次货物列车开过来了,但正在参与作业的谢××没有及时通知其他作业人员下道避车,8 时 23 分,以 74 km/h 运行的 13019 次列车将正在作业的两名职工当场撞死,构成铁路从业人员责任一般 A 类事故。

分析:1. 导致这起责任事故的原因是什么?

2. 分小组讨论如何保障施工条件下的作业安全?

4.4.2　任务目的

1. 了解铁路运输设备施工的种类,掌握设备施工条件下的行车方法,学会施工用轻型车辆的开行办法;

2. 在铁路信号、线路等设备施工的条件下,能够保证行车安全;

3. 时刻保持警惕,将安全意识和责任意识融入思想深处。

4.4.3　相关配套知识

线路大中修是恢复和提高线路质量,改善设备状态,保证铁路运输生产的重要手段,但在施工时严重地破坏了线路的完整性和稳定性,必须封锁线路才能进行,对运输有一定的影响,本着施工与运输兼顾的原则,即要加强施工组织,在确保行车安全、工程质量和施工效率的基础上,尽一切可能减少对运输的影响,又要在计算线路通过能力上考虑施工的因素,并加强运输组织工作,充分挖掘潜力,为施工创造必要的条件。

凡影响行车的施工(特别规定的慢行施工除外)、维修作业,都必须纳入天窗,不得利用列车间隔进行。线路、桥隧、信号、通信、接触网及其他行车设备的施工、维修,力争开通后不降低行车速度。

1. 确保行车安全的有关规定

1）严格执行施工申报审批制度

既有线路施工必须把安全放在首位，加强对施工的组织领导，搞好施工过渡方案，严格执行施工申报审批制度。施工单位提出封锁要点和慢行计划，须经运输部门审批，纳入月度运输方案。未经申报审批严禁施工，擅自施工影响运输和行车安全的，应追究施工单位的领导责任。

2）施工区间、慢行处所不得超过规定

运输能力紧张区段，为了兼顾施工与运输生产，单线铁路一个区段内同时施工封锁区间不得超过一处，慢行处所不得超过两处；双线铁路一个区段内每个方向（上行或下行）施工封锁区间不得超过一处，慢行处所不得超过两处，但同一区间上下行方向的施工慢行不得超过一处。重点技术改造工程可根据实际情况上报批准，不受此项限制。

3）严格执行施工计划和方案

运输部门必须按批准的施工计划和方案，根据施工最低需要和运输实际情况，按时给足封锁区间的时间，不得任意变动或压缩时间。施工部门必须充分做好组织准备工作，按时开工，按时收工，不得延长封锁时间。

4）合理安排施工天窗

确定施工封锁和慢行，应根据线路通过能力和施工需要统筹兼顾，合理安排，采取集中作业、平行作业等办法，充分、合理地利用"天窗"。采取一次停运、多区间封锁、多处或多项施工的方法，减少封锁要点的次数。

5）施工联系与防护

施工时，应配备经培训考试合格的驻站联络员和工地防护人员，每一施工点的工地防护人员不可少于 3 人，视线不良地段应增设中间联络员传递信号。施工地点与相邻车站应有可靠的直通电话联络，相互做好通话记录。施工地点发生妨碍行车安全的情况时，施工负责人除采取排除行车故障外，并应立即命令防护人员显示停车信号，通知车站值班员（或驻站联络员转告）拦停列车。

驻站人员要随时与防护人员保持联系，如联系中断，防护人员应立即通知施工负责人停止作业，必要时将线路恢复到准许放行列车的条件。

当线间距小于 6.5 米的施工地点邻线来车时，防护人员应及时通知停止作业，机械、物料或人员，不得在两线之间放置或停留。放置路肩的设备物料，应与列车保持安全距离，物料应堆码放置牢固。

6）施工协调与指挥

施工期间运输处负责组织有关单位制定审核施工时的行车办法、安全措施落实情况及与机务、工务、电务等有关部门间的协调。对车站行车工作影响较大的施工项目，应以车站为主，施工与运营部门参加，共同组成现场施工指导小组，统一指挥、协调现场施工工作。

7）工程验收与交接

严格做好工程验收交接工作。施工单位应严格按批准的设计要求和施工过渡方案进行施工，确保工程质量，达到有关规范和验收标准，准备好必要的竣工资料，方能申请验收开通。运营部门要提前做好各项接收准备工作，电气集中设备必须进行联锁试验，合格后方可开通使用。

8）特定行车办法

行车设备施工后，改变设备性质和使用方法时，应及时修改《行规》《站细》及其有关规定，必要时应组织培训后上岗。

2. 施工特定行车办法

① 车站采用固定进路的办法接发列车。施工开始前，车站须将正线进路开通，并对进路上所有的道岔加锁。

② 引导接车并正线通过时，准许列车司机凭特定引导手信号显示，以不超过 60 千米/时速度进站。

③ 准许车站不向司机递交书面凭证和调度命令。但车站仍按规定办理行车手续，并使用列车无线调度通信设备（其通信记录装置须作用良好）将行车凭证号码（路票为电话记录号码，绿色许可证为编号）和调度命令号码通知司机，得到司机复诵正确后，方可显示通过手信号。列车凭通过手信号通过车站。

3. 站内行车设备检查的有关规定

在车站（包括线路所和辅助所）内的线路、道岔上作业或检修信号、联锁、闭塞设备，影响其使用时，应事先在《行车设备检查登记簿》内登记，并经车站值班员确认检修内容、起止时间及影响使用的范围，结合列车运行及调车作业进度进行签认。如检修地点距行车室较远，可在扳道房或信号楼登记《行车设备检查登记簿》，扳道员、信号员取得车站值班员的同意后，在登记簿上签认，方可进行检修作业。

检修作业中需使用该设备时，必须取得检修人员的同意，以便检修人员及时将设备恢复到正常状态，以保证行车和检修人员的安全。

设备检修完后，应会同使用人员进行检查试验，确认设备良好后方可恢复使用，并将试验结果记入《行车设备检查登记簿》。

为了保证行车安全，对处于闭塞状态的闭塞设备和办理进路后处于锁闭状态的信号、联锁设备，严格禁止进行检修作业，以免发生旅客列车相撞的行车特别重大事故。

铁路职工发现设备故障危及行车和人身安全时，应立即向开来列车发出停车信号（昼间无红色信号旗时，两臂高举头上向两侧急剧摇动；夜间无红色灯光时，用白色灯光上下急剧摇动），并迅速通知车站、工务、供电等部门。

4. 施工区间开通

施工单位和设备管理单位应严格掌握开通条件，经检查满足放行列车的条件，且设备达到规定的列车运行速度要求，办理开通登记后，通过车站值班员通知列车调度员开通区间。如因特殊情况不能按时开通区间或不能按规定的开通速度运行时，应提前通知车站值班员，要求列车调度员延长施工时间或限速运行。运输部门要加强运输组织，认真安排好施工封锁时间，做好列车调整工作，努力为施工创造条件。工务部门要加强施工队伍的劳力组织，改善施工作业程序，提高机械化作业程度和技术水平，教育职工树立为运输服务思想，勇于承担困难，主动与运输部门加强配合，搞好协作，为运输生产做出更大贡献。

5. 轻型车辆及小车的使用

轻型车辆是指由随乘人员能随时撤出线路外的轻型轨道车及其他非机动轻型车辆。小车是指轨道检查仪、钢轨探伤仪、单轨小车、吊轨小车等。

轻型车辆仅在昼间封锁施工维修作业时使用，单轨小车、吊轨小车、推运工机料具的小平车应在封锁线路的情况下使用。

1）使用原则

轻型车辆及小车主要在施工和检查线路时使用，原则上仅限昼间封锁施工维修作业时使用，由于其质量很轻，可由随乘或使用人员随时撤出线路，所以不按列车办理；在夜间或遇降雾、暴风雨雪时，仅限于消除线路故障或执行特殊任务时使用，但应按列车办理，此时轻型车辆必须有照明及停车信号装置。轻型轨道车过岔速度不得超过15千米/时，区间运行最高速度不得超过45千米/时，并不得与重型轨道车连挂运行。轻型轨道车连挂拖车时，不得推进运行。

小车不按列车办理。在昼间使用时，可跟随列车后面推行，但在任何情况下，都不得影响列车正常运行。夜间仅限于封锁施工维修时使用。160千米/时以上的区段禁止利用列车间隔使用小车。

在双线地段，单轨小车应面对来车方向在外股钢轨上推行。

2）需要办理的手续

使用轻型车辆时，须取得车站值班员对使用时间的承认，填发轻型车辆使用书，如图4-2所示（在区间用电话联系时，双方分别填写），并须保证在承认使用时间内将其撤出线路以外。

使用日期	车种	使用区间	上下行别	起讫时间	使用目的	负责人	承认号码	车站值班员承认站
月日		自　　　　　　　站 　　　　　　　千米 至　　　　　　　站 　　　　　　　千米		自　　时　　分 至　　时　　分				
注意事项								

图4-2 轻型车辆使用书

使用各种小车时，负责人应了解列车运行情况，按规定进行防护，并保证能在列车到达前撤出线路以外。在车站内使用装载较重的单轨小车时，须与车站值班员办理承认手续。

3）使用轻型车辆及小车的条件

使用轻型车辆及小车时，必须具备下列条件。

① 须有经使用单位指定的负责人和防护人员；

② 轻型车辆具有年检合格证；

③ 须有足够的人员，能随时将轻型车辆或小车撤出线路以外；

④ 须备有防护信号、列车运行时刻表、钟表及列车无线调度通信设备；

⑤ 轻型车辆应有制动装置（其他非机动轻型车辆根据需要安装）；牵引拖车时，连挂处应使用自锁插销，拖车必须有专人负责制动；

⑥ 在有轨道电路的线路或道岔上运行时，应设置绝缘车轴或绝缘垫。

4）利用列车间隔在区间使用轻型车辆及小车防护办法

① 轻型车辆运行中，须显示停车手信号，并注意瞭望。

② 在线路上人力推行小车时，应派防护人员在小车前后方向，按线路最大速度等级的列车紧急制动距离位置显示停车手信号，随车移动，如瞭望条件不良，应增设中间防护人员。

③ 在双线地段遇有邻线来车时，应暂时收回停车手信号，待列车过后再行显示。

④ 轻型车辆遇特殊情况不能在承认的时间内撤出线路，或小车不能立即撤出线路时，在轻型车辆或小车前后方向按线路最大速度等级规定的列车紧急制动距离位置以停车手信号防护，自动闭塞区段还应使用短路铜线短路轨道电路。在设置防护的同时，应立即使用列车无线调度通信设备报告车站值班员或通知列车司机紧急停车。

⑤ 小车跟随列车后面推行时，应与列车尾部保持大于 500 米的距离。

4.4.4 知识拓展

1.《技规》相关规定

第 402 条　影响设备使用的检修均纳入天窗进行。

在车站（包括线路所、辅助所）内及相邻区间、列车调度台检修行车设备，影响其使用时，事先须在《行车设备施工登记簿》内登记，并经车站值班员（列车调度员）签认或由扳道员、信号员取得车站值班员同意后签认（检修驼峰、调车场、货场等处不影响接发列车的行车设备时，签认人员在《站细》内规定），方可开始。

正在检修中的设备需要使用时，须经检修人员同意。检修完毕，检修人员应将其结果记入《行车设备施工登记簿》。

对处于闭塞状态的闭塞设备和办理进路后处于锁闭状态的信号、联锁设备，严禁进行检修作业。

第 404 条　沿线工务人员发现线路设备故障危及行车安全时，应立即连续发出停车信号和以停车手信号防护，还应迅速通知就近车站和工长或车间主任，并采取紧急措施修复故障设备；如不能立即修复时，应封锁区间或限速运行。

车站值班员接到区间发生故障的报告后，应立即通知有关列车停车，并报告列车调度员。

必要时进入该区间的第一趟列车由工务部门的工长或车间主任随乘。列车在故障地点停车后继续运行时，应根据随乘人员的指挥办理。

第 405 条　线路发生故障时的防护办法如下：

1. 应立即使用列车无线调度通信设备通知车站值班员或列车司机紧急停车，同时在故障地点设置停车信号。

2. 当确知一端先来车时，应急速奔向列车，用手信号旗（灯）或徒手显示停车信号。

3. 如不知来车方向，应在故障地点注意倾听和瞭望，发现来车，应急速奔向列车，用手信号旗（灯）或徒手显示停车信号。

设有固定信号机时，应先使其显示停车信号。

站内线路、道岔发生故障时，应按规定设置停车信号防护。

第 406 条　设备维修人员发现信号、通信设备故障危及行车安全时，应立即通知车站，并积极设法修复；如不能立即修复时，应停止使用，同时报告工长、车间主任或电务段、通信段调度，并在《行车设备检查登记簿》内登记。

第 407 条　铁路职工或其他人员发现设备故障危及行车和人身安全时，应立即向开来列车发出停车信号，并迅速通知就近车站、工务、电务或供电人员。

案例一：维修作业时因捣固稳定车故障导致人车相撞事故

（1）事故概况。

中国铁路兰州局集团有限公司管内有宝兰高铁、兰新客专、银西高铁、陇海、兰新等 16 条干线和其他 4 条支线，营业里程 6 052 km，下设运输站段 41 个。×工务段为其下属运输站段，事故发生区间线路由×工务段下属车间×线路车间负责维护。

（2）事故发生经过。

按照维修计划，此次维修作业共有两台捣固稳定车配合作业，分别从 K361+850 m、K364+500 m 开始自东向西进行机械维修作业。

6 月 4 日 2 时 54 分，×工务段×线路车间副主任张某作为作业负责人，组织车间参与作业人员召开维修作业准备会，部署维修作业组织方案和人员分工，共有 5 名×工务段职工和 18 名劳务工参与 K361+850 m 处机械维修作业，指定周某为带班人员。因作业地段处于曲线和通信不良地段，将负责作业人员防护的防护员调整为中间防护员，将负责应急组的防护员调整为负责作业人员防护的防护员。

6 月 4 日 4 时 20 分，按照×工务段驻站联络员登记请求，玉石站车站值班员向列车调度员申请，列车调度员发布调度命令，自接令时起封锁金昌站至玉石站间下行线，准许×工务段在 K360+000 m 至 K368+000 m 处进行线路机械维修作业，限 7 时 22 分维修完毕。

6 月 4 日 4 时 38 分，作业负责人张某带领作业人员从 K361+900 m 上行线一侧作业门进入防护网，跨越上下行线，沿路肩行走到 K361+850 m 作业地点。

6 月 4 日 4 时 48 分，捣固稳定车按作业计划从玉石站运行至 K361+850 m 处开始作业。

6 月 4 日 5 时 04 分，捣固稳定车发生蓄能器漏油故障，无法继续作业。

6 月 4 日 5 时 09 分，驻站联络员通知现场防护员 K596 次旅客列车玉石站预告，该车 05 时 10 分通过玉石站。

6 月 4 日 5 时 15 分，捣固稳定车作业现场防护员王某两次确认收到 K596 次旅客列车接近信息。

6 月 4 日 5 时 16 分，确认捣固稳定车故障无法修复，不能继续作业，作业负责人张某下达作业人员向 K364+500 m 处作业地点转移指令，安排带班人员周某带领 15 名作业人员跨越上下行线，从 K361+900 m 作业门出防护网乘汽车前往 K364+500 m 处参与作业，指定原跟随捣固稳定车移动防护的防护员王某负责转场跨线作业人员防护。之后，防护员王某、带班人员周某带领 15 名作业人员走到故障捣固稳定车东侧 5 m 位置（K361+820 m 处）路肩上。准备跨越线路期间，作业负责人张某 3 次催促跨线。

6 月 4 日 5 时 18 分，负责作业人员防护的王某仍在与中间防护员联控 K596 次旅客列车位置，在中间防护员没有应答的情况下，没有下达禁止跨线的指令，没有阻止人员跨线。带班人员周某在没有确认有无列车通过的情况下，盲目组织跨线人员跨线。由于瞭望视线被故障捣固稳定车阻挡，跨线人员跨越线路前未看到接近的 K596 次旅客列车，在跨越上行线过程中，与通过的 K596 次旅客列车相撞，9 名作业人员当场死亡，3 名作业人员已跨越通过上行线，另 3 名作业人员被带班人员周某阻拦在上下行线路间。

(3) 应急处置情况。

事故发生后，K596 次旅客列车副司机、车辆乘务员、乘警立刻下车，查看事故现场。司机立即向金昌站报告，并拨打 120、110 电话请求救援和报警。车站接到报告后立即组织金昌站派出所公安干警等有关人员赶赴事故现场，开展相撞人员抢救工作。经 120 医务人员确认，9 人被撞死亡，其他人员无受伤。现场处置后 K596 次旅客列车于 6 时 43 分区间开车。

中国铁路兰州局集团有限公司接到事故报告后，主要负责人带领相关人员赶赴事故现场进行应急和善后处置工作。

中国国家铁路集团有限公司有限公司接到事故报告后，主要领导立即赶到应急指挥中心指挥应急救援，并指派一名副总经理带队组成工作组赶赴事故现场，指导兰州局集团有限公司开展应急救援、善后处理、安全稳定、配合事故调查等工作。

兰州铁路公安局主要负责人赶赴事故现场，组织抽调 120 名干警，成立 8 个工作组，全力投入现场维护、勘查和善后处置工作。

兰州铁路监督管理局接到事故报告后，立即启动应急预案，主要负责人带领相关人员赶赴事故现场指导事故救援，成立事故调查组开展事故调查。

甘肃省委省政府高度重视，指派省政府领导赶赴现场，指导金昌市委市政府、武威市委市政府全力配合铁路部门开展善后及家属安抚和慰问等工作。

应急管理部派员赶赴事故现场指导应急处置和事故调查工作。

事故造成 9 名作业人员死亡，无人员受伤。

(4) 原因分析。

维修作业过程中，捣固稳定车发生故障，作业人员在转场跨线过程中，有关人员盲目指挥、联控不彻底、现场防护失效、违章跨越线路是事故发生的直接原因。

① 带班人员违反《中华人民共和国安全生产法》第五十四条、《铁路安全管理条例》第五条以及《铁路工务安全规则》（铁总运〔2014〕272 号）第 3.2.2 条"通过桥梁、道口或横越线路时，应'手比、眼看、口呼'，做到'一停、二看、三通过'，严禁抢越线路"、《兰州局集团公司工务部门普速铁路劳动安全卡控措施》（工安函〔2020〕66 号）第 6 条："严禁未确认本线或邻线来车，盲目跨越线路"、第 68 条："在作业人员上道及跨线前应选择瞭望条件良好地点跨线"等规定，在带领作业人员跨越线路时，没有确认有无列车通过，违章盲目带领作业人员跨越线路。

② 现场防护员违反《中华人民共和国安全生产法》第五十四条、《铁路安全管理条例》第五条以及《兰州局集团公司工务部门普速铁路劳动安全卡控措施》（工安函〔2020〕66 号）第 24 条："防护员在作业时应集中精力，认真瞭望，正确显示和使用信号备品，准确掌握列车运行情况，及时、清晰地向所有作业负责人和带班人员通知开向作业地点的各次列车的预告、开车时分，监督作业人员（机具）及时下道避车"等规定，在明知 K596 列车接近、再次联控未得到答复并确认安全的情况下，没有下达禁止跨线的指令，没有阻止跨线人员跨越线路。

③ 作业负责人违反《中华人民共和国安全生产法》第五十四条、《铁路安全管理条例》第五条以及当时的《铁路营业线施工安全管理办法》（铁运〔2012〕280 号）第 19 条："施工负责人的主要职责：负责施工现场的组织指挥工作，指挥现场施工、安排施工防护，确认放行列车条件；负责总结分析施工组织、进度和安全等情况，对施工现场的安全负责。"等规定，

没有布置跨越线路安全注意事项，不遵守现场防护规定，盲目催促转场人员跨越线路。

（5）事故性质和责任认定。

依据《铁路交通事故应急救援和调查处理条例》（国务院令第501号）第十一条和《铁路交通事故调查处理规则》第十条、第四十九条规定，该起事故为铁路交通较大责任事故，中国铁路兰州局集团有限公司负全部责任。

（6）对事故责任单位和人员的处理建议。

司法机关已采取强制措施人员（3人）。

作业带班人员周某、现场防护员王某、作业负责人张某等3人已被依法批准逮捕（略）。

（7）对单位的处理建议。

责成中国铁路兰州局集团有限公司向中国国家铁路集团有限公司作出深刻检查。

（8）事故暴露出的问题。

① 现场作业标准执行不到位。×工务段基本作业制度不落实。一是现场防护人员、带班人员安全意识淡薄，落实作业标准不彻底，不按规定履行岗位职责。二是作业负责人不按既有方案指挥作业，违章临时变更方案、调换防护和带班人员。三是非正常应急处置不到位，在捣固稳定车发生故障，组织转场跨线作业时，没有制定应急处置方案和提出安全注意事项。

② 现场作业安全风险管控不到位。×工务段没有结合作业现场实际开展安全风险预想预判。一是未针对下行线无作业门需跨越上行线制定针对性措施。二是未结合施工地点处于连续曲线区段，存在安全防护视线范围受限的问题制定卡控措施。三是施工防护方案存在漏洞，联控环节过于复杂，信息传递冗长，对讲机通话频道繁忙，存在关键行车信息漏传，传递链条不稳定。

③ 维修作业管理不到位。中国铁路兰州局集团有限公司有关部门、×工务段对车间组织的营业线维修作业标准不执行、现场管控不到位等问题失管失察，业务指导、监督检查等工作不到位。×工务段未按规定组织对参与作业的劳务工进行安全教育培训。

（9）事故防范和整改措施建议。

为深刻吸取事故教训，举一反三，有效防范和坚决遏制类似事故发生，对中国铁路兰州局集团有限公司提出以下整改措施建议：

① 牢固树立安全第一、生命至上的安全理念。要认真贯彻落实习近平总书记关于安全生产重要论述和指示批示精神，坚持人民至上、生命至上，坚持红线意识、底线思维，树牢安全发展理念，切实提高政治站位，深刻认识当前铁路安全工作面临的严峻形势，落实安全生产主体责任，强化风险研判和隐患排查治理，迅速扭转安全生产被动局面，坚决遏制类似事故发生。

② 深刻吸取事故教训，立即开展营业线施工专项整治。要深刻吸取事故教训，立即组织开展营业线施工安全专项整治，从施工组织领导、施工方案审核、施工计划编制与审批、安全协议签订、人员培训等方面全过程对规对标，全面排查现场作业标准不落实、组织不规范、防护措施不落实、作业中违规上下道等问题，加强干部现场盯控，发挥远程监控等科技手段作用，加大监督考核，压实安全责任。

③ 强化施工安全基础建设，提升施工安全防范能力。针对事故暴露出的问题，科学分析研判铁路安全管理方面的薄弱环节，通过强化"人防、物防、技防"手段弥补现场安全管理短板，提升现场安全管控能力。要分层、分级严格对营业线施工作业人员和管理人员开展培

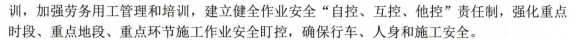

训,加强劳务用工管理和培训,建立健全作业安全"自控、互控、他控"责任制,强化重点时段、重点地段、重点环节施工作业安全盯控,确保行车、人身和施工安全。

④ 加强营业线施工日常管理,健全完善规章制度。要完善营业线施工安全管理制度,落实营业线施工专业管理责任,健全施工安全风险预防预判机制和非正常应急处置机制,针对不同施工特点,分析研判潜在风险,制定应急处置预案,提高应急处置和风险防范能力,确保安全。

案例二:上线作业时未进行安全防护导致人身伤亡事故

(1) 事故概况。

×年2月21日7时23分,沈阳铁路局沈阳车务段浑河站党支部书记和值班站长,与沈阳电务段浑河信号工区工长共3人,在沈大线浑河站进站4号道岔岔心处进行除雪作业时,被通过的沈阳北至大连的N120次旅客列车以111 km/h的速度碰撞,造成2人当场死亡,1人送医院后抢救无效死亡,构成铁路交通责任较大事故。

(2) 原因分析。

该起事故充分暴露出事故单位在安全管理和职工"两纪"方面存在的突出问题。

① 作为现场防护的值班站长,未履行防护职责按规定进行防护,而是参与除雪作业,间断瞭望,间断联控。

② 车站支部书记和电务信号工长安全意识淡薄,除雪作业忽视自我保护和人身安全。

③ 安全规章制度存在明显漏洞,没有制定上道除雪的登销记制度,以及联络中断时的应急措施。

④ 雪后上道除雪人身安全预想不够,对中间站的除雪作业安全控制不到位。

案例三:封锁施工命令未下达而提前上道,导致铁路交通事故

(1) 事故概况。

×年6月12日21时53分,×工务段×客专线路车间×线路作业工队班长曹××带领4名职工在胶济客专潍坊至昌邑间下行K160+070 m处,准备按"天窗"维修计划进行钢轨打磨作业,在封锁施工命令没有下达的情况下,班长曹××擅自提前上道,被开来的D61次列车撞上,经抢救无效死亡。

(2) 原因分析。

① ×线路作业工队班长曹××在封锁施工命令未下达前违章指挥,不听现场防护员和职工劝阻,擅自带领职工提前进入栅栏并上道作业。

② 现场防护员没有认真履行职责,未采取强硬措施阻止曹××的违章指挥,防护不到位。

案例四:违章上线作业导致人身伤亡事故

(1) 事故概况。

×年3月2日10时18分,由成都局×机务段SS_3型4192号电力机车牵引的武昌至昆明L965次客车,运行至成都局管内沪昆线贵昆段新平坝至天龙区间下行线 K2063+700 m~K2063+800 m处,与上行线K9464列车交会时,司机发现前方约170 m处线路有100多人在线路上作业,立即采取紧急制动和连续鸣笛,列车以81 km/h的速度撞上3名作业人员,造成成都工务机械段3名作业人员当场死亡,2名作业人员轻伤,列车在区间停车27 min,构成铁路交通较大事故。

(2) 原因分析。

一是×工务机械段换轨换岔二车间部分劳务工安全意识淡薄,在没有带工人员的带领下违章上道作业，自我保护能力不强；二是该车间第 3 组带工人员未能召集和带领本组劳务工一同到达指定区域，导致劳务工上道作业时无带工人员防护；三是严重违反营业线施工有关规定，在未到开始限速的时段，安排在"天窗"点前利用列车间隔上线进行施工作业准备；四是劳务工安全培训考试管理不严，对新到岗的部分劳务工培训考试情况不能准确掌握；五是专业管理部门未针对该段劳务工管理薄弱的问题进行重点帮促，对本系统劳动安全专项阶段整治督促不力，导致本系统一些单位安全管理意识薄弱。

2. 施工作业以外的相关规定

除施工作业以外，当线路上有车辆停留时，严禁作业人员跳车、钻车、扒车和由车底下、车钩上传递工具材料。休息时不准坐在钢轨、轨枕头及道床边坡上。绕行停留车辆时其距离应不少于 5 m，并注意车辆动态和邻线上开来的列车。

1）车辆停留在正线上时

列车凭调度命令进入区间，在作业车站岔前 50 m 处一度停车，开启道岔（牵引运行由司机负责、推进运行由运转车长负责）进入车站作业，作业时，机车、车辆距尽头线路必须保持 10 m 安全距离，作业完后，按规定对停留车做好防溜，恢复道岔，开通正线钉固、加锁，确认正确联系运行前方车站后方可按调度命令继续运行。

在正线、到发线上调车时，要经过车站值班员的准许。在接发列车时，应按《站细》规定的时间，停止影响列车进路的调车作业，确保行车安全。

2）车辆在道口附近出现故障时

机动车或者非机动车在铁路道口内发生故障或者装载物掉落的，应当立即将故障车辆或者掉落的装载物移至铁路道口停止线以外，或者铁路线路最外侧钢轨 5 m 以外的安全地点。无法立即移至安全地点的，应当立即报告铁路道口看守人员；在无人看守道口，应当立即在道口两端采取措施拦停列车，并就近通知铁路车站或者公安机关。

3）列车在区间被迫停车不能继续运行时

司机应立即使用列车无线调度通信设备通知两端站（列车调度员）及车辆乘务员（随车机械师），报告停车原因和停车位置，根据需要迅速请求救援。需要防护时，列车前方由司机负责，列车后方由车辆乘务员（随车机械师）负责，无车辆乘务员（随车机械师）的由列车乘务员负责。配备列车防护报警装置的列车应首先使用列车防护报警装置进行防护。单班单司机值乘的列车防护作业办法由铁路局集团有限公司规定。

如遇自动制动机故障，动车组以外的旅客列车司机应通知车辆乘务员立即组织列车乘务人员拧紧全列人力制动机，以保证就地制动；其他列车司机应立即采取安全措施，并向车站值班员（列车调度员）报告，请求救援。

对已请求救援的列车，不得再行移动，并按规定对列车进行防护。

车站值班员（列车调度员）接到司机通知后，应将区间内列车运行情况通知司机，并立即使用列车无线调度通信设备转告区间内有关列车。在停车原因消除前不得再放行追踪、续行列车。

需组织旅客疏散时，车站值班员得到列车调度员准许后，扣停邻线列车并通知司机，司机通知有关作业人员办理。

4）横越线路、道口和有停留车辆的线路时的注意事项

横越线路或道口时，应注意瞭望机车、车辆，执行"一停，二看，三通过"制度。顺线

路行走时，不走轨道中心和枕木头，严禁抢道、抓车、跳车、钻车；横越停留车辆的线路时，应先确认无调车作业及车辆无移动的可能时，再由车钩上方通过，手抓牢，脚踏稳，严禁脚踩钩锁、钩颈和折角塞门手把；从停留车辆的端部越过时，要留有安全距离。徒手通过时不少于 3 m；搬运物品通过时不少于 5 m。要迅速通过，不得在轨道中停留。

在停有若干车辆的线路上，检修其中车组或车辆时，应按规定在线路两端进行全部防护。

项 目 考 核

1. 理论考核

完成以下理论考核，满分 60 分。

1）单选题

（1）班前禁止（　　），班中按规定着装，佩带防护用品。
　　A. 饮酒　　　　B. 吸烟　　　　C. 吃饭　　　　D. 喝水

（2）顺着线路走时，应走（　　），作业人员及所携带的工具不得侵入机车车辆限界，并注意邻线的机车车辆和货物装载状态。
　　A. 两线路中间　B. 线路中间　　C. 钢轨轨面　　D. 轨枕头

（3）横越线路时，应（　　）、二看、三通，注意左右机车车辆的动态及脚下有无障碍物。
　　A. 一站　　　　B. 一听　　　　C. 一注意　　　D. 一跑

（4）（　　）在运行中的机车车辆前面抢越。
　　A. 严禁　　　　B. 可以　　　　C. 不可以　　　D. 禁止

（5）（　　）扒乘运行中的机车车辆，以车代步。
　　A. 不可以　　　B. 可以　　　　C. 严禁　　　　D. 值班员可以

（6）调车作业中，上车时，速度不得超过（　　）km/h。
　　A. 5　　　　　 B. 10　　　　　C. 15　　　　　 D. 20

（7）调车作业中，下车时，速度不得超过（　　）km/h。
　　A. 5　　　　　 B. 10　　　　　C. 15　　　　　 D. 20

（8）调车作业中，在站台上上下车时，速度均不得超过（　　）km/h。
　　A. 5　　　　　 B. 10　　　　　C. 15　　　　　 D. 20

（9）在路肩窄、路基高的线路上和高度超过 1.1 m 的站台上作业时，必须（　　）上、下。
　　A. 停车　　　　B. 不超过 5 km/h　C. 运行中　　　D. 不超过 2 km/h

（10）上车前要注意脚蹬、车梯、扶手，平车、砂石车的（　　）和机车脚踏板的牢固状态。
　　A. 端板　　　　B. 侧板　　　　C. 中板　　　　D. 侧墙

（11）封锁区间施工时，施工负责人应确认已做好一切施工准备，按批准的施工方案，在车站《行车设备检查登记簿》内登记，通过（　　）向列车调度员申请施工。
　　A. 站长　　　　B. 车站值班员　C. 车站调度员　D. 驻站联络员

（12）在车列、车辆运行中，禁止人在车钩、平车、砂石车的（　　）支架上坐立。
　　A. 端板　　　　B. 中板　　　　C. 扶手　　　　D. 端架

（13）在车列、车辆运行中，禁止在装载易于窜动货物的车辆间和货物空隙间（　　）或坐卧。

　　　　A. 休息　　　　B. 走行　　　　　C. 站立　　　　　D. 睡觉

（14）车列运行中严禁进入线路（　　）、摘管或调整钩位。

　　　　A. 提钩　　　　B. 处理车钩　　　C. 指挥作业　　　D. 动车

（15）摘接制动软管、调整钩位、处理钩销时必须等列车、车列（组）停妥，并得到调车长的回示，昼间由（　　）防护，夜间必须向调车长显示停车信号。

　　　　A. 站长　　　　B. 连结员　　　　C. 调车长　　　　D. 车站值班员

（16）调整钩位、处理钩销时，对（　　）、砂石车、罐车、客车及特种车辆，应特别注意端板支架、缓冲器、风挡及货物装载状态。

　　　　A. 平车　　　　B. 敞车　　　　　C. 棚车　　　　　D. 客车

（17）溜放调车提钩时，严禁在车列走行中（　　）线路去反面提钩。

　　　　A. 越过　　　　B. 跨越　　　　　C. 抢越　　　　　D. 横越

（18）禁止任何人员（专业人员按规定作业除外）携带长杆、导线等高长物件在与接触网带电部分（　　）m 以内作业。

　　　　A. 1　　　　　B. 2　　　　　　　C. 5　　　　　　　D. 10

（19）（　　）在运行中的机车前后端坐卧。

　　　　A. 不准　　　　B. 严禁　　　　　C. 禁止　　　　　D. 可以

（20）接发列车进路准备妥当时，方可向（　　）报告。

　　　　A. 列车调度员　B. 车站值班员　　C. 助理值班员　　D. 站长

（21）"抢钩"就是在（　　）规定应停止调车作业，准备接发车进路的时间内，不及时停止调车作业，而抢着干一钩或几钩活。

　　　　A.《行规》　　　B.《技规》　　　　C.《站细》　　　　D.《调规》

（22）接车时，助理值班员应提前出动到（　　）规定地点立岗接车。

　　　　A. 车站值班员　　　　　　　　　　B.《站细》
　　　　C. 雨棚　　　　　　　　　　　　　D.《铁路接发列车作业》

（23）凡是不能从设备上确认列车进路和出站情况的车站，接发列车人员应及时向（　　）报告列车进出站情况。

　　　　A. 列车调度员　B. 车站值班员　　C. 助理值班员　　D. 站长

（24）一般来说调车作业惯性事故分为（　　）种类型。

　　　　A. 3　　　　　B. 4　　　　　　　C. 5　　　　　　　D. 6

（25）布置调车作业计划时，一批作业超过（　　）钩，应使用调车作业通知单。

　　　　A. 2　　　　　B. 3　　　　　　　C. 4　　　　　　　D. 5

（26）变更调车作业计划超过（　　）钩，应使用调车作业通知单。

　　　　A. 2　　　　　B. 3　　　　　　　C. 4　　　　　　　D. 5

（27）调车人员在车上看轨枕来判断车辆的走行速度，能较慢数清轨枕根数时，速度约在（　　）km/h。

　　　　A. 4　　　　　B. 7　　　　　　　C. 10　　　　　　D. 15

（28）调车人员在车上看轨枕来判断车辆的走行速度，看不清轨枕根数时，速度约在（　　）km/h。

　　　　A. 4　　　　　B. 7　　　　　　　C. 10　　　　　　D. 15

(29) 施工时，应配备经培训考试合格的驻站联络员和工地防护人员，每一施工点的工地防护人员不可少于（　　）人，视线不良地段，应增设中间联络员传递信号。

  A. 2　　　　　　B. 3　　　　　　C. 4　　　　　　D. 5

(30) 引导接车并正线通过时，准许列车司机凭特定引导手信号显示，以不超过（　　）km/h 的速度进站。

  A. 20　　　　　　B. 30　　　　　　C. 40　　　　　　D. 50

(31) 上车前要注意脚蹬、车梯、扶手，平车和砂石车的侧板和机车（　　）的牢固状态。

  A. 扶手　　　　　B. 车梯　　　　　C. 边端　　　　　D. 脚踏板

2）判断题

(1) 接班前必须充分休息，班前少量饮酒。（　　）

(2) 接班前，按规定着装，佩戴易于识别的证章并带齐安全防护用品。（　　）

(3) 一线有机车车辆运行时，可在另一线路上躲避。（　　）

(4) 横越线路时要"一看、二站、三通过"。（　　）

(5) 横越停有机车车辆和列车的线路时，方便时可以钻车。（　　）

(6) 在行进中的机车车辆前要快速通过。（　　）

(7) 天气炎热时，可以在机车车辆底部乘凉。（　　）

(8) 横越停有机车、车辆的线路时，先确认机车、车辆暂不移动，然后在该机车、车辆一端 5 m 以外绕行通过，严禁钻车底。（　　）

(9) 接发列车时，必须站在《站细》规定地点。（　　）

(10) 调车作业中可以吸烟。（　　）

(11) 禁止在运行的机车车辆前面抢越。（　　）

(12) 不准在钢轨上、车底下、轨枕、道心里坐卧或站立。（　　）

(13) 溜放调车提钩时应站在车梯上，一手抓牢车梯，一手提钩，适当可用脚提钩。（　　）

(14) 溜放调车提钩时应站在车梯上，一手抓牢车梯，一手提钩，不准跟车边跑边提钩（设驼峰提钩通道的除外）。（　　）

(15) 在路肩窄、路基高的线路上和高度超过 1.01 m 的站台上作业时，必须停车上、下。（　　）

(16) 在车列、车辆运行中，可以跨越车辆。（　　）

(17) 可以带铁鞋叉上车。（　　）

(18) 使用铁鞋制动时，应背向来车方向。严禁徒手使用铁鞋，并注意车辆、货物状况和邻线机车、车辆的动态。（　　）

(19) 调车作业时，可在棚车顶上站立或行走。（　　）

(20) 在机车车辆走行中可在平车侧端板上坐立。（　　）

(21) 带风作业时，必须执行"一关、二摘、三提钩"的作业程序。（　　）

(22) 调整钩位时要在两车钩之间进行。（　　）

(23) 调车作业中可利用折角塞门放风制动。（　　）

(24) 手推调车必须在线路中间进行，并注意脚下有无障碍物。（　　）

(25) 电气化铁路区段在带电接触网下禁止攀登棚车顶部。（　　）

(26) 采用补机推送列车出站时，将列车推送至有电区后，电力机车才能升起受电弓继续

运行，站内不允许升弓。（　　）

（27）列车前段越过出站信号机或警冲标即可按向占用区间发出列车论处。（　　）

（28）没有调度命令，擅自改变或错办列车运行径路，亦按未办或错办闭塞发出列车论。（　　）

（29）列车前段进入进站信号机或警冲标即可按向占用的线路接入列车论处。（　　）

3）简答题

（1）发生接发列车惯性事故的主要原因有哪些？

（2）如何预防接发列车作业惯性事故？

（3）发生调车作业惯性事故的常见原因有哪些？

（4）如何预防调车作业惯性事故？

（5）行车安全考核的主要指标有哪些？

2. 实践考核

完成以下实践考核，满分 20 分。

20×年 8 月 31 日 6 时 47 分，广铁集团×车务段×站 4 调执行 8 道挂 5 辆客车牵出作业，当调车车列以 23 km/h 的速度通过 3035 号道岔时，连结员在道岔间渡线处（列车运行方向右侧，调车组休息室附近），从机车后端右侧车梯上车，因未抓牢站稳，身体失去平衡，从车梯上滑跌至机车与机后一位车档处，被车列碾压。经医院诊断确认为失血创伤性休克，左下肢完全离断伤，右下肢不完全离断伤，构成铁路事故一般 B2 类人身重伤事故。

分析：① 导致这起事故的原因是什么？

② 为避免类似事故发生，我们应如何制定预防措施？

3. 素质考核

素质考核满分 20 分，其中出勤情况 5 分，课堂表现 10 分，任务完成情况 5 分。

项目 5

铁路行车安全系统分析

项目介绍

本项目主要介绍如何使用系统工程的原理和方法，分析铁路运输中存在的危险因素，并根据实际需要对其进行定性、定量描述。其目的是保证铁路运输系统安全运行，查明系统中的危险因素，以便采取相应措施控制危险。

知识目标

1. 理解安全系统分析的内容；
2. 掌握常用安全系统分析方法。

能力目标

1. 明白每种统计图表特点；
2. 会使用事故树进行案例分析。

素质目标

1. 牢固树立"安全第一，预防为主，综合治理"的安全管理理念；
2. 培养良好的职业道德意识、情感和素养，时刻保持如履薄冰的谨慎，加强组织纪律观念；
3. 具有创新精神和实践能力。

任务 5.1　铁路行车安全系统分析

5.1.1　拟完成的任务

调车工作是车站作业的主体，作业地点涉及范围广，参与人员众多，要求铁路系统内部高度协作，因而导致调车事故发生的危险因素众多。调车事故包括列车在站内以调车方式进行摘挂或转线时发生的事故，机车车辆溜入区间发生冲突、脱轨的事故，封锁区间内发生的调车作业事故等。

思考：产生调车事故的原因有哪些？

5.1.2 任务目的

1. 了解铁路行车安全系统分析的原理；
2. 掌握铁路行车安全系统分析的内容；
3. 了解铁路行车安全考核的主要指标。

5.1.3 相关配套知识

1. 铁路行车安全系统分析

铁路运输安全系统分析是使用系统工程的原理和方法，辨别、分析铁路运输生产中存在的危险因素，并根据实际需要对其进行定性、定量描述的技术方法。其目的是保证铁路运输系统安全运行，查明系统中的危险因素，以便采取相应措施控制危险。

2. 铁路行车安全系统分析的内容

① 对可能出现的初始的、诱发的及直接引起事故的各种危险因素及其相互关系进行调查和分析。

② 对与系统有关的环境条件、设备、人员及其他有关因素进行调查和分析。

③ 对能够利用适当的设备、规程、工艺或材料控制或根除某种特殊危险因素的措施进行分析。

④ 对可能出现的危险因素的控制措施及实施这些措施的方法进行调查和分析。

⑤ 对不能根除的危险因素失去控制或减少控制可能出现的后果进行调查和分析。

⑥ 对危险因素一旦失去控制，为防止伤害和损害的安全防护措施进行调查分析。

3. 行车安全考核的主要指标

1）铁路交通事故件数

行车安全的好坏，一般用事故件数来衡量：事故少，说明安全情况好；事故多，尤其是特别重大、重大、较大事故多，说明安全情况不好。

事故件数指在一定时期（月、季、半年、年度）内，全路、铁路局、站段所发生的特别重大事故、重大事故、较大事故和一般事故的总件数。

2）无铁路交通事故连续天数

无铁路交通事故连续天数，对站段和铁路局的要求不同。站段是指无一般以上责任事故的连续天数；铁路局是指无行车特别重大、重大、较大事故和一般 A 类事故的连续天数。行车安全天数一般以 100 天为统计考核单位。

3）铁路交通事故率

铁路交通事故率是指全路、铁路局、机务段在一定时期内每百万机车走行千米所摊到的铁路交通事故件数。它能比较客观地反映一个单位的行车安全状态和管理水平。

4）职工死亡事故率

职工死亡事故率是一个行车安全的相关指标。按劳动部职安局的计算方法，它是指在一定时期内，某单位每百万在册职工人数所发生的职工死亡总人数。

4. 系统工程评价的优点

传统的行车安全考核存在许多弱点，越来越不能适应安全管理的需要。随着安全系统工程的广泛应用和不断发展，产生了集多元管理的新的综合安全系统工程。利用安全系统工程评价安全，也就是对运输生产中固有的或潜在的危险及其严重程度所进行的分析和评估，并以既定指数、等级或概率值做出定量的表示，以便预先向有关人员发出危险警告，并能根据统计分析结果，提出相应的安全防范措施。这种科学评价行车安全的办法就是安全系统工程。它具有以下优点。

① 体现了"安全第一，预防为主，综合治理"的方针。

② 安全工作从过去的凭直观、凭经验的传统安全改革成定性定量分析、预防为主的科学方法。通过定性定量分析，找出安全保障系统的薄弱环节所在和可能导致事故的因素，采取各种有效的预防措施。

③ 为安全决策提供科学依据，不仅可以找出各种危险源的危险性、严重程度、预防措施、安全投资效果，而且通过评价和优化技术，可以找出最适当的方法使各分系统之间达到最佳配合，用最少的投资达到获得最佳的安全效果和大幅度地减少各种事故的目的，实现行车安全"基本稳定，有序可控"的目标。

④ 能提高安全管理水平。通过安全评价可以发现行车安全管理方面的缺陷，促进规章制度、作业标准的制定和可靠性数据的收集，制定安全评价的客观指标和标准，改变过去凭经验的盲目管理为现代的目标管理，不断提高行车安全管理水平，使行车安全管理逐步实现标准化。

⑤ 能提高安全工作人员的水平和技术素质。利用系统工程评价行车安全工作，管理人员必须熟悉铁路运输设备、掌握行车工作组织，学会各种分析评价行车安全的方法，这样必将大大提高行车安全管理人员的技术素质。

随着安全系统工程的广泛应用和不断发展，经过多年的探索和实践，我国铁路采用系统工程分析评价行车安全，其主要方法有：排列图分析法、因果图分析法、安全检查表分析法、事故树分析法、控制图分析法和事件树分析法等。它们都有各自的特点，有一定的适用范围，相互之间可以补充，因而可根据不同需要，采用切实可行的安全系统分析方法，以达到预期目的。

任务 5.2　铁路行车安全分析方法与评价

5.2.1　拟完成的任务

调车工作是车站作业的主体，作业地点涉及范围广，参与人员众多，要求铁路系统内部高度协作，因而导致调车事故发生的危险因素众多。调车事故包括列车在站内以调车方式进行摘挂或转线时发生的事故，机车车辆溜入区间发生冲突、脱轨的事故，封锁区间内发生的调车作业事故等。发生事故的原因可以归纳为以下 5 个方面：调车管理失误、人员操作失误、设备故障、线路存在问题、天气因素。调车管理失误主要包括命令传达不通畅或错误；人员操作失误包括主要操作人员技术不熟练、心理素质差、违章作业等；设备故障主要包括机械设备的固有缺陷、保养维护不及时、设备损坏等；线路存在的问题主要包括溜放车辆未停在指定位置或越过警冲标;天气因素主要包括低温、冰雪等天气状况对于路面和设备的影响。

思考:根据上述内容,尝试编制调车事故发生的事故树,并分析如何降低调车事故发生率。

5.2.2 任务目的

1. 了解安全系统分析的常用方法;
2. 能用事故树进行安全系统分析;
3. 培养学生严密的思维和钻研理论的刻苦精神。

5.2.3 相关配套知识

铁路行车安全系统分析方法有许多种,其中得到广泛应用的安全系统分析方法主要有以下几种:统计图表分析法;因果分析图法;安全检查表分析法;预先危险性分析法;故障模式及影响分析法;事件树分析法;事故树分析法。重点介绍以下几种分析方法。

1. 统计图表分析法

1)比重图

比重图是一种表示事物构成情况的平面图形,可以在平面上直观、形象地反映事故的各种构成所占的比例,如图 5-1 所示。比重图常用于统计分析各类事故的发生比例,控制主要事故发生的概率。

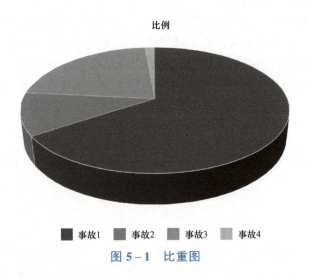

图 5-1 比重图

2)趋势图

趋势图是按一定的时间间隔统计数据,利用曲线的连续变化来反映事物动态变化的图形,如图 5-2 所示。趋势图借助连续曲线的升降变化反映事物的动态变化过程,用于帮助掌握事物的发展规律,预测未来的变化规律,以便采取预防措施,降低事故损失。

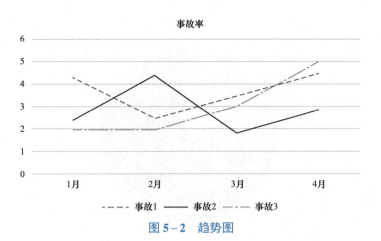

图 5-2 趋势图

3）直方图

直方图是由建立在直角坐标系上的一系列高度不等的柱状体组成，直角坐标系上的横坐标表示需要分析的各类因素，柱状体的高度代表了对应于横坐标的某一指标的数值，如图 5-3 所示。直方图常用于对事故发生影响因素的分析，通过找到主要影响因素并加以控制，降低事故发生的概率。

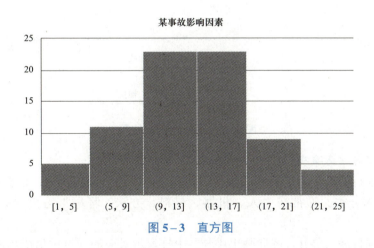

图 5-3 直方图

4）圆图

圆图法把要分析的项目，按比例画在一个圆内，如图 5-4 所示。

2. 因果分析图法

1）因果分析图的概念

因果分析图是用于寻找出事故发生的原因（即分析原因与结果之间关系）的图，又称鱼刺图、树枝图。

一个事故的发生，往往不是由一个或几个原因造成的，而是由大大小小、错综复杂的原因共同起作用的结果。但在这些复杂的原因中，它们又不都是以同等的效力作用于这个事故，而必定有主要的、关键的原因，也有次要的、一般的原因。所以，要用因果分析图来找出事故发生的真正起关键作用的原因。

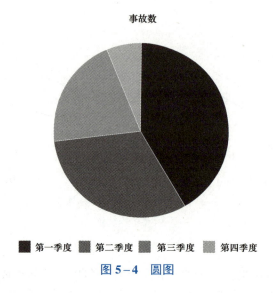

图 5-4　圆图

2）因果分析图的结构

因果分析图的构成很简单，如图 5-5 所示。

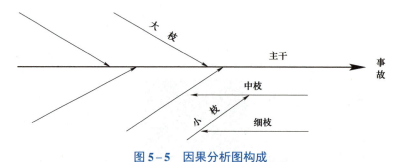

图 5-5　因果分析图构成

3）作图步骤与注意事项

① 确定要分析的某个特定问题或事故，写在图的右边，画出主干，箭头指向右端。

② 进行原因分类。通常按"人、机器、材料、方法、环境"五大要素进行分类，画出大枝。

③ 将上述项目深入展开，逐项画出中枝。中枝表示对应的项目中造成事故的原因，一个原因画出一个枝，文字记在中枝线的上下方。

④ 将上述原因层层展开，一直到不能再分开为止。

⑤ 确定因果图中的主要原因，并标上符号，作为重点控制对象。

⑥ 注明因果图的名称。

【例 5-1】调车撞车事故因果分析图（如图 5-6 所示）。

3. 安全检查表分析法

1）安全检查表的概念

安全检查表是安全系统分析中一种非常常用的分析方法，其基本任务是发现和查明系统的各种危险信息和隐患，监督各项安全法规、制度、标准的实施，制止一些违章行为，预防事故的发生，消除安全隐患，保障安全行车。

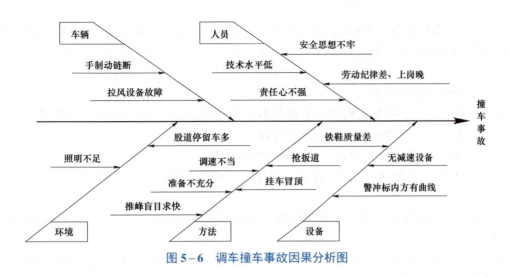

图 5-6 调车撞车事故因果分析图

为了找出系统中不安全因素,把系统加以剖析,查出各层次的不安全因素。以提问的方式把检查项目按系统的组成顺序编写成表,这种表就叫作安全检查表。

(1) 安全检查表的内容。

安全检查表可以根据运输生产系统的路局、站段、车间、班组编写,也可以按照专题编写,如防暑降温、防寒过冬等编制季节性安全检查表。

① 安全检查表应列举需查明的所有会导致事故的不安全因素。检查的项目越全面,检查的地方越彻底,漏掉的不安全的隐患就越少,安全的可靠性越大。

② 安全检查表采用提问的方式,要求发问明确、回答清楚,并以"是"或"否"来回答。"是"表示符合要求;"否"表示还存在问题,有待进一步改进。所以在每个提问后面也可以设整改措施栏,将整改措施简要填写在此栏内。每个检查表均需注明检查时间、检查者、直接负责人等,以便分清责任。

③ 为了使提出的问题有依据,可以在有关条款后面注明有关规章制度、规范标准中所规定的要求,分别简要列出它们的名称和所在章节,附于每项提问后面,以便查对。

(2) 安全检查表的分类。

安全检查表的类型繁多,分类的方式不一,绝大多数是按用途分类的。根据铁路运输业的特点,按其用途安全检查表可分为下列几种类型。

① 运输设备、机械装置、设施定期安全检查表。由于铁路运输系统是庞大的联动机,部门复杂、设备繁多,所以应该按车务、机务、电力、车辆、水电、房建等部门,根据各自设备情况,制定相应的安全检查表,供进行日常巡回检查或定期检查时使用。

② 铁路运输生产用安全检查表。保证铁路运输安全,做到四通八达,畅通无阻是铁路全体员工的奋斗目标。为达到此目标,需要采取各种手段和措施,对铁路行车工作、货运工作和客运工作制定相应的安全检查表,不定期地进行检查,发现问题,采取措施,预防事故的发生。

③ 消防用安全检查表。铁路运输部门的货场、仓库、油库等要害部位,防止火灾发生是一个十分重要的问题。如果防火工作做得不好,措施不力,一旦发生火灾,将会造成惨重的损失。因此,在上述要害地点必须建立严格的防火制度,设立必要的消防器材,制定切实可行的具体措施,并经常或定期进行检查,发现问题,及时解决。

④ 专业安全检查表。这种检查表由专业机构或职能部门编制和使用，主要用于进行定期的专业检查或专项检查，如对调车冲突、调车作业人身安全、施工安全、特殊装置与设施等专业性检查。

（3）安全检查表的优点。

安全检查表是安全系统工程的一个最基本、最简单的方法，它只能用于定性方面的分析。因此安全检查表属于安全系统工程的初步内容。它具有以下优点。

① 安全检查表能够事先编制，可以做到系统化、科学化。

② 可以根据现有的规章制度、法律、法规和标准规范等检查执行情况，容易得出正确的评估。

③ 通过事故树分析和编制安全检查表，充分认识各种影响事故发生的因素的危险程度（或重要程度）。

④ 按照原因实践的重要顺序排列，有问有答，通俗易懂，能使人们清楚地知道哪些原因事件最重要，哪些次要。

⑤ 安全检查表，按不同的检查对象使用不同的安全检查表，易于分清责任。

⑥ 安全检查表，简单易学，容易掌握，符合我国现阶段的实际情况，为安全预测和决策提供坚实的基础。

（4）安全检查表的缺点。

① 只能做定性的评价，不能定量。

② 只能对已经存在的对象评价。

③ 编制安全检查表的难度和工作量大。

④ 要有事先编制的各类检查表，有赋分、评级标准。

2）安全检查表的编制

（1）安全检查表编制依据。

编制安全检查表主要依据是有关标准、规程、规范及规定。为了保证安全生产，国家及有关部门发布了各类安全标准及类似的文件，这些是编制安全检查表的一个主要依据。通过系统分析，确定的危险部位及防范措施，这些都是安全检查表的内容。

（2）安全检查表的编制步骤。

① 确定被检查对象，组织有实践经验的工人、技术人员和安全管理干部成立"三结合"的小组。

② 熟悉被分析的系统，调查不安全因素。

③ 搜集与系统有关的规范、标准、制度等，明确规定的安全要求。

④ 根据具体情况和要求确定编制方法，编制安全检查表，通过反复使用，不断修改、补充。

（3）安全检查表的格式。

安全检查表的格式是由它的性质决定的，它是以问与答的形式出现，一般由两部分内容组成：

① 表明安全检查表的名称和被检查系统名称（单位、工种）、检查日期、检查者等。

② 顺号、检查项目（即检查内容，要求逐条编号）、检查结果、整改措施等。

（4）编制安全检查表时应注意的问题。

① 检查表中所列项目，应简明扼要，突出重点，抓住要害，对危险部位应详细检查，确

保一切隐患在可能造成严重后果之前就被发现。

② 各类安全检查表都有其适用对象，不宜通用，各级安全检查项目应各有侧重。

③ 要落实安全检查实施人员。

④ 检查中发现问题要及时处理或向上级反映。

安全检查表在铁路运输系统的安全生产管理、设备管理、人身安全管理等方面都有很高的实用价值，在预测、预防事故方面发挥积极作用。

【例5-2】调车作业人身安全检查表（见表5-1）。

表5-1 调车作业人身安全检查表

单位：　　　　　检查人：　　　　　　　　　　　年　月　日

顺号	检查项目	检查结果		整改措施（备注）
		是	否	
一	作业前			
1	接班前班组长是否从行动、外表上检查了职工的思想、精神状态？			
2	接班前班组长是否检查了职工的着装、工具等上岗准备情况？			
3	作业前是否召开了安全预想会，并布置了安全注意事项？			
4	作业前是否明确分工并强调了作业纪律？			
5	是否做到了调车长、提钩组长、铁鞋组长负责全组的安全工作？			
6	对危及安全生产的关键因素是否反复强调并对职工进行了布置，做到互相监督确保安全？			
7	对喝酒上岗和身体不适的职工是否采取了有效措施？			
8	当发现有危及安全的情况时，是否立即采取果断措施及时制止？			
9	是否按规定巡视了线路、车辆和货物情况等？			
二	作业中			
1	是否做到了不穿皮鞋、高跟鞋、拖鞋、红色衣服和不戴有色眼镜上岗？			
2	接受调车作业任务时是否做到计划清楚、任务明白？			
3	传达调车作业计划时参加作业的人员是否都在场，并无不清楚现象？			
4	顺线路行走时，是否不走枕木头和道心？			
5	横越股道时，是否执行了"一站、二看、三通过"的规定？			
6	是否做到不与列车、车辆抢道和抢越危险"天窗"？			
7	是否严禁钻车底？			
8	是否确认列车、车辆无移动可能时，才翻越制动台或车钩？			
9	布置计划、显示信号、短暂休息时是否站在安全位置上？			
10	上下车作业是否执行"五不上、下车"的规定？			

续表

顺号	检查项目	检查结果		整改措施（备注）
		是	否	
11	是否做到了不在车底、道心、钢轨、枕木上坐卧、休息、乘凉、避雨？			
12	进入货物线或专用线作业时是否一度停车，待检查确认无危及安全的情况后再行动车？			
13	是否做到上车抓紧站牢，下车选择平坦地区？			
14	参加调车作业人员是否熟悉站内的地形地物情况？			
15	参加调车作业人员是否严密注意前后及邻线机车车辆的移动？			
三	在车辆运行中			
1	是否做到不站在车钩上？			
2	是否做到手不抓车门滑条、篷布绳索，脚不踏轴箱？			
3	是否做到不骑、坐车帮？			
4	是否做到不跨越车辆（对口闸除外）？			
5	是否不在棚车顶上或货物装载超过车帮的敞车上站立行走？			
6	是否做到车辆移动中不进入车档内摘接制动软管、调整钩位及手提钩销？			
7	在道岔区或不安全地点是否不边跑边提钩？			
8	是否不在平车、砂石车边缘站立？			
9	是否严禁坐闸盘？			
10	是否注意了货物堆码情况？是否有被货物挤下的危险？			
11	是否做到了两人不站在同一车梯上？			
12	为了避免被道岔标志、电杆、信号机等刮倒，是否不探身过远？			
13	经过站台及散装货物区时，为避免被刮、挤、挫伤，是否站在车梯上部？			
14	在机车车辆上作业时，是否站稳、抓牢？			
15	信号显示是否准确及时，是否确认无误？			
16	使用手闸时，是否正确使用安全带？			
17	作业中是否有吸烟现象？			

4. 事故树分析法

1）概述

事故树分析法起源于故障树分析法，是安全系统工程的重要分析方法之一，是一种演绎的安全系统分析方法。如图5-7所示。

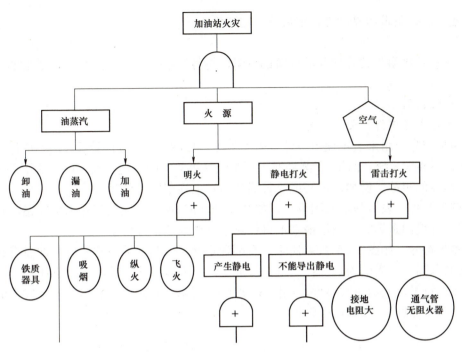

图 5-7　事故树

事故树，就是由输入符号（事故符号）和关系符号（逻辑门符号）所组成，描述事故因果关系和方向的树，事故树分析就是利用事故树对某一系统的安全进行分析，也叫逻辑分析。

事故树分析之所以用来分析行车事故，是由于它具有直观明了、显而易见、思路清晰、逻辑性强的特点，它既可定性分析，又可定量分析，体现了以系统工程方法研究安全问题的系统性、准确性和预测性。掌握一般数学知识的人可用，具有较高文化水平的人也有研究发展的余地等。一般来讲，安全系统工程的发展也是以事故树分析为主要标志的。

2）事故树分析的特点

事故树分析法是一种图形演绎法，是故障事件在一定条件下的逻辑推理方法。事故树分析法清晰地用图说明，系统是怎样失效的。

事故树分析法把系统的故障与组成系统的部件的故障有机地联系在一起，通过事故树分析法可以找出系统的全部可能的失效状态，也是事故树的全部最小割集，或者称它们是系统的故障谱。

事故树分析法由于常用于分析复杂系统，因此它离不开计算机软件，目前在事故树分析法方面的软件有迅速的发展，从定性、定量以及图形化、微机化等方面取得了很大进展。

通过事故树分析法过程，加深对系统的理解和熟悉，找出系统的薄弱环节。

3）事故树的主要作用

① 能对导致灾害事故的多种因素及其逻辑关系作出全面的描述。

② 便于发现和查明系统内固有的或者潜在的危险因素，为安全设计、制定技术措施及采取管理对策提供依据。

③ 使作业人员全面了解和掌握各项防灾控制要点。

④ 对发生的事故进行原因分析。

⑤ 便于进行逻辑运算,进行定量分析与评价。

4) 符号

事故树由各种事件符号和与其连接的逻辑门符号所组成。现将最简单、最基本的符号介绍如下。

(1) 事件符号。

它用于记入各事件扼要的符号内。

① 矩形符号,用来表示顶上事件或中间事件,如图 5-8(a)所示。顶上事件一定要清楚、明了,不要太笼统。例如,"某局发生行车险性事故"的表述,人们就无从下手分析,而应当选择具体的事故。例如,可写成"某局某站发生列车冒进信号"。

② 圆形符号,表示基本原因事件,如图 5-8(b)所示。它可以是人的差错,也可以是机械故障、环境因素等。它表示最基本事件,不能继续往下分析了。

③ 菱形符号,如图 5-8(c)所示,有两种含义,一是表明省略事件,即没有必要详细详分析或其原因尚不明确的事件;二是二次事件,即来自系统之外的原因事件。

④ 屋形符号,表示正常事件,如图 5-8(d)所示。它是系统正常状态下发生的正常事件,如"调车作业""列车运行"等。

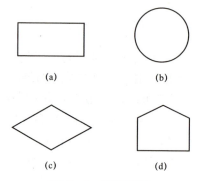

图 5-8 事件符号

(2) 逻辑门符号。

逻辑门符号是连接各个事件,并表示事件之间逻辑关系的符号。

① 与门符号。与门符号表示它下面的输入事件 B_1、B_2 同时发生的情况下,才会发生输出事件 A 的连接关系,两者缺一不可,表现为逻辑积的关系,即 $A=B_1 \cdot B_2$。与门符号如图 5-9(a)所示。

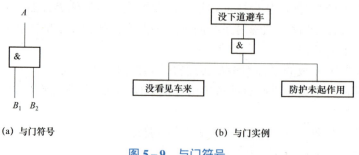

(a) 与门符号　　　　　　　　(b) 与门实例

图 5-9 与门符号

例如，工人在线路上施工"没下道避车"而被列车撞伤，没下道避车的原因一个是"没看见车来"，一个是"防护未起作用"。只有两个原因同时发生，才能造成"没下道避车"。用与门符号表示，如图5-9（b）所示。

菱形符号，表示省略事件，表示事前不能分析，或者没有再分析下去的必要的事件。

② 或门符号。或门符号表示它下面的输入事件 B_1，B_2 中任何一个事件发生，都可以使输出事件 A 发生，表现为逻辑和的关系，即 $A = B_1+B_2$。或门符号如图5-10（a）所示。

例如，线路施工作业人员没撤出机车车辆限界而被机车撞压，造成"没撤出机车车辆限界"的原因有"未下道避车"和"下道不及时"，这两个原因任何一个发生都会造成"没撤出机车车辆限界"，所以用或门表示，如图5-10（b）所示。

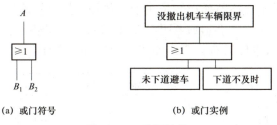

(a) 或门符号　　　　　　(b) 或门实例

图5-10　或门符号

③ 条件与门。条件与门表示 B_1，B_2 同时发生时，A 并不见得发生，只有在满足条件 a 的情况下，A 才发生。它相当于三个输入事件的与门，即 $A = B_1 \cdot B_2 \cdot a$。条件与门符号如图5-11（a）所示。

例如，"线路施工作业人员被机车撞压死亡"，造成的原因是"司机走神"和"工人未撤出机车车辆限界"，但这两个原因同时发生，还必须有"人体与机车接触"这个条件。所以，用条件与门表示，如图5-11（b）所示。

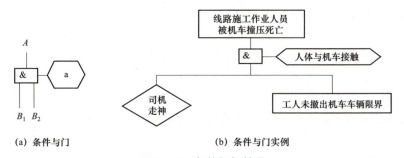

(a) 条件与门　　　　　　(b) 条件与门实例

图5-11　条件与门符号

④ 条件或门。条件或门表示 B_1，B_2 任何一个事件发生时，还必须满足条件，才有输出事件 A 发生，将条件记入六边形内。条件或门如图5-12（a）所示，例如，"撞坏列车"是由于"作业失误"和"线路上有障碍物"两个原因造成的，这两个原因任何一个发生都有可能造成"撞坏列车"，但是必须满足"物件与列车接触"这个条件。所以用条件或门表示，如图5-12（b）所示。

⑤ 限制门。它是逻辑上的一种修正符号，即当输入事件 B 满足发生条件 a 时，才产生输出事件 A。相反，如果不满足，则不发生输出事件，其具体条件写在六边形符号内。限制门

符号如图 5–13（a）所示。

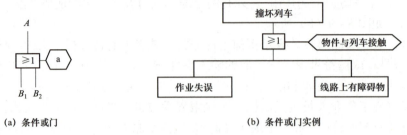

(a) 条件或门　　　　　　　　(b) 条件或门实例

图 5–12　条件或门符号

例如，"工人从脚手架上坠落死亡"是由于"从脚手架上坠落"，但输入事件只有在"高度和地面情况"满足发生时，才会造成"死亡"。即只有高度足够高且地面坚硬时，才会摔死。它和条件与门不同，输入事件只有一个，如图 5–13（b）所示。

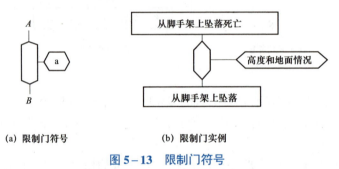

(a) 限制门符号　　　　　　　　(b) 限制门实例

图 5–13　限制门符号

（3）转移符号。

当事故树规模很大时，需要将其某些部分画在别的纸上，或转移到其他部门，这就要用转出和转入符号，以表示向何处转出和从何处转入。

① 转出符号。

表示向其他部分转出，△内记入向何处转出的标记，如图 5–14（a）所示。

② 转入符号。

表示从其他部分转入，△内记入从何处转入的标记，如图 5–14（b）所示。

(a) 转出符号　　(b) 转入符号

图 5–14　转移符号

5）事故树分析

事故树的分析技术，属于系统工程的图论范畴，树是其网络分析技术的概念，整个事故树分析程序一般可分 9 个步骤。

（1）熟悉系统。

要求切实了解系统情况，包括系统的工作程序，各种重要参数，作业情况，必要时画出工艺流程图和布置图。

（2）调查已发生的事故和可能发生的事故。

要求在过去发生事故实例和有关事故统计的基础上，尽量广泛地调查所能预想到的事故，即包括已发生的事故和可能发生的事故。

(3)确定顶上事件。

所谓顶上事件,就是所要分析的对象事件,对所调查的事故,分析其严重程度和发生的频繁程度,从中找出后果严重,且较易发生的事故,作为分析事故的顶上事件。

(4)确定要控制的事故发生概率的目标值。

根据以往的事故经验和同类系统的事故资料进行统计分析,求出事故发生概率(或频率)。然后,根据这一事故的严重程度确定要控制的事故发生概率的目标值。

(5)调查与事故有关的所有原因事件和各种因素。

调查与事故有关的所有原因事件和各种因素,包括机械故障、设备故障、操作者的失误、管理和指挥错误、环境因素等,尽量详细查清原因和影响。

(6)画出事故树。

根据上述资料,从顶上事件起,进行演绎分析,一级一级找出所有直接原因事件,直到所要分析的深度,按其逻辑,画出事故树。

(7)定性分析。

按事故树结构,进行化简,求出最小割集和最小径集,确定各基本事件的结构重要度,并排列出结构重要度顺序。

(8)定量分析。

首先根据调查的情况和资料,确定所有原因事件的发生概率。然后根据原因事件发生概率,求出顶上事件发生概率。

对可维修系统把求出的概率与统计分析得出的概率进行比较。如果二者不符,则必须返回到"(5)调查与事故有关的所有原因事件和各种因素",重新研究,看原因事件是否找全,事故树逻辑关系是否清楚,基本原因事件的概率数值是否计算(或设定)得过高或过低。对不可维修系统,求出顶上事件发生概率即可。

(9)分析结果,评价和提出改进措施。

当事故发生概率超过预定的目标值时,要研究降低事故发生概率的所有可能,从最小割集入手,选出最佳方案;利用最小径集,找出根除事故的可能性;求各基本原因事件的临界重要系数,按系数大小进行排队,以求加强人的控制。

事故树分析原则上是这9个步骤。但在具体分析时,可以根据分析的目的、投入人力物力的多少、人的分析能力的高低和有关分析数据掌握的多少,分析到一定步骤。

事故树分析把事故的发生发展过程表述得既清楚又有条理,为设计事故预防方案,制定事故预防措施提供了有力的依据。

从事故树上可以看出,最后的事故是一系列危害和危险的发展结果,如果中断这种发展过程就可以避免事故发生。因此,在事故发展过程的各阶段,应采取各种可能措施,控制事件的可能性状态,减小危害状态的出现概率,增大安全状态出现概率,把事件发展过程引向安全的发展途径。

在事件不同发展阶段采取阻截事件向危险状态转化的措施,最好在事件发展前期过程实现,从而产生阻截多种事故发生的效果。但有时因为技术经济等原因无法控制,这时就要在事件发展后期采取控制措施。显然要在各条事件发展途径上都采取措施才行。

6)事故树的编制

编制事故树,首先要写出该事故树要分析的事故,即顶上事件。选定顶上事件一定要在掌握详细占有系统情况、有关事故的发生情况和发生可能以及事故的严重程度和发生概率（或频率）的情况下进行。而且，事前要仔细寻找造成事故的直接原因和间接原因。然后根据事故严重程度和发生的概率确定要分析的顶上事件，将其扼要写在矩形方框内。在它下面的一层并列写出造成顶上事件的直接原因事件，它们可以是机械故障、人为因素或环境原因，上下层之间用适当的逻辑门连接。若下层事件必须全部同时发生，顶上事件才发生时，就用与门连接；当下层事件任一事件发生，顶上事件就发生时，就用或门连接。门的连接很重要，它涉及各种事件之间的逻辑关系，直接影响以后的定性分析和定量分析。

接下去把构成第二层各事件的直接原因写在第三层，并与第二层事件用适当的逻辑门连接起来。这样，层层向下，直至最基本的原因事件，就构成了一个事故树。

【例5-3】"列车与汽车相撞，挤伤调车人员致死"事故树编制过程。

顶上事件是"列车与汽车相撞，挤伤调车人员致死"。死亡原因为，"列车与汽车相撞"和"调车人员所站位置不妥"，这两个原因事件写在第二层。"列车与汽车相撞"与"调车人员所站位置不妥"必须同时发生，才有调车人员被挤伤致死事故的发生，所以第二层与第一层之间应该用与门符号相连接。调车人员被挤伤并不一定会死亡，只有伤势过重而抢救又无效的情况下才会致死。所以，这是个条件与门。将条件"伤势及抢救情况"用条件与门符号圈起来。

"列车与汽车相撞"是由于"汽车进入铁路道口"与"列车进入铁路道口处"两个事件造成的，只有这两个事件同时发生，才有"列车与汽车相撞"，所以第三层与第二层事件之间用与门符号相连接。但"汽车进入铁路道口"与"列车进入铁路道口处"两个事件同时发生时，必须是在两车相接触的前提下才会相撞。所以，用条件与门符号将"两车接触"记入该符号内。

"调车人员所站位置不妥"因为事前不能分析，没有继续分析的必要条件，所以用菱形符号，将该事件记入符号之内。

"汽车进入铁路道口"是因为"进入道口停车"和"刚入刚出道口"两个原因事件造成的。而且，这两个原因事件中任何一个发生都会造成"汽车进入交叉道口"事件的发生。所以，第四层与第三层之间应该用或门相连接。

"进入铁路道口停车"是因为"机器故障停车"和"操作失误停车"，两个原因事件任何一个发生都会造成进入铁道口停车。所以，第五层与第四层之间应该用或门相连接。"刚入刚出铁路道口"是由于"操作失误停车""机器故障运行""抢越道口""无人看守道口误入"等11个事件造成的。而且，其中任何一个事件发生，都会造成"刚入刚出道口"的发生。所以，第五层与第四层之间同样用或门符号相连接。"列车进入铁路道口处"事件的发生，是由于"正常运行""机械故障""间断瞭望"等原因事件造成的。其中任何一个发生都会造成"列车进入铁路道口交叉处"事件的发生。所以上下层之间用或门符号相连接。

最后一层事件有的是事前不能分析，或者没有继续分析下去的必要条件事件；有的是不能继续往下分析的事件，所以分别用圆形符号或菱形符号将事件名称圈起来。而顶上事件和中间事件则皆用矩形符号反映出来，这就是整个事故树编制过程。综上所述，画出"列车与汽车相撞，挤伤调车人员致死"事故树，如图5-15所示。

7)"列车冒进信号事故树"定量分析

在行车事故中，虽然列车事故数量比调车事故少，但造成的损失和对运输带来的影响要

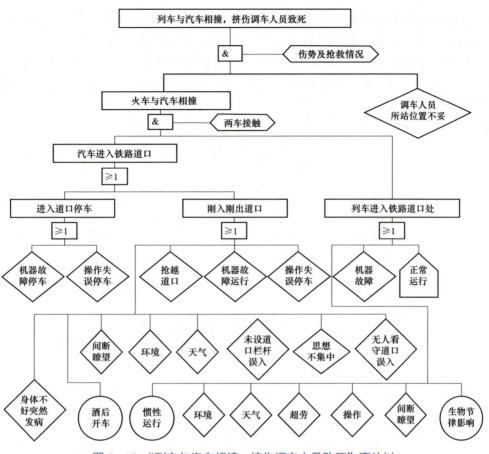

图 5-15 "列车与汽车相撰，挤伤调车人员致死"事故树

比调车事故严重得多。而列车事故中，"列车冒进信号"造成的冲突、脱轨等又占大部分。由于"列车冒进信号"造成的后果极其严重，因此，控制和预防"列车冒进信号"事故的发生，就成了全路安全生产的重要工作之一。

编制事故树。

① 确定顶上事件为"列车冒进信号"，写在矩形符号内。

② 列车冒进信号取决于机车乘务员没按信号指示行车、信号突变升级、列车制动装置故障，这三个事件有一个发生就会导致顶上事件发生，将它们写在第二层，并用或门与第一层连接起来。

③ 机车乘务员没按信号指示行车是乘务员作业失误所致，同时机车安全防护装置（三大件等）失灵，把这两个条件写在第三层，并与第二层用与门连接起来。

④ 乘务员作业失误有四种情况，一是间断瞭望（瞌睡、做影响瞭望的其他工作）；二是瞭望条件不良（气候、地形条件影响视线），看不清信号，臆测行车；三是操纵不当（超速、使闸晚）；四是误认信号。这四种情况有一个发生，就会使乘务员作业失误，因此把它们写在第四层，并用或门与第三层连接起来。安全防护装置失灵也有两种情况，一是自动停车装置故障；二是司机违规将自动停车装置关闭。这两种情况只要有一种发生，就将导致安全防护装置失灵，因此，要用与门连接。分析简单一些，本例暂不考虑。

⑤ 信号突变升级可能是信号机故障，也可能是办理人员给错信号，这两个条件有一个发生，就出现信号突变升级，将其写在第三层，并用或门与第二层连接起来。

⑥ 列车制动装置故障有三种情况，一是列车的折角塞门关闭，造成制动力不足；二是风缸故障；三是风泵故障。这三个条件有一个发生，就使制动装置发生故障，将其写在第三层，并用或门与第二层连接起来。

综上所述，画出"列车冒进信号"事故树，如图 5-16 所示。

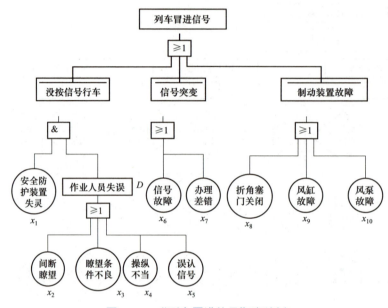

图 5-16 "列车冒进信号"事故树

从"列车冒进信号"事故树可以看出，此树或门较多，所以系统危险性较大，许多基本事件不发生才能保证顶上事件不发生，而由于此事故树的基本事件多为人的因素所致，所以如何提高人的可靠性就成了当务之急。

5. 铁路行车安全评价的方法

铁路运输安全评价的方法很多，除本章前几节介绍的安全分析评价方法外，还有安全检查表评价法、作业条件危险性评价法、概率安全评价法和多指标安全综合评价方法等。普遍认为，以安全检查表为依据进行安全评价的方法比较成熟，已在国内广泛采用。

安全检查表评价法是一种简便易行的评价方法。它根据经验或系统的结果，把评价项目自身及周围环境的潜在危险集中起来，列成检查项目的清单（安全检查表），发给参与检查、评价的人员。评价时，仿照清单所列项目，逐项检查，按规定的评价计值方法进行评定。这种方法虽然简单，效果却很好。

根据评价计值的方法不同，利用安全检查表评价行车安全的方法可分为：逐项赋值法、加权平均法、单项定性加权记分法和单项否定记分法。

1）逐项赋值法

针对安全检查表的每一项检查内容，按其重要程度不同，由检查评估（价）领导小组组织专家讨论后赋予一定的分值。检查评价时，完全合格者给满分；部分合格者按规定标准给分；完全不合格者记 0 分。据此逐项逐条检查评分，最后累计得分即可得到系统评价总分。根据评价总分即可评价该系统的安全等级。

例如，某车务段对车站接发列车进行安全检查评价，按评价范围共使用八项安全检查表，分别赋值为：正常情况下执行作业标准检查表（w_1）40 分，特殊情况下接发列车实作检查表（w_2）20 分，应知应会提问考试检查表（w_3）10 分，行车备品检查表（w_4）10 分，作业场所环境卫生检查表（w_5）5 分，劳动纪律检查表（w_6）5 分，安全管理检查表（w_7）5 分，作业纪律检查表（w_8）5 分，共计 100 分。各项检查表根据赋值分再逐条给予不同的赋值。某站某月实际逐项检查得分为：w_1=33 分、w_2=16.2 分、w_3=8.5 分、w_4=7.5 分、w_5=4 分、w_6=4.2 分、w_7=4 分、w_8=4.1 分，八项共计得分为 81.5 分。标准规定安全等级分为：优（90 分及以上）、良（80~89 分）、中（70~79 分）、差（60~69 分）、不及格五个等级，该站该月接发列车安全检查评价等级为良。

2）加权平均法

加权平均法是把安全评价按专业分成若干个安全检查表，各个检查表不论检查评价的条款有多少，均按规定逐条评价记分，总分均为 10 分或 100 分。并按照各个检查表对总体安全评价的重要程度，分别赋予权重系数（各个检查表权重系数之和为 1 按各个检查表评价所得分值，分别乘以各自的权重系数，再用加权平均法求出该系统安全评价结果的分值或安全等级。即

$$m = \frac{\sum_{i=1}^{n} m_i k_i}{n}$$

式中：m——安全评价结果值；

m_i——各项检查评价表实际得分值；

k_i——各项检查评价表分值的权重系数；

n——检查评价表个数。

3）单项定性加权计分法

单项定性加权计分的评价方法是：把安全检查表所有检查项目都视为同等重要，分别赋予"优""良""中""差"四个定性等级，并赋予不同等级以相应的权重值：优（n_1=5）、良（n_2=4）、中（n_3=3）、差（n_4=2），按下式累计求和，得实际评价值

$$S = \frac{\sum_{i=1}^{n} k_i n_i w_i}{\sum k_i}$$

式中：S——实际评价值；

n——评价等级数；

w_i——评价等级的权重值；

k_i——取得某一评价等级的项目数。

4）单项否定记分法

单项否定计分法一般不单独使用，仅用于某些具有特殊危险而又非常敏感的具体系统。例如，煤气站、锅炉房、危险品仓库、核电设施等。这类系统往往有若干危险因素，其中只要一处处于不安全状态，就有可能导致严重事故的发生。因此，把这类系统的安全评价表中的某些评价项目确定为具有否决权的项目。这些项目中只要有一项被评为不合格，则称为该

系统总体安全状况不合格。

铁路运输行车安全系统中，虽然没有核泄漏、煤气（天然气）泄漏这种特殊危险而又非常敏感的安全问题。但是，行车安全是铁路运输安全的重点，旅客行车安全又是重中之重；危险品运输安全、特殊情况下接发列车安全、施工安全等，历年来列为铁路运输安全重点攻关项目。因此，铁路运输部门在安全评价中，是否可以参照这种方法，在安全检查评价体系中作出规定，这些检查项目中，只要有一项评为不合格，则该单位总体安全状况就评价为不合格。

项 目 考 核

1. 理论考核

完成以下理论考核，满分 60 分。

（1）铁路行车安全系统分析的内容有哪些？

（2）常用的统计图表有哪些？它们分别有什么特点？

（3）某铁路局对车务段进行安全检查评估，实际使用 120 张（项）安全检查表，按单项定性评估结果为："优"56 项、"良"30 项、"中"24 项、"差"10 项。尝试给出该车务段安全检查总体评价。

2. 实践考核

完成以下实践考核，满分 20 分。

尝试用因果分析图法，分析此事故。如图 5-17 所示。

事故经过简介：多次雷击，采集电路电源保险丝熔断，导致区间一直显示无车占用；同时区间轨道电路故障导致 D3115 次列车停于区间，区间信号一直显示无列车占用，使得后续达到的 D301 次列车与 D3115 次列车发生追尾；其间车站值班员发现信号显示故障但未及时通知 D3115 次列车司机。

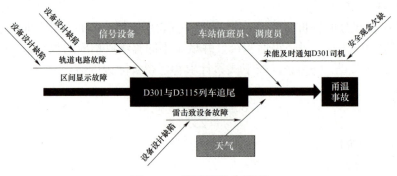

图 5-17　事故因果分析图

3. 素质考核

素质考核满分 20 分，其中出勤情况 5 分，课堂表现 10 分，任务完成情况 5 分。

拓展知识

旅客运输组织作业安全认知

掌握旅客运输站务安全方面的知识技能，做好关键环节的安全卡控，是铁路车站做好旅

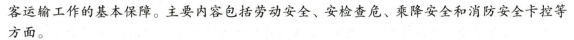

客运输工作的基本保障。主要内容包括劳动安全、安检查危、乘降安全和消防安全卡控等方面。

1. 劳动安全

（1）接班前充分休息保持精力充沛；班前、班中禁止饮酒；作业中携带和正确使用劳动安全防护用品；禁止穿着高跟鞋、露有脚趾的凉鞋、硬底等易滑鞋；上道作业应穿带有反光标志的防护服，衣服穿戴整齐、鞋绳系扣牢靠，防止刮、擦、摔倒。

（2）站台作业过程中，不得侵入安全线。作业人员应熟知作业区域内客运及涉及人身安全的设备设施，并随时注意使用情况；遇设备设施出现异状或发生变化时，应及时通知有关人员并采取安全措施。

（3）顺线路走时，应走两线路中间，不得侵入机车车辆限界，并注意邻线的机车、车辆运行和货物装载情况。严禁在轨心、轨面和轨枕头上行走、坐卧，不准脚踏轨面、道岔连接杆尖轨等。通过线路时，应走天桥、地道。必须横越线路或通过平交道时，应"一站、二看、三通过"。

（4）线路保洁人员在线路中作业时，应按规定落实专人防护措施，未落实防护措施不得作业。防护人员必须经培训合格方可担任。作业时应携带无线电台（对讲机）并试验良好，作业中加强联系，听从防护人员指挥，掌握列车运行动态，及时安全避车。

（5）电气化区段有关作业人员，必须正确佩戴、使用、保管绝缘防护用品（具）。任何人员及携带的物件，距接触网带电部分必须保持2米以上距离；遇雷雨天气，严禁在接触网下使用金属杆伞。不得在"有电危险""切勿靠近""严禁攀登"等警示标志处停留休息。

2. 安检查危

铁路旅客运输安检查危工作是确保铁路旅客运输生产和人民财产安全的必要措施，要切实加强旅客运输安检查危工作力度，保障旅客运输安全。

（1）管理规定旅客携带物品、托运的行李包裹和高铁快运物品都必须经过安检仪检查，旅客应通过安检门和人工手检，确保携带品件件过机、旅客人人过门、手检个个过关。旅客经过安全检查进入候车区域后，因其他原因离开候车区域，再次进入时应当重新经过安全检查。高铁快运、行包受理时严格落实"收货验视、实名登记、过机安检"三个100%制度。旅客或托运人拒绝安检时，应当拒绝其进站或办理托运。

（2）作业要求车站要组织旅客依次有序候检，引导旅客将行李及随身携带物品通过安检仪检查，旅客通过安全门检查；发现可疑物品时应当开箱（包）检查，必要时也可以随时进行开箱（包）抽查；使用手持金属探测仪和手工摸拭的方法，对旅客进行人身检查；其中对女性旅客进行人工手检时，必须由女性安检查危人员负责；发现的禁限物品按规定做好登记、处置工作。

遇有难以处置的问题应及时报告现场执勤民警安检设备发生故障或停电时，必须实行人工检查。实施人工检查时，原则上应由旅客自己开箱（包）或出示携带物品。人工检查时，应保持旅客物品完好。

（3）禁止和限制携带物品处理车站检查发现铁路进站乘车禁止和限制携带物品时，按以下规定妥善处理。

① 检查发现旅客携带枪支、弹药类，爆炸物品类，有毒、放射、腐蚀、传染类和国家明令禁止携带的管制刀具等禁止性物品时，应立即通知公安民警，由公安民警依法进行处置。

② 检查发现旅客携带其他禁止和限制携带物品或超量携带限量物品时，安检查危人员应明确告知旅客该物品严禁携带进站上车，旅客可选择托运交送站亲友带回或自愿放弃物品等方式进行处理。

③ 对查获的鞭炮、发令纸、摔炮、拉炮等易爆物品应立即采取浸湿处理。

（4）放保管旅客要求暂存车站时，安检查危人员为旅客开具保管单据，并限定旅客在规定日期内取回，逾期视为主动放弃，由车站进行处理。

车站要根据实际情况，合理设置安检查获物品的存放场所。存放场所设置灭火器等消防设备，保持通风、干燥。要分架存放、摆放整齐、堆码牢固；不同性质、性质相抵触的或者灭火方法不同的查获物品，不得同货架或同隔间存放。对存放的禁限物品，要最大限度减少存放时间，及时联系有资质和能力的单位依规处理，切实减少安全隐患。做好乘降安全卡控是站车客运组织的关键环节，车站站台等乘降场地相对狭窄、人员短时间内大量聚集，保障旅客在车站乘降的安全，组织旅客安全、有序的乘降，是安全工作的重点和难点。

3. 乘降安全

旅客进出站乘降有序，站内无闲杂人员。进出站、便捷换乘通道流线清晰，有管理措施的重点。及时清理站台，防止无关人员在站台逗留。站台两端设置防护栅栏并有"禁止通行"或"旅客止步"标志。设有站台防入侵报警装置的车站应做好设备的用、管、修工作。

（1）站台通道及两端的封闭管理，疏散通道、紧急出口、消防通道等有专人管理，无堵塞。加强天桥地道出入口、楼扶梯、站台狭窄处、车门口、曲线区段站台车厢连接处空当应有明确标识。

关键部位卡控站台与车底之间缝隙等关键部位旅客伤害防控，避免发生旅客挤压踩踏、抓车扒车、站台坠落等情况发生。

（2）机具车辆管理。进入站台的作业车辆及移动小机具、小推车等应在站台指定位置与列车平行停放，采取常态制动措施；人力机具应安装防撞胶条，站台作业时每辆机具必须按照一人一机具配置操作人员；行驶或移动时，不与本站台的列车同时移动，不影响旅客乘降，不堵塞通道，不侵入安全线，速度不超过10千米/时。严禁非作业车辆进入站台。

4. 消防安全

铁路车站是人员高度密集的公共场所，安全疏散难度大。车站应切实做好消防安全卡控，最大限度地降低旅客人身伤害和财产损失。

（1）车站的公共娱乐场所应设独立的防火分区。站房内设置的餐饮、售货等营业性场所，应符合消防安全规定。

（2）车站应建立并落实消防培训、演练制度。新员工上岗前必须进行有关消防安全、消防常识的教育培训，经考试合格后方可上岗；加强日常培训演练，定期对职工进行消防安全培训。落实防火巡视检查制度。

（3）落实消防器材、设施管理制度。消防器材、设施应清洁整齐、摆放醒目、状态良好，保险销、铅封或封带保持完好；消防器材、设施附近严禁堆放其他物品，保持取用方便，定期进行养护和年检。

（4）车站电气设备、线路必须符合国家有关电气安全技术标准，并由持有合格证的专业人员负责安装、维修。严禁违章使用电热器具、严禁超负荷用电、严禁擅自拉接临时电气线路。班中对工作场所电器和电源进行检查，闻到异味、发现冒烟、火花时，立即关闭电源开关、采取安全措施并报告。加强对站房内设置柜台、商铺的规范用电管理，限制用电功率柜台、商铺内如有可燃物按仓库模式管理。

（5）对票据库（售票房）、行包仓库、候车室等车站消防安全要害重点场所针对性做好防安全卡控。

① 票据库物品属纸类，易燃烧，任何人员不得乱接乱拉电线，不得随意向线路接入电器设备，库内禁止吸烟和使用火种，禁止使用大功率电器，不得堆放其他可燃物品。

② 行包仓库属于重点防火部位，可燃物与电气设备要做到有效隔离，严格做到安全用电，不使用大功率电器，不乱接乱拉电线，不乱动仓库用电设备。行包仓库内严禁烟火，货物间留有安全间隔、通道；通道、出入口、消防器材设备地点严禁堆放货物。

③ 候车室作为人员聚集场所，要重点加强防火控制，严禁易燃易爆危险物品进入，严禁堆放可燃物于室内及周边，做到及时清除垃圾，保持安全疏散通道畅通。

（6）向旅客宣传铁路防火、防爆的规定。严禁携带易燃、易爆等危险品进站上车，严禁在候车室等禁烟场所吸烟，不得在通道处堆放行李物品，不得擅自动用消防设施、器材。

（7）候车室、集散厅、售票厅、旅客通道内应设应急照明灯和疏散指示标志，疏散通道应保持畅通。

5. 安全管理

安全制度健全有效，安全管理职责明确，能满足安全生产需要。有安全生产责任制、安全检查和安全质量考核、劳动安全、消防管理、食品安全、设施设备、安检查危、实名验证、结合部、现金票据安全、站台作业车辆安全、旅客人身伤害处理等管理制度和办法。有旅客候车、乘降、进出站、高铁快运保管和装卸等安全防范措施。与保洁、商业、物业、广告、安检、高铁快运等结合部有安全协议。

站区实行封闭式管理，旅客进出站乘降有序，站内无闲杂人员。进出站通道流线清晰有管理措施。站台两端设置防护栅栏并有"禁止通行"或"旅客止步"标志。夜间不办理客运业务时，可关闭站区相应服务处所，但应对外公告。疏散通道、紧急出口、消防车通道等有专人管理，无堵塞。

货物运输组织作业安全认知

1. 电气化作业安全知识

电气化铁路，是以电能作为牵引动力的一种现代化交通运输工具。它与蒸汽牵引和内燃牵引不同的地方是电力机车（或动车组）本身不带能源，必须由外部供给电能。电气化铁路牵引供电设备带有高压电，因此与非电气化铁路相比，电气化铁路对人身安全和作业安全提出了更高的要求。

为了防止触电伤亡事故发生，确保安全生产和从业人员的生命财产安全，施工作业人员必须熟知电气化铁路安全的有关规定，并且必须严格执行。

1）电气化区段作业一般安全规定

（1）为保证人身安全，除牵引供电专业人员按规定作业外，任何人员及所携带的物件、作业工器具等须与牵引供电设备高压带电部分保持2米以上的距离，与回流线、架空地线、保护线保持1m以上距离，距离不足时，牵引供电设备须停电。

（2）电气化铁路区段，具有升降、伸缩、移动平台等功能的机械设备进行施工、装卸等作业时，作业范围与牵引供电设备高压带电部分须保持2米以上的距离，与回流线、架空地线、保护线保持1m以上距离，距离不足时，牵引供电设备须停电。

（3）在距牵引供电设备高压带电部分2米以外，与回流线、架空地线、保护线1m以外，临近铁路营业线作业时，牵引供电设备可不停电，但须按照铁路营业线施工安全管理有关规定执行。

（4）机车、动车及各种车辆上方的接触网设备未停电并办理安全防护措施前，禁止任何人员攀登到车顶或车辆装载的货物上。

（5）电气化区段上水、保洁、施工等作业，不得将水管向供电线路方向喷射，站车保洁不得采用向车体上部喷水方式洗刷车体。

（6）牵引供电设备故障时，与牵引供电设备相连接的支柱、接地引下线、综合接地线等可能出现高电压，未采取安全措施前，禁止与其接触，并保持安全距离。

（7）发现牵引供电设备断线及其部件损坏，或发现牵引供电设备上挂有线头、绳索、塑料布或脱落搭接等异物，均不得与之接触，应立即通知附近车站，在牵引供电设备检修人员到达未采取措施以前，任何人员均应距已断线索或异物处所10米以外。

（8）牵引供电设备支柱及各部接地线损坏，回流吸上线与钢轨或扼流变连接脱落时，禁止非专业人员与之接触。

（9）距牵引供电设备支柱及牵引供电设备带电部分5米范围以内具备接入综合接地条件的金属结构应纳入综合接地系统；不能接入综合接地系统的金属结构须装设接地装置，接地电阻一般不大于10Ω。

（10）站内和行人较多的地段，牵引供电设备支柱在距轨面2.5米高处均要设白底黑字"高压危险"并有红色闪电符号的警示标志。禁止借助接触网支柱搭脚手架，必须借助接触网支柱登高时，必须由供电专业人员现场监护。

（11）天桥、跨线桥靠近或跨越牵引供电设备的地方，须设置防护栅网，栅网由所附属结构的产权或工程建设单位负责安设。防护栅网安设"高压危险"标志，警示标志由供电设备管理单位制作安装。

（12）电气化铁路区段车站风雨棚、跨线桥、隧道等构建物应安装牢固，状态良好，不得脱落。距牵引供电设备2米范围内不得出现漏水、悬挂冰凌等现象。附挂在跨线桥、渠上的管路，以及通信、照明等线缆，须设专门固定设施，且安装可靠，不得脱落。

（13）电力线路、光电缆、管路等跨越电气化铁路施工时，须在接触网停电并做好安全防护措施后进行。

（14）须停电装卸作业时，必须先断开隔离开关停电后，在指定的货物线安全区域标志内进行装卸作业。装卸作业结束，确认所有人员已至安全地带后，方能合上隔离开关。

2）带电作业安全规定

（1）在低压线路、设备上进行带电作业，应由有一定实践经验的人员担任工作，要经过严格的审批程序，并指定专人监护；工作时要戴工作帽，穿长袖衣服，扣紧袖口，戴绝缘手套，穿绝缘鞋或站在干燥的绝缘垫上进行。

（2）严禁穿汗背心或短裤进行带电作业。

（3）邻近相带电部分和接地金属部分应用绝缘板隔开，低压相间距离很小，检修时要注意防止人体同时接触两相和防止相间短路。

（4）带电装卸熔断器管座，要戴防护眼镜和绝缘手套，必要时使用绝缘夹钳，工作人员应站在绝缘垫上，熔断器的容量要与设备、线路、装机容量相适应。

（5）线路上带电作业，应在天气良好的条件下进行，雷雨时应停止工作。

（6）应使用合格的绝缘工具。

（7）在高压线路附近工作时，应先检查与高压线的距离是否符合规定，若不符合，要采取防止误碰高压线的措施。

（8）要保持人体与大地之间，人体与周围接地金属之间，人体与其他相的导体或零线之间有良好的绝缘和适当的距离。

（9）一般不应带负荷断电和接电，断开导线时应先断开火线，后断开地线，搭线时，接电时，先接地线（先接零线），后接火线（后接相线）。

2. 货物装卸安全知识

1）货物装卸作业人员守则

（1）九个禁止。

① 开关车门禁止手扶门框、迎面站人。严禁用叉车、铲车撞车门，禁止从棚车窗口装卸货物、抛扔杂物。

② 禁止用其它物品代替支门器、车门卡。

③ 捆扎篷布货物的绳索禁止拴在车钩、制动装置各部件、车梯上。

④ 禁止使用不良的梯子、跳板、渡板。

⑤ 电压低于 380 V 时，禁止使用磁吸盘作业。

⑥ 禁止在站台货件空隙处及货垛上坐卧休息。

⑦ 敞车装卸作业时，禁止人与机械在同一区域内同时作业；若车内有人作业时，必须在醒目位置上挂安全警示牌（夜间使用警示红灯）；待人撤离、撤除警示牌后，机械方准作业。站台上使用大型装卸机械进行作业时，人机必须采取隔离措施。

⑧ 在接触网未停电接地时，禁止吊车进行装卸作业。

⑨ 电气化区段装卸作业时遇有长度超过 2.5 米的货件，禁止竖起装卸。

（2）19 个做到。

① 在装卸作业前后，由装卸工组指定专人在来车方向左侧钢轨上设置带有脱轨器的固定或移动红色信号牌（灯）进行防护的设置与撤除。脱轨器使用中、撤除后应加锁。

② 在非货物装卸专用线装卸（含列车），应按车站同意的时间内设置防护。遇有恶劣天气时，应派专人看守。

③ 装卸、整理货物、测量高度时，必须在安全区域标志内并确认无电（检查隔离开关锁于分闸状态）后，方准进行。

④ 装卸或搬运集装箱时，要稳起轻放。叉车作业时，不得叠摆两箱搬运。

⑤ 装卸作业前必须检查确认车门、钩链、槽轮、车窗、车底板良好，车内无异状、异味后方准作业。

⑥ 开启棚车车门时，用拉门绳将门拉开小缝隙，检查确认装载的货物无倒塌、脱落危险时再全部拉开。

⑦ 开启敞车下侧门时，应使用拉门绳从车上将车门拉起，逐个开启，车门前严禁站人，防止车门落下和货物溜下伤人。不得从开启的敞车下侧门钻进、钻出。

⑧ 装卸作业未完需调车时，要将车内货物倒匀，码放牢固，撤离车上全部人员，关好车门，撤除防护信号。

⑨ 无电区内，揭苫篷布作业人员必须站在车中间，刮风天气应站在上风头。

⑩ 堆码货物应牢固，距钢轨头部外侧不得少于1.5米。站台上堆放货物距站台边缘不得少于1米。人力堆码货物的高度不得超过2米。线路两侧集装箱堆码不得超过2层。

⑪ 装卸危险物品应按货运员介绍的品名、性质、作业方法、消防及防护办法、急救措施做好准备，在货运员指导下作业。

⑫ 冬季作业要保持场地无积冰、无积雪，流动装卸机械作业应采取防滑措施。

⑬ 站台、线路两侧堆码易滚动货物应打掩，防止货物滚动侵入限界。

⑭ 装卸作业车辆与站台之间的缝隙必须使用具备防窜动装置的安全渡板。停留的机动车辆应做好防溜止轮措施。

⑮ 装卸有毒、有害货物必须穿戴专用防护用品。

⑯ 在跳板上行走要避免产生共振，一块跳板上行走不得超过3人。

⑰ 用于车厢内照明的行灯电压不得大于36 V，外部必须有防护网罩，并配置良好的胶皮绝缘软线。

⑱ 在带电的接触网下，不准在敞车、平车、罐车等车辆（棚车、保温车、家畜车内除外）上进行装卸作业。

⑲ 装卸作业过程中，货运人员使用手机、手持机录入生产数据时，应站立在装卸设备作业区域之外，不得边走边操作，应随时注意装卸设备动态。需要进入作业区拍照、检查装载情况时，必须喊停装卸设备。

2）装卸作业安全

（1）使用跳板跨线装卸时，应在跳板两侧不少于20米的线路上设置防护信号。但跨越正线、到发线时，须经车站值班员同意。

（2）在线路上进行装卸作业或维修装卸机械时，在到发线上，应得到车站值班员同意；在调车线上，应得到调车领导人同意；在装卸线上，应得到货运员同意，并按规定防护后，方可进行。

（3）装卸作业时，两个车组距离不足40米时，应在两组车的外方设置防护信号。

参 考 文 献

［1］中国国家铁路局集团有限公司安全检查监督管理局. 铁路运输安全. 北京：中国铁道出版社有限公司，2022.
［2］曲星照. 站细编制与学习问答. 北京：中国铁道出版社有限公司，2021.
［3］杨松尧. 铁路运输安全管理. 北京：人民交通出版社，2015.
［4］中国铁路总公司. 铁路技术管理规程（普速铁路部分）. 北京：中国铁道出版社，2017.
［5］中国铁路总公司. 铁路技术管理规程（高速铁路部分）. 北京：中国铁道出版社，2017.
［6］韩买良. 铁路行车安全管理. 北京：中国铁道出版社，2014.
［7］王金香. 行车安全管理实务. 北京：中国铁道出版社，2014.
［8］赵炳昆. 国家处置铁路行车事故应急预案贯彻实施及事故调查处理救援实用手册. 北京：中国铁道出版社，2014.
［9］北京铁路局集团有限公司. 铁路安全风险管理培训读本. 北京：中国铁道出版社有限公司，2012.
［10］贾利民. 高速铁路安全保障技术. 北京：中国铁道出版社，2013.
［11］曾毅，李嵘. 铁路行车安全管理实物. 北京：人民交通出版社股份有限公司，2021.